U0460044

视障学校小学语文教学的数字化转型
从传统到未来

申永丽　著

汕頭大學出版社

图书在版编目（CIP）数据

视障学校小学语文教学的数字化转型 ： 从传统到未
来 ／ 申永丽著 ． -- 汕头 ： 汕头大学出版社，2024.8.
ISBN 978-7-5658-5360-9

Ⅰ．G761.2

中国国家版本馆 CIP 数据核字第 20247XG250 号

视障学校小学语文教学的数字化转型：从传统到未来

SHIZHANG XUEXIAO XIAOXUE YUWEN JIAOXUE DE SHUZIHUA ZHUANXING ：
CONG CHUANTONG DAO WEILAI

著　　者：申永丽
责任编辑：宋倩倩
责任技编：黄东生
封面设计：寒　露
出版发行：汕头大学出版社
　　　　　广东省汕头市大学路 243 号汕头大学校园内　　邮政编码：515063
电　　话：0754-82904613
印　　刷：河北万卷印刷有限公司
开　　本：710 mm×1000 mm　1/16
印　　张：17
字　　数：226 千字
版　　次：2024 年 8 月第 1 版
印　　次：2024 年 9 月第 1 次印刷
定　　价：98.00 元
ISBN 978-7-5658-5360-9

版权所有，翻版必究

如发现印装质量问题，请与承印厂联系退换

—前　言—

在当今这个飞速发展的数字时代，信息技术的革命性进步不仅改变人们的生活方式，也深刻影响教育领域。数字化转型成为教育改革的重要方向，在提高教学质量、促进教育公平方面展现出巨大潜力。特别是对于视障学校而言，数字化转型不仅是其跟上时代发展的必然选择，更是其提升特殊教育质量、实现教育公平的关键途径。

本书旨在探索视障学校小学语文教学的数字化转型过程，主要包含以下内容。

第一章解读数字时代背景，包括信息技术的发展及数字时代的到来。数字时代不仅是技术层面的进步，更是社会文化层面的转变。这种转变对教育领域尤其是特殊教育领域提出了新的挑战和机遇。

第二章着重分析视障学校小学语文教学传统模式。对视障学校小学语文课程整体阐述，对盲文、阅读、习作以及口语交际教学等多个方面深入剖析，可以使人们理解目前教学模式的局限性和改革的紧迫性。

第三章聚焦于视障学校小学语文教学数字化转型的必要性。这一转型与当前教育政策相统一，不仅显示了数字化教学在视障学校小学语文课堂中的优势，也反映了当前教学现实状况与教学改革新要求之间的差距。

第四章着重探讨视障学校小学语文教学数字化转型的理论基础，包括布鲁纳发现学习理论、人的全面发展理论及教学最优化理论。这些理论提供了转型过程中的理论支持和指导。

第五章具体阐述视障学校小学语文教学数字化转型的实践路径。这包括数字化赋能构建的跨时空立体化智慧语文学习环境、数字评估在实现深度语文学习互动中的作用，以及信息技术在创造多元化语文学习情境中的应用。

第六章展示了一系列成功的案例和实践成果，如广州市某盲人学校、乌鲁木齐市某盲人学校和北京市某盲人学校在数字化教育中的创新实践。

第七章展望数字时代视障学校小学语文教学的未来发展。这不仅包括成才理念的创新、服务理念的重构，还包括数据理念在建立教育治理新机制中的应用，以及价值理念在注入人文关怀新功能中的重要性。

本书为读者提供了一个全面、深入的视角，使读者能够理解和把握视障学校小学语文教学在数字化转型过程中的挑战和机遇，以及这一转型对于未来特殊教育发展的深远影响。由于笔者时间、水平有限，本书难免存在不足之处，恳请广大读者批评指正。

一目 录一

第一章 数字时代背景解读

第一节 信息技术概述

一、信息技术的内涵

信息技术有着多种解释，这反映了它根据不同的使用目的、应用范围及层次而有不同的描述。信息技术可以从多个角度进行分类，具体而言，可以划分为三个主要层次：广义、中义和狭义。在广义上，信息技术被视为包括各种方法、工具和技能的集合，这些都旨在增强和扩展人类处理信息的能力。这包括获取信息的感官功能、通过神经网络传递信息的功能，以及大脑处理和再现信息的能力。此定义从哲学角度探讨了信息技术与人的本质关系，属于一种技术功能的科学阐述。在中义上，信息技术被视为涉及信息收集、传输、存储、处理和表示的各种技术的集合，这反映了人们对信息技术作用和流程的基本理解。在狭义上，信息技术专注现代化视角，即通过计算机、电视机等硬件设备和软件工具及科学方法来处理文本、图像等信息的技术。这一定义强调了信息技术在现代社会中的应用。

综上所述，信息技术是一个广义且不断演进的概念，其核心任务是提升人类的信息处理能力，代表了一系列能够增强人类信息处理能力的方法和工具。

二、信息技术的分类

信息技术是一个多面的且不断演化的领域，它包含众多子领域，可以从不同角度进行分类。以下是一些常见的信息技术分类标准。

（一）根据物理表现形式划分

信息技术根据物理表现形式的不同，可分为两大类：硬信息技术和软信息技术。

硬信息技术主要涉及各类物理设备，这些设备是信息技术领域内具体化的技术成果，包括但不限于计算机硬件、电话机、数码相机和通信卫星等。这类技术成果的特点在于，其作为实体存在，为信息的输入、输出、存储和传输提供了必要的物理平台。通过这些硬件设备，用户能够执行各种计算、通信和信息处理任务，这是构成现代信息系统基础架构的关键。

与硬信息技术相对的是软信息技术，这类技术更多关注非物质形态的技术应用，如计算机软件和与之相关的经验、知识、方法、技能。软信息技术的应用广泛，包括用于信息采集、处理、检索的软件工具和技术，以及语言、文字、信息调查技术、信息统计技术等。这些技术使得信息可以被有效地管理和利用，从而实现信息的最大价值。软信息技术的核心在于其提供了一套规则和方法，通过软件形式实现对信息的有效处理和应用，如数据分析、程序设计、系统开发等。

（二）根据基本组成元素划分

信息技术的基本组成元素构成了其广泛的应用基础，涵盖感测技术、通信技术、智能技术和控制技术四个关键领域。

感测技术通过应用传感技术和测量技术，拓展了人类对外界环境的感知能力。这些技术能够精确捕捉、测量并转换环境中的各种物理量，如温度、压力、光照强度等，使之能够被电子设备识别和处理。人类依赖感官来感知周围世界，感测技术为机器提供了类似的能力，使这些机器成为人类感官功能的有效延伸。

通信技术则关乎信息的传输，确保信息能够在不同空间位置和时间范围内有效传递。这一技术通过各种有线和无线传输方式，实现了远距离、高速度的信息交换，类似于人体内部神经系统的功能，负责传递信号和信息。这一技术使得人们能够打破地理限制，实现即时通信和信息共享。

智能技术的发展，尤其是智能技术在计算机硬件和软件、人工智能、神经网络技术领域的应用，极大地拓展了人类的思维，提高了人类处理信息的能力。这一技术领域涵盖了机器学习、数据挖掘、语言处理等多种智能算法和模型，使机器能够模拟人类的认知过程，进行自我学习和决策，从而在复杂的任务中提供智能化的支持。

控制技术包含调节和自动控制技术，实现了对机械设备和系统的精确控制，类似于人体的效应器官功能。通过这些技术，机器能够自动执行特定任务，调整操作条件以适应环境变化，确保系统的稳定运行和高效性能。

（三）根据技术的功能和应用划分

信息技术根据功能和应用的不同维度，可以明确地划分为两大类：主体信息技术和应用信息技术。

主体信息技术构成了信息技术领域的基础，涉及通信技术、计算机技术、感测技术、控制技术四个关键领域。其中，通信技术和计算机技术被视为更为核心的技术，因为它们不仅是现代信息技术体系的基石，也是连接和支撑其他技术发展的中心。通信技术保证了信息能够被有效地传输和接收，无论是跨越短距离还是长距离，而计算机技术则提供了强大的数据处理能力，支持复杂的计算和大数据分析。

应用信息技术则是在主体信息技术的基础上发展而来的一系列具体实用技术。这些技术将主体信息技术的原理和方法应用于特定的实践领域，实现了信息技术在各行各业中的广泛运用。从医疗健康、教育培训，到制造业、金融业，再到日常生活中的通信、娱乐等方面，应用信息技术的足迹遍布社会的每一个角落。它们根据特定领域的需求，利用主体信息技术的能力，为用户提供定制化的解决方案和服务，极大地提高了工作效率，改善了生活品质，并持续推动社会进步和创新。

（四）根据信息系统功能划分

根据信息系统的功能，信息技术可以分为几个关键的领域，包括信息输入输出技术、描述技术、存储检索技术、处理技术以及传播技术。不同技术针对信息系统的不同需求，扮演着特定的角色，共同构成了信息技术体系的完整框架。

信息输入输出技术主要关注如何有效地获取和展示数据。这包括了各种输入设备如键盘、鼠标、扫描仪等，以及输出设备如显示器、打印机和扬声器等。这些技术确保用户能够与信息系统进行交互，输入所需的数据并接收系统的反馈。

描述技术则专注于信息的定义和表述，涉及数据结构、编码系统以及标准化语言等。这类技术确保信息可以被系统以一种有序的和标准化的方式理解和处理，从而提高数据处理的效率和准确性。

存储检索技术涵盖了数据的储存方法和检索机制，包括数据库管理系统、索引技术和搜索算法等。这些技术使得大量数据可以被安全地存储、有效地管理，并在需要时迅速检索，支持信息系统对海量数据的高效处理。

处理技术聚焦于数据的分析、转换和决策支持，包括计算算法、数据挖掘技术和人工智能等。通过这类技术，信息系统能够对输入的数据进行复杂的处理，提取有价值的信息，支持决策选择和智能分析。

传播技术关乎信息的广泛传递和共享，包括网络通信技术、卫星传输技术和无线技术等。这些技术确保信息能够跨越物理和地理限制，快速、安全地在全球范围内传播，实现信息资源的广泛共享和利用。

（五）根据专业信息工作的基本环节划分

在专业信息工作的不同环节或流程中，信息技术的应用范畴可以分为几个核心领域：信息获取、传递、存储、检索、加工以及标准化技术。这些领域的技术不仅各自独立，还相互关联，共同支撑着信息工作的全面进行。

信息获取技术专注于从各种来源收集数据和信息。这包括互联网浏览和搜索技术、数据抓取工具、电子数据交换（Electron Data Interchange, EDI）系统等。通过这些技术，人们可以从广泛的渠道和平台上获取所需的数据，为信息工作的后续环节奠定基础。

信息传递技术涉及信息的有效传输，确保信息能够在不同主体之间准确、迅速地流动。这涵盖了电子邮件系统、即时通信工具、网络会议技术，以及各类文件传输协议等。信息传递技术是信息共享与协作的关键，促进了知识的迅速传播和信息资源的高效利用。

信息存储技术则关注信息的安全保存。这包括数据库管理系统、云存储服务、硬盘存储解决方案等。通过这些技术，人们可以确保大量的信息得到长期、安全的保管，同时支持高效的数据组织和管理。

信息检索技术使得用户能够便捷地查找所需信息。这涉及搜索引擎技术、数据库查询语言、索引和分类系统等。信息检索技术的高效应用直接影响到信息工作的响应速度和用户满意度。

信息加工技术聚焦于对获取的原始数据进行分析、处理和转化。这包括数据清洗、转换、分析和可视化工具，以及更高级的人工智能和机器学习算法。通过信息加工技术，人们可以从庞杂的数据中提取有用信息，生成深入的认知。

信息标准化技术可以确保信息和数据在收集、处理和传递过程中的一致性和互操作性。这包括数据格式、交换协议、编码系统等方面的标准。信息标准化技术的应用，有助于减少信息交换的障碍，提高信息系统的兼容性和效率。

这些分类方法都不是绝对的，根据不同领域、不同行业的需求和使用习惯而有所不同。了解这些分类有助于构建清晰的信息技术体系，使信息技术更好地应用于各领域和各行业。

三、信息技术的发展演变

信息技术被定义为能增强人类信息应用能力的技术。随着社会的演进，信息技术经历了由初级阶段向高级阶段的发展，如表1-1所示。在这个演变过程中，信息技术发生了多次变革。每一次信息技术革命都极大地促进了人类社会和科学技术的发展，同时科学技术的前进不断催生新一轮的信息技术革命。

表1-1　信息技术的发展演变

阶段	描述	影响
语言的产生与使用	4万年前，语言作为一种符号系统诞生，标志着猿类向人类的进化	促进了人类的生产与合作，加强了人类的信息交流
文字的发明与应用	文字符号的发明改变了信息传递和存储方式，提高了信息的准确性和永久性	使得知识和经验能够被准确记录下来，并得以永久保存和传承
造纸术和印刷术的发明与应用	造纸术和印刷术的发明大大提高了信息传播的效率，扩大了传播范围，促进了信息的广泛共享	增强了人类存储信息的能力，人类开始实现广泛的信息共享

续 表

阶段	描述	影响
现代通信技术的产生	19世纪的通信技术革命，如电话和电报，大幅提升了信息传递的速度和距离	开创了信息传播技术的新局面，拓宽了信息传播的范围
计算机技术和互联网的发展	20世纪的计算机技术和互联网的发展，引领了现代信息技术革命，极大地促进了全球信息的互联互通	使人们能够轻松地与世界各地的人交流，共同完成工作

（一）语言的产生与使用

地球是人类生存的根基，已经存在了数十亿年。古猿人在几百万年前出现，而现代人类的历史仅有数万年。自从4万年前语言诞生以来，人类社会才开始快速发展。语言是一种结合了语音和语义的符号系统，其物质形式为语音，而意义内容则是语义。将没有意义的语音以多种方式组合，就形成了有意义的语素，再将这些语素以不同方式组合成话语，人类便能用无限的变化来表达无尽的意义，从而形成了复杂的语言系统。

在语言出现之前，人类并没有真正意义上的信息交流工具。尽管无法准确地确定语言的起源时间和最初使用它的人，但可以确定的是，人类对信息交流的迫切需求推动了手势交流的信息量增加，这促进了人类的生产与合作，并最终导致了语言的产生。语言的诞生可以视作人类历史上的第一次信息技术革命，标志着猿类向人类的进化。

语言成为人类社会早期特有的信息交流与处理工具。人们依靠语言和简单的动作来交流信息，通过结绳记事的方法记录和存储信息，而掐指计算成为主要的信息处理方式。语言不仅是人类发展思维和传递信息的工具，而且是保存认知成果的载体。随着社会的发展，仅依靠语言的信息交流和处理方式逐渐不能满足人类日益增长的信息传递需求。这种方式传递的信息量有限，传播范围狭窄，人类在社会生活中积累的经验和发生的事件只能通过口述方式传承，容易导致信息的丢失和失真，从而限制社会的进一步发展。

（二）文字的发明与应用

在劳动的过程中，人类逐渐发明了文字符号，这标志着人类语言的外化，是人类信息技术史上的第二次重大变革。虽然文字符号的出现并未使人类的信息处理方式产生根本性的变化，却引发了信息传递和存储方式的革命性转变，首次突破了人类生理的局限以及时间和空间的限制。过去，生产和生活经验多依靠口头传播，现在，这些宝贵的知识和经验可以通过文字的方式准确记录下来，并得以永久保存和传承。

（三）造纸术和印刷术的发明与应用

起初，人们使用甲骨、木简等材料来记录文字，以此保存信息。这种方法既笨重又不便。东汉时期，蔡伦运用树皮、破布和废麻等原料，制作出了质量更佳的纸张。这项造纸技术一直沿用至18世纪。随着纸张的广泛应用，手写方式效率较低的问题逐渐显现。印刷术作为一种扩展人类手写信息的技术，在最先发明纸张的中国出现了。最早的印刷术为隋唐时期的雕版印刷，而到了北宋时期，毕昇又发明了活字印刷术，大大提升了信息传播的效率，实现了人类历史上的又一次信息技术发展。

印刷术的发明显著提高和扩大了人类信息（尤其是文字和图像信息）的传播速度和范围，同时加强了人类存储信息的能力，并实现了广泛的信息共享。印刷术可视为信息技术领域的一项杰出成就，它将文字信息的复制方法从效率较低的手工抄写转变为高效的大规模印刷，标志着信息处理技术的一次重大飞跃。

随着大量信息存储载体和记录工具的出现，书信成为一种新颖且更有效的信息传递方式。除此之外，古人还广泛运用其他手段传递信息，如利用漂流瓶和信号标，或者通过壁画来存储相关信息。这些多样化的传递和存储方式，共同推动了信息技术的发展和人类社会的进步。

（四）现代通信技术的产生

通信是人与人之间通过某种媒介进行的信息交流和传递手段，无论采用何种方法、何种媒质，只要实现了信息从一地传送到另一地，都属于通信的范畴。通信技术是拓展人类信息交流与传递能力的关键技术。

现代通信技术则是指运用最新技术不断优化通信的各种方式，使人与人之间的沟通变得更加便捷和高效。这一技术随着科技的不断进步而发展。现代数据通信技术包括数字通信、程控交换、信息传输、通信网络和宽带接入等方面。

19世纪，现代通信技术兴起，电话、电报、广播、电影和电视等创新技术相继出现，人类进入了利用电磁波传播信息的新时代。这一时期的技术进步，使信息技术实现了革命性的发展。电话和电报技术的发明，不仅弥补了早期邮政系统在信息传递速度上的不足，还扩大了信息传递的范围，使信息能够瞬间跨越数千公里。广播、电影和电视采取的"一对多"的传播方式，与电话、电报和邮件的个体传递形式形成了鲜明对比。这些技术的出现不仅开创了信息技术发展的新局面，也极大地拓展了信息传播的范围，缩短了信息获取的时间，使人们能在众多信息中筛选出所需内容，从而大幅度拓宽视野。

20世纪后期以来，现代通信技术得到了迅猛发展，手持移动通信设备以惊人的速度普及。人类进入了"任何人可以在任何时间、任何地点与任何人通信"的时代。

进入21世纪，移动通信技术成为全球信息高速公路的重要组成部分，继续影响着人类的沟通方式和信息交流模式。这种技术的不断进步不仅推动了全球互联网的发展，还加速了全球信息化的进程，使世界联系更加紧密，信息流动更加迅速和便捷。

（五）计算机技术和互联网的发展

20世纪40年代，第二次世界大战极大地促进了信息技术的发展。

在这一时期，电子电路以及元件的理论和生产技术达到了新的高度。战争对高性能、复杂的新型武器的需求催生了对更高速计算工具的追求。因此，1946年，世界上第一台通用电子计算机埃尼阿克（ENIAC）诞生了，这是计算机技术发展的一个重要转折点。

自ENIAC问世以来，计算机技术经历了飞速的发展，极大地激发了信息技术的潜能。在人类信息技术的漫长发展过程中，信息传输和存储技术持续进步，而信息处理则一直依赖于人脑的直接参与。计算机的出现从根本上改变了这种情况，它可以脱离对人脑的依赖，高效地处理信息。因此，计算机技术成为现代信息技术革命的引领者，也是现代信息技术的核心。

随着计算机技术的发展和普及，人们越来越希望能共享计算机中存储的数字资源，并快速传递数字信息。这促进了计算机技术与现代通信技术的结合。将地理位置不同、功能独立的多个计算机系统通过通信设备和线路互联起来，就形成了计算机网络，进而发展成为互联网。互联网是一种全球性的计算机互联网络，可以使人们轻松地与世界各地的人交流、合作和娱乐。互联网成为人类历史发展中的一个里程碑，对文明的发展产生了深远的影响。

信息高速公路是互联网发展的高级阶段。它连接了政府机构、企业、学校、科研机构和家庭的计算机，实现了双向交流，并能在全球范围内传输丰富多彩的多媒体信息。

计算机技术和互联网的出现，再次引发了人类社会信息技术革命的巨大浪潮。这次信息技术革命的成果是，人类步入了一个全新的历史阶段——信息时代。在这个时代中，信息技术成为人们日常生活、工作和学习的不可或缺的部分。人们通过电子邮件、社交媒体和在线合作工具在虚拟空间中进行沟通，共同完成工作。此外，信息技术也极大地推动了经济发展，改变了商业模式，创造了新的就业机会。它还为教育、医疗、科研等领域提供了新的工具和方法，极大地提高了工作效率和服务质量。

在信息时代，数据的重要性日益显现。大数据分析成为重要的决策工具，帮助人们在商业、政治、社会等领域做出更加精准的决策。云计算和人工智能的发展，为处理和分析大量数据提供了强大的支持。这些技术的应用不限于传统领域，还逐渐渗透到人们的日常生活中，改变了人们的生活方式和思维模式。在信息时代，保障信息安全成为一个重要议题。随着信息技术的广泛应用，网络安全、个人隐私保护等问题日益受到重视。因此，在发展信息技术的同时，人们也需要加强对信息安全的研究和管理，确保信息技术健康和可持续发展。

四、信息技术发展的核心领域

当今，信息技术的发展聚焦在以下几个主要的技术领域，具体如图1-1所示。

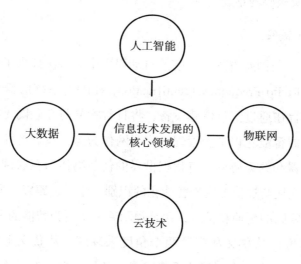

图 1-1 当今信息技术发展的核心领域

（一）人工智能

人工智能（Artificial Intelligence, AI）是一门集合了多种科学理论、方法、技术和应用系统，旨在模拟、扩展和增强人类智能的先进技术科学。作为计算机科学的重要分支，人工智能的核心目标是理解智能的本质，并创造出能够以类似于人类智能的方式响应的机器智能。这一领域包含机器人、语言识别、图像识别、自然语言处理和专家系统等多个研究方向。自 1956 年达特茅斯会议首次提出"人工智能"这一术语以来，该领域经历了广泛的发展，其概念和应用范围不断扩大。

人工智能是一门挑战性较大的科学，它要求从业者不仅要具备计算机科学知识，还要了解心理学和哲学等领域的知识。人工智能研究的内容多样，涵盖了语言学习与处理、知识表现、智能搜索、逻辑推理、规划、机器学习、知识获取、组合调度问题、感知问题、模式识别、逻辑程序设计、软计算、模糊逻辑处理、人工生命、神经网络、复杂系统和遗传算法等多个方面。其中，机器自主创造性思维能力的塑造与提升是人工智能领域核心的难题之一。

（二）物联网

1999 年，美国麻省理工学院的自动识别中心首次提出了网络化无线射频识别（Radio Frequency Identification, RFID）系统的概念。这一革命性的提案旨在通过信息传感设备，将日常物品与互联网无缝连接，进而实现物品的智能化识别和管理。物联网作为这一概念的核心，旨在利用各类传感器和约定协议，将物理世界的任何物体与互联网相连，从而促成信息的交换与通信，实现智能化的识别、定位、跟踪、监控和管理。这不仅是互联网的延伸和扩展，而且预示着一个更为智能的未来。

物联网可以从狭义和广义两个角度来理解。从狭义上来看，物联网可以被理解为物与物之间的通信网络，其核心在于通过连接物品实现"万物网络化"。而从广义上来看，物联网是物理世界与信息世界的深度融合，目的是实现环境的全面信息化，即"网络泛在化"。这种融合不仅改变了人们对物理环境的认知，而且极大地影响了人类与物理环境的互动方式。

在物联网的影响下，人类的生活和工作方式会发生根本性的变化。在这个网络化的世界中，物品不再是孤立的实体，而通过智能化的连接成为信息和服务的载体。这意味着物联网的普及和发展会为人类社会带来更高效的资源管理、更智能的生活体验和更深入的环境感知，从而推动人类社会向更高层次的数字化和智能化发展。

（三）云技术

云计算是一种先进的分布式计算技术，通过网络自动将复杂的计算处理程序分解成许多小型子程序，并由多个服务器组成的强大系统进行处理。处理完毕后，结果会回传给用户。将云技术应用于视障学校小学语文教学，具有显著的优势。

1. 获得个性化的学习资源

云技术使得视障学生可以获得更加个性化的、适合自己学习需求的学习资源。例如，通过云平台，教师可以上传适用于视障学生的特殊教育材料，如盲文教材、有声读物等，学生可以根据个人的学习节奏和偏好随时访问这些资源。

2. 提供便利的远程教学

云技术支持的远程教学功能使得地理位置不再成为学习的障碍。对于视障学生而言，这意味着即使在家中他们也能够获取优质的教学资源。

3. 支持互动和协作学习

云技术促进学生之间的互动和协作。视障学生可以通过云平台参与小组讨论、项目合作等活动，增强自身的社交能力和团队协作能力。

4. 可扩展性

云技术的可扩展性允许教育资源随着学生数量和需求的变化而调整。教师可以根据班级的特定需求快速添加或修改教学内容。

5. 数据驱动教学决策

应用云技术可以收集和分析学生的学习数据，帮助教师更好地了解每一名学生的学习进度和需求，从而使教师做出更加有针对性的教学决策。①

6.减轻教师工作负担

应用云技术可以减轻教师在教学准备和资源整合方面的工作负担，使他们能够更多地专注于教学本身，尤其是对视障学生的个别化指导。

（四）大数据

大数据涉及数据仓库、数据安全、数据分析和数据挖掘等领域，逐渐成为人们热衷的话题。从 2009 年开始，大数据在互联网信息技术领域迅速获得广泛关注。数据的生成不仅涉及网络上的信息交换，还涉及全球范围内工业设备中无数数字传感器记录下的各类信息，如位置、动态、震动、温度、湿度以及空气中化学成分的变化等。

在这个数据快速增长的时代，物联网、云技术以及各类移动设备和传感器，成为数据产生和传播的重要途径。在物联网和云技术带来的信息技术革命之后，大数据成为新一轮信息技术革命的标志。云技术为数据的存储与访问提供了空间和渠道，然而，数据本身作为一种宝贵的资源，其真正的价值在于如何被有效利用和转化。这一点显示了大数据不仅是技术进步的产物，更是当代社会价值创造的核心。

在企业运营过程中产生的交易信息、在物联网环节上产生的商品流通数据，以及互联网平台的人际互动和地点信息的规模，已经大大超越了目前企业架构与基础设施的处理能力。对于数据处理的即时性要求，同样超出了现代科技的能力边界。在这种现实情况下，激发数据资源的潜能，以便它们能够为国家治理、企业决策乃至个人生活带来价值，是大数据讨论的中心议题，同时这构成了云技术的本质核心及其发展的自然趋势。在大数据时代，网民与消费者的界限正逐渐模糊，企业的边界变得不清晰，数据成为核心资产，深刻影响着企业的商业模式，甚至改变企业的文化和组织结构。因此，大数据不仅对国家治理模式有影响，也对企业的决策、组

---

① 钟国秀.新课改下的初中信息技术教学探讨［J］.智力，2023（30）：9–12.

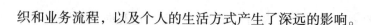

织和业务流程，以及个人的生活方式产生了深远的影响。

五、新兴的十大教育信息技术

随着社会进步和科技发展的步伐加快，教育领域正在经历一场前所未有的变革。新兴技术的不断涌现不仅激发了学生的学习兴趣，还提高了教师的教学效果，丰富了课堂的教学环境。这些技术的应用正在深刻改变新一代学生的学习方式，逐渐摆脱了传统的以教师为中心的教学模式，展现出突破传统教学观念的巨大潜力。信息技术的应用对教育教学的影响日益显著。随着信息技术的发展和普及，教育的游戏化也正在成为一种流行趋势，这使得学习的过程更加生动有趣，学生可以在玩乐中学习新知识，这种方式极大地提升了学习的吸引力和效率。十大教育信息技术的应用不仅展示了信息技术在教育领域的广泛用途，也标志着教育方式的根本转变。

（一）智能机器人：未来的学习伙伴

在全球范围内，智能机器人的研究正成为科技前沿的热点领域，特别是在发达国家和部分发展中国家。这些机器人不仅是技术的展示，还成为教育领域里的一种重要工具，帮助学生学习科学知识，并培养学生的实践能力。智能机器人拥有高水平的数字化和智能化特性，能够在教育过程中扮演多重角色：作为益智学习工具，它们提供交互式学习经验；作为情境建设者，它们创造真实的学习环境；作为学习伙伴，它们与学生进行互动，共同探索知识。

例如，一项系统结合了机器人和投影设备，主要应用于儿童教育领域，学生可以通过设计故事场景控制机器人在这些场景中执行预设角色的行为。这种交互方式不仅增强了学生的协作力和想象力，还激发了他们的创造力。一项实验研究如何将机器人作为学习伙伴来支持职业发展学习。在这个实验中，教师通过远程控制机器人来协调学习讨论，学生与机器人的互动被详细记录并及时反馈给参与者，这有助于师生随时调整学习进程。机器人在主持职业生涯协作学习活动中的效果与真人教师相当，且机器人能创建一个更加具有合作性的环境。

自 2003 年起，教育部将中小学机器人比赛纳入全国中小学电脑制作活动中，这推动了智能机器人技术在教育领域的应用。北京、上海、哈尔滨等城市的一些学校开始引入智能机器人，这不仅仅是技术的引入，更是教育模式创新的体现。目前在国内，将机器人作为学习伙伴的应用还处于探索阶段，但这些初步的想法和尝试为今后的教育改革和技术应用提供了宝贵的经验和启示。国际上类似的研究和应用给中国的教育科技发展带来了重要的启发。通过观察和学习国外在智能机器人教育应用方面的成功案例，中国可以更好地整合这些先进技术到自己的教育体系中，进一步推动教育的现代化和国际化。智能机器人作为一个多功能的教育工具，将继续在全球教育领域展现重要的价值和潜力。

（二）3D 打印技术：重塑学生的实践学习模式

3D 打印技术正在教育领域展示出独特的价值，尤其是在将抽象的空间构思具体化为真实、立体的彩色模型方面。这项技术使得某些难以理解的空间概念和结构得以在"现实"世界中具体展示，从而变得更加直观和易于理解。在教学和学习的过程中，3D 打印能够真实地再现特定事物，极大地丰富了学生的感知体验。学生通过亲身体验和亲自参与，不仅动手能力得到提升，设计能力和思维能力也得到了全面的增强。

在美国，3D 打印技术被应用于"桥梁设计"的教学实践中。在静力学课程中，教师让学生设计桥梁并计算其受力情况。学生先使用软件设计桥梁，将自己的想法转化为三维图像。完成设计后，教师会邀请桥梁设计专家通过视频连线方式，对学生的作品进行现场点评。此后，学生使用计算机软件进行虚拟承重试验。如果在试验中发现桥梁结构设计存在问题，小组成员会集体讨论并重新设计桥梁，之后再次进行虚拟试验。

一旦试验成功，各小组便使用 3D 打印机打印出桥梁的各部分，组装成完整的桥梁模型。这一教学实践不仅增强了学生的学习兴趣，也提升了学生学习的生动性和实践性。通过设计、制作和展示多样化角色，学生深入参与学习过程，体验到学习的趣味性和挑战性。3D 打印技术开辟了一种全新的学习空间，使得学习过程不再是单一的知识传递，而变成了一次富有创造性和互动性的探索。

在中国，3D 打印产业也逐步成型，越来越多的学校引入 3D 打印技术。从小学到高等教育机构，3D 打印机的应用不断增加，显示出这项技术在教育领域的广泛适用性和深远影响。随着技术的进一步发展和教育应用的深入，3D 打印在教育领域的应用前景被广泛看好。

（三）创客运动：通过实践学习的技术课程

开源硬件的出现显著降低了高级硬件产品开发的成本和复杂程度，使得普通师生，无论他们的技术背景如何，都能轻松投入作品原型的创作或产品开发中。这种技术的普及化不仅激发了学生的想象力，也为他们提供了进行各种层次创新活动的平台，体现了"做中学"的教学模式。在推动创客文化发展的过程中，创客空间成为重要的一环。例如，与 Arduino 平台兼容的 Galileo 开发板，为创客活动提供了技术支持，帮助那些充满热情和创新想法的学生将梦想变为现实。树莓派（Raspberry Pi, RPi）作为开源硬件的代表，在教育领域的应用也越来越受到重视。这些设备不仅降低了硬件开发的门槛，还实现了创造性与实践学习相结合的教学模式，为信息技术课程及人才培养开辟了新的道路。

2013 年 12 月，一个旨在提高非洲教育质量的项目将树莓派、传感器以及编程实践整合到现有的中学地理教材中。技术的应用不仅极大地激发了学生的学习兴趣，也使学生通过实际操作深入了解事物，增强了对知识的理解，课程内容与 Scrum 的结合，有效培养了学生的批判性思维能力。开源硬件技术的发展及创客运动的兴起，为教育领域带来了革命性的变革，尤其是在信息技术和通用技术课程的教学上。这一趋势已经引起了教育管理部门和教育工作者的广泛关注。随着形式多样的探索活动的增多，这些技术和教学模式的发展速度快，前景广阔。

（四）体感技术：数字原住民的新体验

体感技术和自然语言交互已经成为继"键盘＋鼠标"和多点触控后，广泛应用的又一重要操作方式。这项技术允许用户通过直接的肢体动作与数字设备及环境进行互动，不需要复杂的控制设备。这种交互方式根据用户的动作来执行各种指令，仿佛为计算机配备了一双精准且有效的"眼睛"。

Kinect 技术是一种体感技术，已在教育领域得到应用。该技术通过连接到投影仪和某些软件，可以将信息投影到任何界面上，并支持触控操作。这意味着用户可以在任何表面上使用当前应用，极大地拓宽了操作的灵活性和便利性。体感技术不仅是一种创新的操控方式，还具备强大的数据监测和分析功能，能够提供更深入的互动体验。未来，体感技术将以可穿戴设备的形式出现，成为新一代必备的学习工具。这一代人从小生活在高度数字化的环境中，对于使用先进技术进行学习和交流已感到自然。体感技术的应用将为他们带来更加刺激和现场感十足的学习体验，使学习过程不局限于传统的课堂教学，而变得更加动态和互动。在中国，随着体感技术产品的逐步推广，这项技术在教育领域的应用也会持续增多。各种教育机构正在探索如何利用这项技术来改善教学方法和学习效果。通过体感技术，教师能够创造出更多元化的教学场景，而学生则能通过身体动作直接与学习内容互动。这种方式不仅增强了学生的参与感，还能促进他们的认知发展和问题解决能力提高。

（五）学习分析技术：推动大规模教学方式的变革

学习分析技术正在逐渐渗透到教育教学领域，通过探索大数据的科学分析，这项技术旨在改善教师的教学方法、提升学生的学习积极性及学习质量。通过这种方式，学校和教师能够有效地调整课程、教学方法和评价系统，从而提高教学的整体效率和效果。

学习分析的核心在于对与学生相关的大量数据进行细致分析。这包括学生的作业完成情况、考试成绩、在线互动记录以及他们与教师和其他同学的在线讨论内容。这样的分析使教师能够深入了解每一名学生的学习需求和能力水平，从而提供更加个性化的教学支持。要实现这一目标，就要借助专门的学习分析工具，它们使得数据的收集和分析变得更为高效和精确。

2011年，学习分析评估系统在云技术的基础上建立了。该系统已经被逐步推广到多个教室中。该系统支持教师对学生的学习成果进行监控，并提供实时反馈及自动分组功能。该系统将收集的数据存储在云端数据库中，并使用数据分析工具对数据进行深入分析。在课程结束时，该系统能够根据课堂上收集的学生数据生成详细的学习报告和学习曲线，教师可以通过这些报告和曲线深入了解每一名学生的学习状况，并据此提供具体反馈。

通过学习分析，教师不仅可以掌握学生的学习情况，还能根据数据分析结果调整教学策略，以适应学生的个性化需求。这种方法为教育提供了一个科学、系统的改进途径，特别是在大规模教育环境中，学习分析技术显示出巨大的潜力和价值。在中国，随着教育教学的快速发展，学习分析技术的应用也日益增多。广泛应用这一技术将帮助教育工作者解决长期存在的"重评价、轻分析"问题，即传统教育过于重视成绩评价而忽视了对学习过程的深入分析。通过引入学习分析技术，教师可以更精确地识别学生的学习障碍、优化教学方法并提高教学质量。

（六）教育游戏：寓教于乐的学习方式

教育游戏作为一种含有教育目的的游戏，利用特定的情境，通过引导、训练和模拟等形式来增强学习效果。这类游戏不仅在教学中创建与教育目标相融合的故事情境，还引导学生以探究和合作的方式完成游戏任务，从而帮助学生建构特定学科知识体系。更进一步，教育游戏能够拓宽学生的知识面，锻炼他们的独立思考能力，发展他们的合作技能，并提高他们的社会责任感。除了在传统的课堂教学中的应用，教育游戏也已成为职业教育和企业培训中的一项重要工具。一些高等院校、专业机构和大型企业将资源投入教育游戏的研究与设计中。

教育游戏不是仅应用于课堂教学，还是职业教育和企业培训中的重要方法和手段。目前，一些高等院校、专业机构和大型企业积极研究和设计教育游戏。在中国，教育游戏已经在中小学及幼儿教育中被广泛采用，然而在一些重点科目，如科学和社会学类课程中的应用则相对较少。国外在教育游戏领域的成功经验，特别是那些已经在教育实践中取得良好效果的案例，将为国内相关机构和企业开发高质量教育游戏提供启发，这不仅能增强教育的趣味性，还能提升教育的益智性。

（七）虚拟现实：重塑真实课堂体验

在虚拟世界中，用户可以创建并定制自己的虚拟化身，包括性别、相貌、身高和肤色等属性。用户的虚拟化身能够在这个世界中自由漫游、交流、购物和学习，展现出一个允许用户发挥创造力的平台和工具。这样的虚拟世界在教育领域尤其表现出独特优势，特别是在语言教学中。它为学习者之间的交互提供了一个高仿真、沉浸式的学习空间，让学习者在进行语言交流时，能够体验到与现实相似的沉浸感和临场感，极大地提升了学习效率和动力。

例如，创造一个与真实世界中的课堂平行的环境，包括建筑物、树木和街道。这种设置可以使师生无论身处何地，都能进行实时互动，完成学习任务，参与集体活动。

在这个虚拟环境中，教师能够与学生进行面对面交流，及时接收并回应学生的反馈。这种即时互动和反馈机制，使得教学过程更加快速和高效。此外，这样的虚拟世界为师生提供了一个共同的空间，这让学生感受到集体上课的氛围，交流方式与现实世界中的交流无异，有效地缩短了师生之间的时空距离。在中国，传统教育体系中很少开展此类虚拟世界的教育探索，但在企业培训领域，已经有许多成功的尝试，并取得了良好的效果。这表明虚拟世界在教育和培训中拥有广阔的应用前景。

（八）移动卫星车：缩小信息差距的关键工具

在一些经济欠发达的国家和地区，教师资源十分匮乏，教学点往往只能招收部分年级的学生，且难以开设完整的课程。通常，教学点的教师需要单独负责一个年级甚至是全校所有学科的教学工作。为了应对这一挑战，世界各国都在尝试利用信息技术来提升教学质量。传统的教学资源共享方式如教学光盘播放、卫星接收和网络传输，已经在某种程度上改善了这些地区的教育状况。利用移动卫星车构建信息化课堂则成为一种创新方法，尤其适用于那些经济欠发达的国家和地区，旨在为教学点提供优质的学习资源和支持平台，从而开辟了新的课堂形态。

移动卫星车不仅是向偏远地区输送知识的渠道，还代表了一种教育平等的努力和对创新教学方式的探索。这种模式通过直接将教学资源传送到最需要的地方，有效打破了地理位置和经济条件对教育质量的限制，极大地促进了教育资源的均衡分配。对于中国来说，运用移动卫星车同样是一个极具潜力的方式。这种方式不仅可以帮助偏远地区学校克服师资不足的困难，还能在促进教育公平和提升教育质量方面发挥重要作用。实施类似的项目，可以确保各个地区的学生无论身处何地都能接触到高质量的教学资源。

（九）云计算：拓展课堂教学的新边界

云计算作为一种服务模式，以其易于扩展和按需供给的特性，为用户提供了所需的服务和工具。云计算的特点包括支持在线协作、文件存储、虚拟化以及灵活的访问方式。随着互联网的不断发展，云计算在教育领域的应用也日益广泛。越来越多的学校采用云计算作为数据存储、备份和软件服务的方式。随着教育信息化基础设施的持续完善，云计算技术在教育领域的重要性逐渐显现。例如，云盘的普及、教育资源的同步更新以及在线平台上的协同学习等功能，都体现了云计算在现代教育中的关键作用。因此，云计算在现代课堂教学中的角色变得越来越重要。

越来越多的学校和教育机构在寻求智慧校园和其他教育信息化方案时，基于云计算的基础架构成为首选。在中国，推广和应用教育云服务已经成为教育管理者的共识。随着教育信息化基础设施的持续完善，云计算技术在中国教育领域的作用也越来越明显。云计算提供的便捷、高效和灵活的计算资源正在改变教育机构的运作方式，使得教育资源更加丰富和易于获取。学生和教师可以实时接触到最新的教育资源，而不需要担心地理和时间的限制。此外，云计算还促进了教育的个性化和定制化发展，使得教育更加符合学生的个人需求和学习习惯。这些变化不仅提高了教育质量，也增强了学习的互动性和参与感。

（十）虚拟社区：促进合作学习的平台

近年来，随着社交网络工具的广泛应用，传统的在线社区已逐步被大型社会性虚拟社区所取代。这些社区通过网络将世界各地的人聚集在一起，极大地便利了跨国和跨地区的合作交流。大型社会性虚拟社区不仅促进了用户从单纯接收信息到创造信息的转变，还通过优良的交互性和丰富的参与性，加强了社区成员之间的沟通与交流。

在教育领域，这种社区为全球学生提供了一个合作学习的优质平台。这些大型社会性虚拟社区能够组织世界各地的人，故而特别适合开展大规模的跨国、跨地区的合作交流。目前，中国政府正在积极推动"网络学习空间人人通"项目，世界各地在推动大型社会性虚拟社区方面的成功经验对中国具有重要的参考价值。通过借鉴这些经验，中国可以进一步加快教育信息化进程，提高教育质量和效率，同时为中国学生提供更多与国际同伴交流和合作的机会。

第二节 数字时代到来

科技对生产力的贡献无处不在，同时，科技的发展带来了更多的就业机会，并打破了时间和空间的限制。

数字化信息技术，以信息技术为核心，是当今世界经济转型的一个重要标志。在转型的过程中，社会结构逐渐向扁平化演进，全球分散的信息形成了新的知识网络。在这个背景下，每个人都需要理解和掌握当今全球性基本知识。

互联网支持的产业革命将科技生产者置于创新人才链的前沿。这些创新人才不仅拥有丰富的知识储备，而且能够自主掌握新兴科技，探索未知领域。他们是能够在互联网上灵活运用各种科技知识的复合型人才，成为时代的领军人物。

新自由主义经济学理论的盛行，除了与各国围绕经济展开的激烈竞争相关，还与信息技术的发展密切相关。信息技术不仅是生产力的重要来源，更是推动全球范围内教育发展的新技术。信息技术为教育领域带来了个性化、智能化、定制化的新学习理念，推动了新的教育模式和学习方式的出现。新的人才培养模式以信息技术融合创新为手段，注重培养人们的学习能力。这不仅能顺应社会发展的趋势，也能满足人类全面发展的需求。[1]

一、大数据开启教育新时代

《2019 中国大数据产业发展白皮书》中强调了大数据在推动社会各领域，包括教育产业，向数字化转型的关键作用。在这一转型过程中，

---

[1] 张妍,张彦通.信息技术影响下的学习变革与发展 [J].北京教育(高教),2015(10):18–20.

社会的数字化水平经历了从数据化到信息化，再到数字化和智能化的连续演进。特别是在教育领域，大数据技术的应用改变了传统的教育数据处理方式，提供了教育数据采集、处理和分析的新方法，并基于这些分析结果对教学方法和教育决策进行有效调整。这一现象体现了"数据驱动学校，分析改革教育"的理念已经成为推动教育改革和发展的重要理念。全面理解教育数据，挖掘这些数据的深层价值，利用教育大数据来提高教育质量和促进教育创新成为当前教育发展的方向。

（一）大数据促进个性化学习

传统教育系统在获取和分析信息方面的能力较弱，且数据获取和分析主要局限于定期和阶段性评估，这种方式更多地反映了宏观层面的教育情况，而无法深入理解学生个体的特性和需求。在大数据时代，教育过程中产生的所有数据都可以转化为教育大数据，这些数据的特点在于它们关注学习过程，能够准确反映学生的个性化表现。[①]对学生学习过程中产生的各种数据进行综合测量、收集和分析，从大量的过程性数据中提炼出每一名学生的学习行为特征，可以精确描述学生的个性，深入了解他们的学习需求，有效指导他们的学习过程，准确诊断他们的学习成果。这样，教师能够为每一名学生提供量身定制的学习支持，真正实现教育方式从以群体为中心向关注个体转变。

（二）大数据实现差异化教学

通过收集、处理和分析数据，教师可以创建与学生行为紧密关联的模型，以此来精确地分析学生的行为模式，并预测他们未来的学习轨迹。在这一过程中，教师可以全面地了解学生的特点、行为、学习过程和发展趋势，进而根据这些信息为每一名学生定制个性化的学习内容和指导

---

① 欧阳玲，张禾佳，洪文兴，等．教育数字化关键技术及集成应用 [J]．福建电脑，2021，37（11）：53-56．

策略，支持学生的个性化发展。随着大数据技术的引入，传统教学模式正经历一场根本性的变革，即从以教师为中心、侧重于知识传递的教学模式，转变为以学生为中心、着重于技能提升的个性化教学模式。

（三）大数据优化管理决策

学校作为人才培养、知识传播和科技创新的场所，积累了大量的信息资源。从学生培养计划的制订、教师教学安排的设计、教学质量的评估到人员的管理等，学校管理中的各项决策和控制活动均基于对大量数据的分析和处理。[1] 与传统教育环境下依赖静态、有限、滞后或处理过的数据不同，大数据技术能够动态、全面、实时地收集原始数据，从多个角度对同一管理对象进行综合记录和分析，从而实现更为精确的决策支持。这种数据的深度挖掘和应用，使教育管理者能够更快速、更准确地识别关键影响因素和干预策略，揭示以往由于数据不足而难以觉察的教育规律。[2] 因此，在教育管理和决策的各个方面，无论是教育环境设计、教育时空变化，还是教育场景创新，都将基于数据分析，确保为学生提供最适宜的课程、课堂、教室和校园环境，从而推动教育质量的整体提升和教育模式的创新。

（四）大数据推进教育智能化

随着人工智能技术在全球范围内的广泛应用，教育行业也迎来了前所未有的发展机遇。《数字中国建设发展报告（2018年）》显示，中国的数字经济规模在2018年已达到31.3万亿元。进入2019年后，得益于大数据技术的飞速进步以及5G、物联网等前沿技术的日益成熟，教育领域的智能化改革步伐显著加快。2022年初，教育部推出了"国家智慧教育

---

[1] 欧阳玲，张禾佳，洪文兴，等.教育数字化关键技术及集成应用[J].福建电脑，2021，37（11）：53-56.
[2] 欧阳玲，张禾佳，洪文兴，等.教育数字化关键技术及集成应用[J].福建电脑，2021，37（11）：53-56.

公共服务平台"。该平台专注于多个教育核心领域，包括学生学习、教师教学、学校治理、社会赋能及教育创新，旨在构建一个综合性的学习和管理环境。该平台的结构包括三个主要平台、一个服务大厅、一个专栏以及一个专区，共同形成了一个系统化的学习布局。这一平台的建立，为学校教育向线上化、数字化和智能化的转型提供了全面的解决方案。

另外，教育智能硬件市场在发展中显示出巨大的潜力。在这一领域中，新型智能化产品正成为市场的新趋势。教育技术和资源的融合正在加速，这不仅提高了教育质量，也推动了教育行业的持续创新和发展。数字化教育平台如"国家智慧教育公共服务平台"的成功实施，证明了技术在教育革新中的关键作用，并为未来教育的多方面进步奠定了坚实的基础。

通过深度整合和应用大数据技术，教育系统能够对教育管理者、家长、教师和学生的行为进行全面的数据采集和分析，从而显著提升教育服务的整体质量。这种全方位的数据收集和分析，为学生提供了个性化的学习路径，为教师提供了精准的教学支持，同时让家长能够更加有效地参与到对孩子的教育过程中。在这一过程中，教育机构开始以数据为基础进行决策、管理和服务，实现了教育服务的精确化和个性化。这一变革不仅优化了教育资源的配置，也极大地提升了教育系统的响应速度和服务效率。

随着大数据技术日益广泛应用，教育智能化已经成为加快教育现代化进程的关键动力。对于教育管理者而言，大数据技术使其能够更加精准地理解教育生态中的各种需求和问题，能够通过数据分析来制定更为科学合理的教育政策。对于教师而言，大数据技术提供了一个全新的视角和工具，使得教学方法更加多元化，教学内容更加贴近学生的实际需求，从而有效提高教学质量和效率。对于学生和家长而言，大数据不仅能够提供更加个性化的学习资源和教育服务，还能够通过对学习行为的分析，及时发现学习中的问题和挑战，为学生提供针对性的指导和帮助。

二、数字化教育的基本特性

数字化教育的应用依赖于多个参与者，如教师、学生和教育管理者，他们在各自的教学、学习和管理活动中广泛利用互联网教育。这一过程涉及将云平台作为数据和信息的主要来源。参与者在教学、学习和管理过程中产生的数据与资源被传输至云平台，经过保存并整合，构建起一个完整的闭环系统，从而有助于教育发展。显而易见，这种数字化的教育体系与传统教育体系相比，具有明显的差异。

教育领域的数字化转型，不仅仅是技术的应用，更是一种教育模式的根本改变。这种改变要求教育系统的每一个成员都能适应新的教学和学习方式。在这个过程中，云平台起到了至关重要的作用，它不仅为教育活动提供了新的资源和信息来源，还为数据的存储、处理和共享提供了便利。通过这样的方式，教育资源得以更加高效地利用，教学、学习和管理活动也因此变得更加灵活和高效。

数字化教育的基本特性可以概括为以下几个方面，如图 1-2 所示。

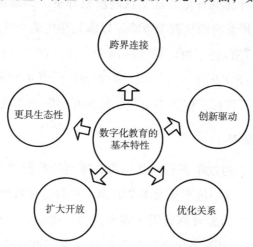

图 1-2 数字化教育的基本特性

（一）跨界连接

数字化教育代表了网络技术与教育实践的结合，展现了多样且丰富的应用场景。这种教育模式不仅包括互联网教学，还包括互联网管理和互联网考核，在这些方面均拥有广泛的应用潜力。

在互联网教学方面，教师可以利用人工智能技术进行远程教学，与学生进行实时互动。这种互动不仅增加了学习的趣味性，也显著提高了学生的积极性。

在互联网管理方面，数字化教育通过高效的在线管理系统，极大地简化了教学管理流程。管理人员能够迅速跟踪和分析学生的学习进度和表现，从而更加精确地调整教学方法和学习内容。此外，数字化教育还为学生提供了个性化的学习路径，使得每一名学生都能按照自己的节奏和兴趣进行学习。

在互联网考核方面，数字化教育系统提供了多样化的评估方法。这些方法不仅包括传统的测试和考试，还包括在线作业、互动式评估和即时反馈。这种多样化的评估方法不仅能使教师更全面地评价学生的学习成效，还能使教师及时调整教学策略，以满足学生的个性化学习需求。

数字化教育还促进了跨学科和跨国的合作。网络平台使学生轻松接触不同领域和不同文化背景的知识，拓宽视野，增进理解。这种跨界合作有助于知识全面传播，促进不同文化间相互理解和尊重。

（二）创新驱动

数字化教育正通过革新数字化思维，重塑传统教育模式，显著提升教育水平和质量。这一进程涉及多个方面，对教育领域产生深远影响。

新技术的应用为教育创新提供强大支持。搜索、传感、通信、图形图像技术的应用，为数字化教育业态创新开辟广阔的探索空间。同时，大数据、云计算、虚拟现实、移动教学等技术使教育互动方式更为丰富多元。这些技术不仅提高教学内容的可访问性和吸引力，还增强教育活动的互动性和参与感。

教育众创空间的拓展是数字化教育的重要组成部分。网络世界成为创意与灵感的聚集地，各种网络平台及虚拟空间，成为学生创新学习及创业实践的坚实基础。教育机构通过众创空间项目的推广，成为推动教育数字化转型的重要力量。

开放式创新是数字化教育的又一重要方面。互联网的出现使创新项目资源整合变得便捷，互联网的发展促进创新理念与经验的交流，推动协同研究，共同完善知识体系，为学生创造更多价值。

数字化教育还不断提升教师和学生的能力。教师通过应用新技术，可以有效传授知识，更好地理解和满足学生需求。学生则主动探索和学习这些技术，形成全面且深入的知识理解。

（三）优化关系

数字化教育正在重塑传统教育体系内部的关系结构，改变学生与教师、学生与教育以及教师与教育之间的相互作用关系。这种改变不仅增强了学生的学习选择权，还拓宽了他们的学习视野。通过数字化教育，学生能够进行更为广泛的跨区域、跨组织甚至跨国界的交流和沟通。这种无界限的互动，有效减少了不同群体间的矛盾和冲突，促进形成更和谐的学习环境。

数字化教育为学生提供了更为灵活多样的学习方式和资源。学生能够根据个人兴趣和需求，选择最适合自己的学习路径。这不仅提高了学习效率，也增强了学习体验的个性化和趣味性。同时，教师在这一过程中发挥着关键作用，他们不再仅仅是知识的传递者，更成为学习的引导者和支持者。

数字化教育还特别强调学生中心化。利用互联网平台，学生可以自主安排学习时间和进度。这种灵活性使得学习不再受地理位置和时间的限制，极大地拓展了学习的范围。

数字化教育在提升学习效率和质量方面也发挥了重要作用。借助先进的技术，教师可以提供更为生动、互动的教学内容，而学生则能通过丰富的在线资源和工具，更加深入地理解和掌握知识。数字化教育的发展不仅改变了传统教学和学习的方式，还为教育的未来开辟了新的路径。

数字化教育在促进平等教育方面也发挥了重要作用。网络教育资源的普及，缩小了不同地区和社会阶层间的教育差距，为边远地区提供更多学习机会。

数字化教育还意味着教育资源的均衡分配，无论地理位置如何，学生都能享受到高质量的教育资源。这种教育模式的灵活性和开放性，为培养更多优秀人才提供了坚实基础，使教育更加公平和高效。

（四）扩大开放

数字化教育的开放性特征已经显著体现，学生在接受教育时不再过度依赖传统学校或培训机构。如今，他们可以方便地利用线上平台，根据个人需求自主选择课程。

这种开放式的教育模式为学生提供了前所未有的灵活性和可选择性，使得个性化学习成为可能。学生能够根据个人的兴趣和学习节奏来选择课程，进而提高学习的效率。

（五）更具生态性

数字化教育作为一种新兴的教育模式，以其多元化、可持续和创新性的特点，日益增强教育的生态性。这种教育模式利用互联网的优势，提高了效率，降低了成本，使得教育可以更加适应学生个体的需求，设计出更有针对性的教学内容和方法。教学变得更加人性化和个性化，学生可以充分发挥自己的创造力和主动性，利用移动终端随时随地学习。教师则作为学生学习的指导者和陪伴者，提供各类优质的教学服务。

数字化教育不仅服务于在校学生，也覆盖了已经走出校园的用户，促进了学习型社会的建设与发展。它具有较高的智能化水平，为不同参与者提供个性化的资源服务，提供精准而高效的参考信息，并从参与者那里获取更加丰富的数据资源。数字化教育的协同性较高，不同的主体之间能够发挥协同作用，同时开展多个活动。依托云技术和云平台，数字化教育实现了泛在式的教学与学习，实现了线上与线下渠道的有效对接。通过云课堂和云教室，学生可以从测试结果中了解自身的不足，据此查漏补缺。在这种教育模式下，学生之间、学生与教师之间以及学生与设备之间都能实现互动。学生可以掌握更大的学习主动权，提高自身的知识消化能力。

在科研发展方面，数字化教育是对知识社会的创新实践，能使更多普通人参与科研项目，而不再局限于精英群体。云平台能有效支持教师的科研活动，并让教育管理者、学生也参与其中。通过云计算和大数据技术的应用，科研项目参与者可以在申报、评审等各个环节得到相应的资源支持，完善实验数据和调研结果，降低开展科研活动的复杂程度，提高整体运作效率。

在管理方面，数字化教育依托云平台系统，使用智能技术分析管理、运维、资源信息。大数据技术对这些信息进行深度处理，方便教学管理人员获取运行监督、信息管理、教学质量评定、资源配置等方面的信息数据，提高决策科学性，及时发现问题并进行提示。反馈信息提交到云平台，可以促进教育优化。在实施过程中，要解决问题，提交反馈，及时调整，进而促进教育行业的长期发展，并在发展过程中进行逐步优化。

数字化教育还让校园生活变得更加智能、便利。校内食堂推出预订服务，允许师生提前预订餐桌和菜品，并提供智能化餐具，展示菜品的营养成分、热量信息。校车站牌显示车辆到达时间、车上座位剩余情况。校医院利用可穿戴设备收集患者的心率、体温等信息。电子商务在校园内掀起新一轮消费热潮。

云、网、端相结合的基础设施建设，为教育的数字化转型提供了有效的支撑。目前，数字化教育正在充分发挥大数据、物联网、云平台的作用，促进这些先进技术手段在教育领域的应用，利用技术工具促进现代教育的发展。同时，教育也在推动技术创新，扩大技术的应用范围，使教育与技术相互促进、共同发展。

三、数字化教育的发展

数字化教育在全球范围内展现了势不可挡的发展趋势，这在众多国家政府特别立项、专门资源和数字化推动方面得到了明显证明。在教育改革的道路上，美国、法国等发达国家都将数字化教育置于核心地位，各国政府对数字化教育的大力支持成为引领未来教育潮流的新趋势。

以美国得克萨斯 A&M 大学为例，乔恩·米尔（Jon Mill）和史蒂夫·威金斯（Steve Wiggins）教授设计了一个交互式视频平台，用于微观经济学的线上教学。教授将课程视频上传至平台，学生通过平台观看并完成作业，无须在特定时间和地点上课。为保证教学质量，平台内嵌入了多种机制，如关键时刻弹出问题测试学生注意力，对异常学习行为发出警告，并在学生期末考试成绩不佳时通知学生和教师，促使学生重新学习。

这种数字化教学方法取得了显著成效。教师不再需要对不同班级反复讲授相同内容，而可以专注于打造高质量的"精品课程"，大幅提升课堂效率。学生对线上授课方式的反馈也十分积极，他们可以自主安排学习时间，反复回看教学内容，有助于课程学习和考前复习，成绩因此得到明显提升。

数字化教学资源正在替代传统的教学资源。纽约州立大学采用数字化手段进行教学改革，为教师和学生提供最新的、原创的、低成本的教学资源。数字版教科书融入丰富视频等元素，并提供互动练习，学生可以根据阅读习惯调整文本格式，直接添加注释。教师可以根据需要，结合学生实际情况，修改这些开放共享的教学资源，既降低学习成本，又提高学习效率。

通过数字化课程软件，学生可选择视频等生动的学习方式，进行知识检测和强化训练，加深对知识点的记忆。教师则可以根据软件收集的数据，了解学生的学习情况，明确哪些习题易错，哪些地方需要辅导。在课堂中，教师可以针对性地向学生提出建议，最大化教学效果。

这种数字化教学方式打破了传统课堂的空间限制，提供了更为灵活和互动的学习环境。学生可以按自己的节奏学习，根据个人需求调整学习进度。教师通过这种方式能更准确地了解学生的学习状况，更有效地调整教学方法，实现个性化教学。数字化教育还促进了资源的有效利用和共享，提高了教育资源的可获取性和质量。

在这种环境下，学生不仅提高了自主学习的能力，还学会了如何有效利用各种数字工具和资源进行学习。这不仅提高了他们的学习效率，还帮助他们培养了批判性思维和解决问题的能力。同时，教师也从传统的知识传递者转变为学习指导者和协作者，更加注重培养学生的独立思考和创新能力。

数字化教育发展的新趋势，如图 1-3 所示。

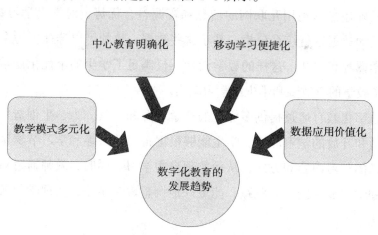

图 1-3　数字化教育的发展趋势

（一）教学模式多元化

教学模式的多元化得到了数字化教育的有力推动。通过整合网络信息资源到现代教学中，数字化教育促进了信息科技与教学的深度融合，为传统学习模式和教育体系带来了创新和变革。教师能够利用先进的信息技术，将课程内容和知识点针对性地传递给学生，并实时更新教学内容。同时，教师引导学生进行互动反馈，培养他们的创新能力和自主学习能力。学生拥有了更多的自主选择权，减少了对教师的依赖，这对于培养具有多元化能力的人才具有重要意义。

（二）中心教育明确化

数字化教育在推动教育体系的优化和完善方面发挥着重要作用。它重视以学生为中心，组织开展教学、管理和考核等教育活动，这一点与以教师为中心、采用标准化教材进行填鸭式教学的传统模式截然不同。在这个过程中，教师更多地充当服务者的角色，他们为学生提供知识结构的梳理、重点知识的全面剖析以及课外知识的补充等升级服务。

教师还能够利用互联网的信息和资源整合优势，对学生学习数据、教学活动数据进行综合分析。基于这些数据，教师可以选择更为个性化的教学课程和方法。这样的教学设计不仅满足了学生的个性化需求，还提高了教学的有效性和学生的学习动力。

数字化教育通过提供多样化的教学资源和工具，为学生创造一个更加灵活和开放的学习环境。学生能够根据自己的兴趣和学习节奏选择适合自己的学习内容和方式，从而实现自主学习。同时，教师通过对学生反馈和学习成果的实时跟踪，能更好地调整教学策略，实现学习效果的最大化。

（三）移动学习便捷化

智能手机和移动互联网的广泛普及，对人们的生活和工作产生了显著影响。其中，移动学习作为互联网教育的一个重要组成部分，正迅速发展并日益显现其重要性。在移动学习模式下，学生可以利用手中的移动设备，在任何时间和地点进行学习，打破了传统学习模式的时间和空间限制。

与线下学习不同，移动学习不是简单复制学习内容，而是针对特定场景下的学习需求，提供定制化的服务。这种学习方式使得学生能够充分利用零碎的时间进行学习，如通勤或等待的间隙。移动学习平台通过分析学生的学习过程数据，建立学习模型，根据这一模型对学习内容进行优化和完善，从而为教师的教学工作提供有效支持。

此外，移动学习也为学生提供了更为灵活和个性化的学习体验。学生可以根据自己的时间安排和学习进度，选择适合自己的学习材料和方式。这种学习模式的便利性和灵活性，使其成为数字化教育发展的一大主流趋势，不仅提高了学习效率，还促进了个性化学习的发展。

（四）数据应用价值化

在大数据时代，教育过程中产生的数据都会被详细记录，这包括教师的教学内容和方法数据，以及学生的学习过程和反馈建议等数据。通过对这些数据进行深入分析，教师和学生能够及时发现教学和学习过程中的不足之处，从而提升教育的质量和效率。

随着大数据技术的不断进步和完善，未来教育数据的应用场景可以得到更广泛的探索和开发。这些数据的价值创造能力会显著提升，为教育行业带来更多的可能和机遇。在大数据的助力下，教育行业会进入一个全新的发展阶段，实现更加精准化和个性化，以更好地满足师生的需求。

因此，未来的教育将极大地受益于大数据技术的发展，数字化教育将推动教育领域的革新，为师生提供更丰富、更有效的教学和学习资源。

四、教育数字化的转变

数字时代已经到来，实现教育数字化也是顺应时代发展的必然结果。

教育数字化具体转变方式如表1-2所示。

表1-2　教育数字化的转变方式

转变领域	描述
认知方式转变	面对数字化、网络化、智能化和个性化的新工业革命，教育需转变传统模式，整合新一代信息技术。认知新思维特点包括非连续性、破界融合、突变颠覆、分布式多中心等。数字化教育不仅是技术革命，也是认知革命，其改变了思维方式，促进了基于计算力、数据和算法的无限计算能力发展和持续创新
教育模式转变	数字化应用于教育领域，推动教学、管理和评价的深层次技术融合，提升效率与质量，降低成本。数字化促进教育服务创新和模式优化，推动教育生产关系和服务供给的变革。互联网和新技术使得全球教育资源整合成为可能，促进了教育公平。数字化教育特征包括教育服务业态变革、组织边界打破，实现社会化供给和共建共享。重组教育体系核心要素，能够使教育机构提供更高水平的教育服务
教育服务个性化转变	数字化教育解决了传统模式中的个性化问题，使教育服务更加精准化和个性化。通过大数据分析，教育机构能够提供描述性、诊断性和预测性分析，从而实现个性化教育服务。学生不再限于标准化教育服务，而获得定制化教学内容和方法。数字化教育平台等也能为学生提供高水平的教育服务
教师核心能力转变	数字化教育对教师提出了新的核心能力要求，包括快速掌握新技术、终身学习、提升沟通能力、设计学习过程、激发学生学习热情、多维度探索问题和强化创新意识。教师不仅是知识传递者，更是学习情境和过程的设计者，需引导学生进行学术探索，激发学生的创新意识

（一）认知方式转变

在当前的数字时代，新一代信息技术如移动互联网、物联网、3D打印和人工智能正在快速发展，引领着一场新的产业革命。这场革命的核心特征是数字化、网络化、智能化和个性化。面对这一轮产业革命带来的巨大发展机遇，中国是否能够抓住这短暂的窗口期，关键在于人才的培养，特别是培养具备全球视野和创新能力的高素质人才。教育作为人才培养的主要途径，其改革方向和提升水平成为中国应对新一轮产业革命的必然选择。

目前，以理论知识为主、模式单一、过度强调教师角色的传统教育模式已经不适应新一轮产业革命的人才培养需求。随着中国教育改革的持续深化，提高教育质量和培养学生个性的呼声日益高涨。同时，政府、教育机构和企业正在探索解决教育资源分配不均的问题。在此背景下，新一代信息技术在教育领域的融合和应用，为提升中国教育水平和质量，培养符合新时代需求的优秀人才提供了新的思路。

数字化教育能够促进教育资源的高效配置。依托云网一体化解决方案，学生可以打破时间和空间的限制，随时随地学习。互联网强大的数据搜集与分析能力使得学校能够根据学生的差异化需求，开展个性化教育。数字化教育还构建了双向网络化沟通机制，学生能够及时向教师反馈信息，并与其他学生交流学习心得，共同进步。此外，数字化教育能够创造虚实结合的教育空间，提升教育机构的教育服务供给能力。

值得明确的是，数字化教育变革不仅仅是技术的革命，更是一种认知的革命，其改变了人们的思维方式。数字化意味着全新时代的到来，这是一个信息技术如互联网、云计算、大数据、物联网、感知技术、触摸技术和人工智能综合应用创新的时代。数字时代标志着人类与技术的共同进步，以及数字化驱动的实体经济与虚拟经济的高度融合。这个时代的典型特点是智能互联、知识透明、敏捷制胜、边界消失和创新无限。数字时代的核心能力和独特资源包括基于计算力、数据和算法所形成的无限计算能力，海量的大数据资产，以及持续创新的智能算法。

要适应这样一个新时代，先要进行观念的更新和思维的革命。数字时代的认知新思维特点包括非连续性、破界融合、突变颠覆、分布式多中心等。非连续性意味着从渐进式连续性线性思维向非连续性生态思维转变。数字化发展的非连续性要求人们具有长远的战略眼光，从连续性线性思维转向非连续性生态思维，以应对新教育模式可能出现的非连续性。破界融合则要求人们从封闭式边界思维转向开放式跨界融合思维，这意味着生产者与消费者的破界融合，组织与外部生态的破界融合等。突变颠覆则需要人们从单一的基于大概率事件推测的思维转变为洞见小概率突变事件的思维，从基于资源和能力的渐进式变道超车思维转向突破资源和能力的颠覆式创新变道超车思维。分布式多中心要求人们从垂直式单一中心思维转向分布式多中心思维，从非对称性单一聚焦压强思维转向对称性多项动态选择思维。

认知方式是教育的重要组成部分，移动互联网时代新的认知方式呼唤新的教育模式。人们需要对教学思想、教学理念、教学方式方法、教学组织形态等进行革新，才能让中国教育培养出更多适应现代化生存环境的优秀人才。这种教育变革将对未来社会的发展产生深远影响，为构建一个更加智能、高效、创新的社会奠定坚实的基础。

（二）教育模式转变

数字化技术在教育领域的深入应用，正推动教学、管理和评价等环节实现深层次的技术融合。这不仅提升了教育的效率和质量，同时有效降低了成本。更重要的是，数字化教育为教育服务创新创造了新的实施环境，实现了对教育业务流程和模式的优化和完善。这涵盖了变革教育流程、运作规则及形态，推进了教学、管理与服务体制的创新，构建了全新的教育生产关系以及教育服务的供给方式、形态和结构。

互联网的快速渗透促进了社会化协同的快速发展，社会组织服务的边界变得模糊，服务外包受到越来越多社会组织的青睐。技术如移动互联网、5G 通信和物联网的发展，使个体和组织跨越区域和国界的大规模协同成为可能。在教育领域，这意味着分散在全国乃至全球的教育资源可以被高效整合和配置，催生出新的教与学的分工形态。这种新型分工形态使学生能够享受更为个性化、多元化的教育服务，在学习过程中实时获得教育支持与评价反馈，促进了教育公平。同时，教师的分工变得更为精细化，课程内容可以被记录下来，供更多学生学习，从而让教师有更多时间思考如何改善教学内容及方法，提高教学质量。数字化教育的出现打破了以学校为中心的封闭僵化的教育供给体系，让更多个体和社会组织参与其中，打造跨组织、跨层级、跨领域的基本公共教育服务供给模式，实现实时交互、监督协作、合作共赢。

数字化教育的两大核心特征：一是变革教育服务业态，推动教育服务数字化，通过互联网提供远程教育；二是打破组织边界，促进教育服务供给主体多元化，为学生提供更多选择，使教学过程更具互动性并提供及时反馈，实现教育服务的社会化供给，并打造共建共享、合作共赢的教育公共服务新机制。

数字化教育可以促进教育体系核心要素的重组，使更多社会组织能够布局教育内容、资金、服务、考核评价等环节。学习者不限于学生群体，而面向所有人。与提供大众教育的学校相比，互联网教育机构能够凭借资金和组织灵活性等优势提供更高水平的教育服务。以大型开放式网络课程（massive open online courses, MOOC）为例，它的流行并非基于颠覆性新技术的应用，而是基于教育生产关系的创新发展。这使得拥有优质教育资源并能提供高水平教育服务的高校变得更加开放。学习者可以根据自己的兴趣爱好、文化、语言等挑选各类课程，实现个性化学习。教育供给方式变得更为多元化，打破了教育垄断，促进了民主化教育。

运用互联网技术，教学内容可以通过文字、图片、音频、视频等多种方式展示，可以将现实生活中少见场景以多媒体方式呈现，便于学生理解和掌握相关知识。教师可以丰富教学课件的表现形式，提高教学灵活性，激发学生的学习兴趣，吸引他们的注意力，改变传统教学方法背景下学生学习倦怠的情况。学生能够获取更加生动形象的学习内容，消化更多知识，增长更多见识。

高质量的院校教育资源被应用到网络教育中。在应用先进技术手段的基础上，教育部门能够实现对教育资源的迅速更新与迭代，为学生展现最新科研成果，供学生学习。通过线上平台实现共享的资源包括课程资源、网络资源和学习问题资源。这在学习过程中为学生提供了便利，开阔了他们的视野。

在传统模式下，知识信息主要掌握在权威人士手中。数字化教育的发展打破了这种故步自封的状态，所有人都能成为知识信息的生产者、使用者、传播者。移动互联网平台的应用进一步扩大了网络教育资源的覆盖范围，为学生接受优质教育、教师进行高效率教学提供了便利。

（三）教育服务个性化转变

在传统教育模式中，学生常常需要适应一个封闭的教育体系，传统教育模式往往无法根据学生的个性来定制教学课程和学习方法。数字化教育的出现有效地解决了这一问题。在数字时代，数据成为核心资源，成为教育机构的核心生产要素，是必须重点关注和布局的重要资产。这些数据是从教学及学习的全过程中搜集并加工而来的，前提是所有的教育设施接入互联网。

通过深入分析学生的学习过程数据，结合心理学、学习科学等原理和模型，教育机构可以进行描述性分析、诊断性分析和预测性分析。描述性分析帮助教育机构了解学生的整体学习趋势，寻找适合特定学生群体的模式和规律，从而提高教育服务的精准性。诊断性分析针对学生个体表现，定位问题，为提供个性化教育打下基础。预测性分析则为学生的综合素质和能力考核提供有力支持，帮助学生深入了解自己的实际水平，设立更合理的人生目标，从而提高学习效率和质量。

通过教育大数据分析，学校能够深入了解学生的认知结构、知识结构、情感结构、能力水平和兴趣爱好等，为学生提供高效精准的定制化教育服务。这不仅有助于学生补齐自身短板，还有助于学生强化优势学科，完善知识结构，充分发挥潜力。标准化的教育服务被个性化、弹性化的教育服务所取代。未来，学生可以获得定制化的教学内容和方法，更加有利于实现自己的学习目标。

教育服务的可选择性大幅提升，不仅学校可以为学生提供教育服务，数字化教育平台等也能为学生提供高水平的教育服务。在数字化教育模式下，先进的技术手段使教师能够通过开展学习测试并利用系统数据分析来了解每一名学生的学习进度和具体情况。此外，教师还能通过教学和学习服务系统，以学生的学习能力为参考，制订更有针对性的学习指导方案，为学生提供个性化的教学指导。这种做法改革了传统模式下对所有学生"一刀切"的教学模式和方法。

随着个性化教育需求的增加，学校也开始注重根据学生的个人兴趣来实施人才培养策略，挖掘学生的个人潜力。在现代化的教育模式下，数字化教育能够为教师和学生提供更丰富的教学方法和学习方式，并提供相应的教学资源，促进学生个人兴趣的发展和延伸。从长远来看，未来的学校教育可能呈现自组织形态，学校将成为满足学生个性化教育服务需求的智慧学习场所。学习过程将更注重结合学生能力和实际情况来制订学习计划，动态调整学习节奏。

（四）教师核心能力转变

数字化教育带来的一项重要变革是对教师核心能力的重新定义，其中数字化能力成为教师必备的核心能力。与传统教育相比，数字化教育对教师提出了新的要求，这些要求涉及多个方面。

（1）教师需要快速学习并掌握新技术。传统教育环境对教师掌握技术的程度要求较低。在数字化教育中，大量新技术的应用成为支持教学的力量，这要求教师必须具备掌握这些新技术的能力。

（2）教师必须成为终身学习者。在数字时代，学习可以随时随地发生，知识更新迭代速度加快。因此，教师必须不断充实自己的知识库，随时学习、终身学习成为教师适应数字化教育的必要条件。

（3）沟通能力的提升至关重要。数字化教育改变了传统的面对面授课模式，线上模式中任何人都可能随时发言，这要求教师能够同时聆听多名学生的想法并及时做出回应，这提出更高的沟通能力要求。

（4）设计学习过程而非仅仅传递知识。在数字化教育中，教师的角色不仅是知识的传递者，更是学习情境和学习过程的设计者。教师需要关注学生的学习能力，而不仅关注学习结果。

（5）激发学生学习热情成为关键。数字化教育中的互动难度大于传统课堂，教师需要激发学生的学习热情，鼓励他们主动参与互动，发现和提出问题。

（6）教导学生多维度地探索问题。教师需要引导学生不重复标准答案，而进行多维度的问题探索。

（7）强化创新意识。在数字时代，创新意识的培养成为对学生的更高要求。教师需要引导学生进行学术探索，强化他们的创新意识。

五、新型智慧教育生态系统的塑造

随着时代的进步，教育领域正面临着前所未有的变革，这一变革得益于新兴技术的涌现，新技术使人们的工作变得更加高效和便捷。例如，语音技术实现了对语音的识别和合成，机器视觉技术已经能够进行人脸识别、目标检测、动作捕捉、行为和情感分析。此外，自然语言处理技术也在机器阅读、语义理解、机器翻译、文本生成方面取得了显著进展。不仅如此，机器人技术等也在不断发展中。智能技术在教育领域的应用是多样化的，涵盖了教育机构、教师和学生三大主体。

教育机构主要职责包括教务工作、人事行政和学校管理等，因而衍生出了智能图书馆、考勤系统、校园安全、智能分班排课等多种智能产品。教师的工作则主要围绕教研、教学、评估和管理进行，智能批改、习题推荐和教育机器人等解决方案随之诞生。学生的需求则集中在课堂学习和课后复习上，并广泛应用智能工具。

从计算机时代的校园信息化到互联网时代的数字校园，智慧校园的构建标志着从以管理为中心的应用整合到分散业务点的信息化发展。如今，随着信息技术的快速进步，"智能+"时代已经到来。智慧校园的构建基于移动互联、物联网、大数据、人工智能、区块链等先进技术，以人为本，实现参与智能化管理决策的人、物、财的连接。智慧校园不仅是教育信息化的关键组成部分，也是衡量教育现代化程度的重要指标。

当前，中国的教育信息化正处于深度融合的发展阶段，被视为支撑和引领教育现代化的内生动力，助力教育理念的更新、教育形式的创新以及教育系统的重构。这一宏观政策环境为智慧校园的成长提供了肥沃的土壤。今后，如何持续推进教育信息化的深入发展，成为教育系统乃至整个社会高度关注的议题。

在当今社会，随着科技的迅速发展，校园教育信息化的可持续发展成为教育领域追求的目标之一。智慧校园建设正是在这样的背景下，根据国家《教育信息化"十三五"规划》的指导思想——"服务全局、融合创新、深化应用、完善机制"——展开的重要实践。其旨在通过信息化手段，驱动以事务为核心的校园智慧化进程，强调对师生在教学、科研、管理、生活服务等方面需求的个性化关注，从而提升教育教学的智慧化水平。

智慧校园构建的核心在于，将人的因素、设备的因素、环境及资源的因素以及社会性因素，通过信息化技术有机整合，形成一个独特的校园系统。这一系统基于物联网技术，以信息相关性为核心，借助多平台信息传递手段实现即时的双向交流，同时结合网络、技术、服务的智能综合信息服务，全面实施教育信息化。

从技术层面来看，智慧校园利用包括感知、智能、挖掘、控制在内的多种信息化技术，建设安全监控、平安校园网络管理系统、智能化学习系统、自助图书网络管理系统等，旨在构建一个具有全面感知、及时响应、智能综合、随需应变、高效运行特性的学校环境。

在智慧校园的建设中，校园大脑扮演着核心的角色。它是校园人工智能的枢纽，依托物联网、云计算、大数据分析等新兴技术，通过感知、采集、整合、分析和展示多种异构大数据，形成了一个工作、学习和生活一体化的校园环境。这一环境不仅将教学、科研、管理和生活充分融合，而且通过大数据技术和人工智能技术为校园管理和决策提供支撑，有效解决了校园在人才培养、科学研究与技术转化、学生成长、校园环境建设、心理健康教育、生活和工作环境建设等方面所面临的问题。

智慧校园环境的构建是为了重新梳理教育和工作的各项业务及流程，其目的在于提升管理的效率及成效。通过将前沿的信息技术融入教学、科研、管理和服务等多个领域，智慧校园能够利用现代化的信息技术手段，高效处理大量管理数据，从而提高教育、学习和管理的质量与效率。这种新型的校园环境展现了与传统教育模式截然不同的教学架构、工作方式、生活模式、校园布局、文化氛围、管理体制和决策支持系统。

智慧校园的建设还特别注重服务的个体性、公开性、公平性、高效性及整合性。它解决了信息孤岛的问题，通过整合数据标准，实现了数据资源的共享。信息技术在教育全过程中的深度融合，实现了学校各部门信息的统一编码，确保了学校信息系统的实时、自动互联互通。这不仅使得资源得到了最大限度的共享和利用，还保障了不同数据库间数据交换的有效性，实现了数据共享，消除了数据重复管理、冗余及不同步的问题。

智慧校园采用以事务流程为导向的办公模式，极大提升了师生的工作效率。通过实施智慧校园，学校的各职能部门能够更高效地完成日常工作，使得校园工作人员能够更多地专注于其他重要任务，从而为学校节约了大量的人力资源成本。

　　此外，智慧校园还致力构建教学资源库，实现了跨地域的远程教学和管理。以信息资源和服务为核心，智慧校园推动了学习、教学、科研和管理的智能化，创建了虚拟的学校空间和智能化的生活环境，使得教学和管理活动实现网络化、远程化、智能化，从而扩展了学校的功能和影响范围，为学校跨地域传播知识及远程业务管理提供了坚实的基础。

　　智慧校园的实施还使管理决策过程智能化，提升了管理决策的科学性。通过多维度的数据挖掘和分析，智慧校园为决策者提供了精确的智能分析数据，帮助决策者明确决策目标，论证决策的必要性和可行性，为决策者做出正确的决策提供了必要的支持，进而实现了决策过程的科学化和透明化。

　　《中国教育现代化2035》的印发标志着中国教育发展开启新篇章，旨在2035年总体实现教育现代化。这一里程碑不仅标志着智慧与智能时代教育的全面升级，而且代表着人类教育史上的重要转折点。作为中国首份以教育现代化为核心的中长期战略规划，该文件为教育信息化的未来发展明确蓝图，强调智能化与人本化发展趋势的双重主题。

　　在这一战略指导下，新一代信息技术的融入不仅仅是替换旧技术或者将高科技应用于教学场景的简单过程，在更深层次上，这种技术的融合正在塑造一个崭新的教育生态系统。以智能化为核心的教育信息化成为探索问题、揭示事实的关键手段，构建起以互联网、大数据、云计算、区块链和人工智能为基础的新型智能教育生态系统。在这个生态系统中，优质的数字教育资源变得更易获取，在线学习平台更加个性化，教学评价更加科学，教学形式更加多元化，体现了信息技术对教育领域的深刻影响和精准服务。

　　新一代信息技术的引入不仅服务于教育过程，更在服务中促进教育主体外部行为与内在思维的转变，使教育活动自然融入智能技术和智能思维之中，并与外部智能环境和谐共生，共同塑造一个全新的教育活动生态系统。在教育信息化发展的过程中，无论是智能化还是人本化，都始终围绕着教育的核心——育人。新一代信息技术在教育和人才培养中的应用与反思，是推进教育发展的重要途径。

随着 2035 年的目标逐渐清晰，新一代信息技术将支持教育领域的全面变革，展现出智慧化校园环境、科学化教学管理、人本化教育服务以及个性化人才培养的未来发展趋势。这一趋势不仅描绘了教育现代化的美好蓝图，也为教育信息化建设与教育改革创新指明了方向，使之共同迈向智慧与智能时代教育的新高峰。

第二章 视障学校小学语文教学传统模式

第一节 视障学校小学语文课程概述

小学语文作为视障教育中的基础学科，扮演着十分重要的角色。它既是视障教育体系中的核心学科，也为视障儿童学习其他学科奠定了基础。在视障教育中，小学语文的地位十分突出，这一学科的重要性尤其体现在对特殊教育师范院校学生的指导上。通过学习小学语文，这些未来的教师能够更好地掌握视障学校的语文教学目标、教学内容和基本规律。此外，这一学科还能帮助未来的教师初步了解视障儿童学习语文的特点，从而使他们更有效地完成小学各个阶段的教学任务。

一、视障学校小学语文课程的性质和作用

（一）视障学校小学语文课程的性质

视障学校小学语文课程的性质决定了它与其他课程存在本质不同，这一性质是确定视障学校小学语文课程教学目标、教学内容及教学策略的重要依据。深入理解视障学校小学语文课程的性质，对于有效进行语

文教学改革和研究至关重要。视障学校小学语文课程既具有工具性，又具有人文性，二者统一构成了语文课程的基本特征。

视障学校小学语文课程的工具性主要表现在培养视障儿童语文运用能力上，强调课程实践性的特点。例如，通过语文学习，视障儿童能够掌握运用语言文字进行理解、表达、交流和沟通的能力，他们的社会参与能力也会得到增强。新编教材中安排的各种形式的综合性实践活动，体现了视障学校小学语文课程实践性的特点。

同时，视障学校小学语文课程也展现出人文性。语言不仅是思想的载体，还是情感的表达工具。视障儿童在掌握语言文字的基础知识和基本技能的同时，需要接受由语言文字传达的思想和情感的熏陶。视障学校小学语文教材内容丰富、形式多样、文质俱佳，不仅扩大了视障儿童的知识面，还对他们进行道德教育，有利于培养他们成为有价值的社会主义接班人。因此，视障学校小学语文课程的人文性关注通过语文课程对视障儿童的思想进行熏陶与感染，体现了语文作为人文学科的特点。

（二）视障学校小学语文课程的作用

视障学校小学语文课程在补偿视觉不足方面扮演着关键角色，其作用主要体现在以下几个方面。

第一，语文学习对视障儿童来说，意味着从一个无法完全感知周围世界的"黑暗"状态走向"光明"状态。这些儿童由于视力限制，往往不能充分认识周围事物，难以正常参与社会活动，其思想、情绪、心灵和精神世界可能受到影响。语文学习，尤其是盲文学习，不仅为他们提供了获取知识、学习技能和参与社会生活的途径，还激发了他们对生活的热情。语文学习唤醒了他们内心深处的情感和精神世界，使他们树立了克服困难的信心，丰富了他们的语言和感性体验，促进了他们思维的发展。特别是精选的、富有教育意义的优质文本，更是激发了他们对美好生活的向往，帮助他们从"黑暗"走向"光明"。

第二，语文学习对于视障儿童其他器官功能的发展同样有重要作用。通过学习盲文，视障儿童在摸读过程中手指触觉功能得到了显著提升，他们"以手代目"的技能在感知世界的过程中起到了主要作用。新课程理念下的语文教学通过各种丰富多彩的学习活动，进一步锻炼了他们的听觉功能和其他健全器官的功能。

第三，在新课程理念指导下，语文教学对视障儿童的语言发展也有重大影响。新编语文教材中设计了各种科学的口语交际活动和综合性学习活动。这些活动有助于视障儿童对于词汇的积累和应用，丰富了他们的感性认识，并促进了他们语言能力的发展。这些活动不仅有助于视障儿童更好地融入学校环境，还有助于他们融入社会环境。

二、视障学校小学语文教材的特点

新编的视障学校小学语文教材是基于教育部制定的《全日制义务教育语文课程标准（实验稿）》进行开发的。这套教材在人民教育出版社出版的普通学校语文教材的基础上，针对盲文的特点和视障儿童学习语文的具体需求进行了调整、修改、补充和改编。教材的编排体系和内容基本保持原有教材的结构，这样做主要是为了更好地适应视障儿童随班就读的需求，确保他们能够顺利地融入普通教育体系中。

新编教材根据《义务教育语文课程标准》设计，并且充分考虑了视障儿童的实际学习状况。这些教材展现的特点如图 2-1 所示。

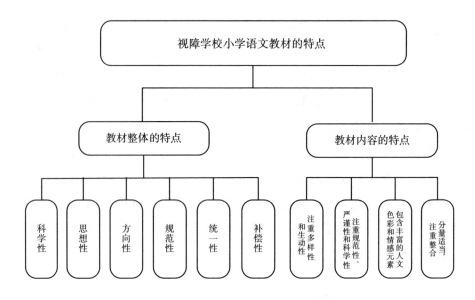

图 2-1 视障学校小学语文教材的特点

（一）现行视障学校小学语文教材整体的特点

1. 科学性

教材体系编排与内容挑选都紧密围绕科学性这一核心展开。这个过程确保了教材的结构安排和内容选入严格遵循科学的教学理念和方法。在这个框架下，每一部分的内容安排都旨在提升学习效率，确保信息的逻辑性和连贯性，使学生能够在逐步深入的学习中构建起完整且系统的知识体系。

教材内容的科学性还体现为精心挑选那些能够有效地促进学生认知发展和技能提升的材料。这不仅包括确保知识的准确性和时效性，还涵盖了以学生为中心的教学策略，如通过生动的案例研究和互动活动，激发学生的学习兴趣，提高学生的参与度。

同时，教材体系编排不仅仅是简单组织知识点，更是基于对学生学习过程的深入理解，包括认识到学生学习的差异性、兴趣点以及潜在的挑战。因此，教材体系编排要充分考虑如何通过差异化的内容和活动，满足不同学习需求，引导学生达到预定的学习目标。在这一过程中，教材体系编排的科学性确保了教学资源不仅支持教师的教学活动，还为学生的自主学习提供了坚实的基础。

2. 思想性

语文教材精心设计，将思想性贯穿于课文和实践活动之中。这种设计不仅使思想教育与基础训练内容紧密结合，而且实现了二者之间的有机融合。通过这种设计，语文课程确保了在整个学习过程中，学生能够在不知不觉中接受思想教育的熏陶。

在具体实施上，语文教材通过精选的课文内容和精心设计的实践活动，引导学生探索和理解深层次的思想和文化价值。这种设计旨在促使学生进行思考和反思，鼓励他们将所学知识与个人经验相结合，从而深化他们对社会、历史和文化的认知。同时，通过实践活动的安排，学生得以将思想教育与实际生活紧密联系，加深理解并内化为自己的价值观。

语文教材设计还注重引导学生发展批判性思维和创新精神。通过对课文的深入分析和讨论，以及对实践活动的参与和反思，学生能够从多角度、多层次理解和评价所学内容，促使自身形成独立的思考和判断能力。

3. 方向性

语文教材设计应体现出鲜明的方向性，即致力实现社会主义现代化建设的目标。这一方针要求教材内容不仅要传递知识，还要积极参与学生的全面素质教育。特别是对于视障儿童，要更加注重培养他们成为具备社会主义理想、道德、文化及纪律观念的公民。这意味着教材需要融合语言训练与思想教育，确保二者之间达到恰当的平衡，共同促进视障儿童的全面发展。

在具体实施上，语文教材内容的选材和体系的编排应贯穿对社会主义核心价值观的强调，通过经典文学作品、历史故事、现代事迹等内容，展示社会主义文化的丰富性和深刻性，激发视障儿童的爱国主义情怀和社会责任感。同时，教材还应包含专门设计的活动和话题，鼓励视障儿童就道德、文化和纪律相关的问题进行思考和交流，以实现知识与价值观教育的有机结合。

此外，语文教材在处理语言训练与综合素质教育的关系时，需要精心设计，使得语言学习成为视障儿童获取文化知识、培养道德情操和形成正确观念的有效途径。阅读、写作、口语交流等活动，不仅能提升视障儿童的语言应用能力，还能够在语言学习的过程中渗透思想教育，让视障儿童在掌握语文知识的同时，成为一个有责任、有担当的社会主义新人。

4. 规范性

教材的规范性是教学内容质量的重要保证，要求在语言文字使用过程中和编排形式上都遵循一定的规范化标准。视障学校教材中的语言文字不仅要遵守一般语文规范，还要考虑到视障群体的身心发展特点，确保教材内容的可访问性和易理解性。

教材的语言文字应清晰、简洁、易懂，避免复杂难懂的表达，视障儿童才能通过听觉或触觉辅助工具轻松理解教材内容。同时，考虑到视障儿童在阅读和理解上的特殊需求，教材应更加注重逻辑性和条理性，以便视障儿童通过有序的信息来构建知识框架。

教材的编排形式也要适应视障儿童的学习习惯和认知特点。例如，增加语音描述、使用盲文版本或提供电子文档等方式，可以使教材内容更加直观易懂，便于视障儿童通过听觉和触觉等进行学习。这样的规范化设计不仅有助于提高教材的实用性和有效性，也能够确保视障儿童平等地接受教育，享受学习的乐趣。

5. 统一性

语文教学资料的编排和使用，应当以教材为核心，构建一个协调一致、相互补充的教学资源体系，确保各种资料最终能够形成有机整体。这要求教材内容的安排，从整体到部分都要遵循统一性的原则，以避免学习内容碎片化，进而影响教学的连贯性。

在实践中，这意味着教材之外的辅助教材、多媒体资源和实践活动等，都应该围绕教材的核心内容和目标进行设计和选择。例如，辅助教材应精心挑选，应与教材中的文学作品、语言知识和文化背景相呼应，从而促进学生对教材内容的理解和掌握。同时，多媒体资料，如视频、音频等，应选取或制作与教材内容紧密相关的材料，以增强教学的生动性，提升学生的学习兴趣。此外，实践活动的设计也应紧密结合教材内容，使学生通过实际操作和亲身体验进一步巩固和拓展书本知识，在实践中学习和应用所学的语文知识和技能。这样的设计旨在通过各种教学资源和活动的有机整合，形成一个闭环的学习体系，确保教学内容的系统性和完整性，从而有效提高教学效果和学生的学习质量。

6. 补偿性

教材中的实践活动内容和形式的设计需深入考虑视障儿童因视觉障碍所面临的感知限制，旨在通过各种策略和技术手段，最大限度地弥补这些不足，确保教学活动能够满足这一特殊群体的需求。为此，教材应该包含特别设计的学习活动，这些活动利用视障儿童可以依赖的感官，如听觉、触觉和嗅觉，提供丰富的学习体验，从而帮助他们更好地理解和吸收知识。

在活动内容的选择上，教材可以包括有声书或录音制品，利用音频来传递信息，让视障儿童通过听觉感受文本的韵律美。同时，通过触觉辅助工具，如盲文图书和触觉图像，视障儿童能够通过触摸来认识字母、词语和图形，弥补视觉信息获取的不足。此外，实践操作和体验活动，如模型制作、实地考察等，可以让视障儿童通过亲身体验来学习语文知识，增强学习的实际感知度。

在活动形式的设计上，教材应注重创新性和多样性，采用不同的教学方法和技术，以适应视障儿童的学习特点和能力。这包括但不限于小组合作、角色扮演、故事讲述等互动性和参与性强的学习方式。这些方式促进了视障儿童之间的交流和合作，提高了他们的社交能力和团队协作能力。

（二）现行视障学校小学语文教材内容的特点

1. 教材内容注重多样性和生动性

教材内容的构思和编排需要融入多元的、充满活力的元素，从而确保所呈现的知识与视障儿童的日常生活经验紧密联系，并显著反映出社会的现状和发展趋势。教材内容的精心设计，旨在激发视障儿童对学习的好奇心和热情，通过将学习材料与视障儿童熟悉的生活情境相结合，可以使学习过程不仅富有教育意义，同时贴近视障儿童的实际体验，进而增强他们对知识的认同感。包含时代的新概念、新技术及社会发展的最新动态的教材不仅让视障儿童感受到学习内容的现代性，还帮助他们建立与时代同步的视角和思维方式。这样的教材内容，有生动的描述、丰富的情境和贴近生活的例子，使得学习变得更为生动和引人入胜，从而有效提升视障儿童的学习动力和效果，使教育过程成为一种享受，而非单一的任务。

2. 教材内容注重规范性、严谨性和科学性

教材内容经过精心挑选和设计，旨在兼顾规范性、严谨性和科学性，从而确保内容与视障儿童的身心发展水平和特殊需求相匹配，以促进教学活动的顺利进行。这样的设计深入考虑视障儿童在理解和吸收新知识时可能遇到的挑战，因此，特别强调语言的清晰度和易懂性，从而降低学习障碍，提高教材的可访问性。教材中的表述不仅要便于视障儿童通过听觉或触觉辅助工具进行学习，同时要支持教师在教学过程中更有效地传递信息，确保每一名视障儿童都能够跟上教学进度，充分理解和掌握教学内容。此外，这样的教材还有助于培养视障儿童的语言感知能力和表达能力，使他们在学习语文的同时，能够更好地与他人交流，使他们在社会交往中更为自信和独立。

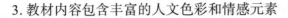

3.教材内容包含丰富的人文色彩和情感元素

教材融入丰富的教育价值，饱含深厚的人文精神与情感内容，不仅能够传授知识，更重视对学生进行思想教育。它强调通过教育引导学生树立和发扬社会主义核心价值观，培育他们的道德观念和行为规范。教材中的每一篇文章、每一项活动都旨在帮助视障儿童理解如何成为一个对社会有贡献的人，怎样在日常生活中实践社会主义道德品质和良好的行为习惯。通过这样的学习和教育，视障儿童能够逐步形成追求高尚理想、坚持道德准则、积极参与文化活动、自觉遵守社会纪律的良好品格，从而在成长的过程中打下成为有责任感、有担当的社会主义公民的坚实基础。这种教材内容的设计，不仅在知识传授上发挥作用，更通过教育激发视障儿童的内在潜能，引导他们自我完善，促使他们为构建和谐社会贡献自己的力量。

4.教材内容分量适当，注重整合

教材设计要精心考量内容分量，确保内容既丰富又不会过于复杂，避免给视障儿童带来不必要的负担。有效整合的教材内容布局使得教师能够更加顺畅地进行教学活动，同时帮助视障儿童在轻松的氛围中学习，避免形成过重的学习负担。这种设计不仅提高了视障儿童的学习效率，确保了学习的深度和质量，还有利于激发视障儿童的学习兴趣，使他们在愉悦的环境中探索知识，培养了视障儿童的自主学习能力和思考能力。这样的教材设计使教学活动变得更加高效和目标明确，同时为视障儿童提供了一个轻松学习、快乐成长的良好条件。

教材内容强调语文基本功训练，同时联系视障儿童的感知特点。教材的设计以提高语言技能为核心，采取系统化的方法对视障儿童听力、口语、阅读、写作等方面进行全面训练。教材内容按照视障儿童学习进程的不同阶段——初级、中级、高级——进行结构化的布局，确保学习内容的稳定递进。这种分层次的训练模式，旨在让视障儿童打下一个坚实的语文基础，帮助他们在各个学习阶段都能有效地掌握和巩固必要的语文技能。通过这样有序的训练安排，视障儿童不仅能够逐步提升自己的语言应用能力，还能够在学习的各个阶段都感受到明显的进步，从而增强学习的信心，提高学习的动力。同时，这种按学习阶段划分的训练方法还考虑到了视障儿童在学习过程中可能遇到的特殊困难，通过精心设计练习和活动，促进他们的语文能力在实践中应用和发展，为他们的全面成长奠定坚实的语文基础。

（三）新编视障学校小学语文教材的指导思想

第一，要全面提升视障儿童的语文素养，重点要放在培养视障儿童语文基本技能上，并促进他们的全面发展。语文素养不仅是个人素质的重要组成部分，对于视障儿童的成长也至关重要。过去的语文教育重点在于知识的积累和听说读写能力的培养，现在的语文教育发展方向是更多地促进视障儿童的能力发展，帮助他们学会学习，培养他们自主更新知识的意识和能力，使他们养成良好的学习习惯，树立终身学习的观念。

语文教育是提高民族素质的基础工程。小学语文教育是语文基础教育的重要组成部分，其目的是给提升学生的全面素质打下基础。语文教育需要提高学生的思想道德素质，这是做人的基础；同时，学生还应打好语文知识的基础，具备基本的学习和运用语言文字的能力。此外，语文教育还要培养学生对祖国语言文字和中华传统文化的热爱，提升他们的人文素养。语文教育要培育学生良好的思想品质，使学生发展健康个性，要培养学生的创造力，并重视培养学生良好的意志品格和语文学习习惯。

第二，积极倡导自主、合作、探究的学习方式，同时关注视障儿童的创新精神。要更新教育观念，使语文教学从教师主导的"教"转变为学生自主的"学"。教师在教学过程中扮演教练、辅导员和向导的角色，而学生则是学习的主体。学生的自主学习应贯穿教学的整个过程，包括每一名学生，体现在教学的各个阶段，采用读、思、议、写、口语交际等多样化的形式。在教学过程中应创造充满个性和积极思维的语文学习氛围。

　　社会生活中的语文学习无处不在，语文是与社会生活紧密联系的开放学科。应打破课内外、校内外的界限，让语文成为活跃的、实践性强的学科。视障儿童通过参与丰富的语文实践活动，学习语文，提升能力，学会做人。培养创新精神是推进素质教育、培育创新人才的需求，也是语文教育的职责所在。因此，语文教学应重视激发视障儿童的想象力和创造力。理解现代社会对于语文教育的要求，增强视障儿童未来意识，努力实现教学要求、内容、方法、手段的现代化，培养视障儿童不断求知、敢于探索的精神，可以使他们具备与现代社会相适应的读写速度、信息收集和处理能力以及将语文知识应用于现实生活的能力。

三、视障儿童学习语文的特殊性

　　视障儿童在认识和感知方面与非视障儿童存在显著的差异。由于视觉障碍，视障儿童在感知发展上受到影响，进而影响了他们语言能力的发展。在语文学习方面，视障儿童表现出独特之处。差异主要体现在他们所学的文字和学习方式上。除此之外，还有其他一些差异。只有充分理解这些差异，才能更有效地指导视障儿童学习语言，并促进他们语言能力的发展。

（一）视障儿童在语文学习中容易出现"语义不符"现象

　　"语义不符"是指言辞与其描述或表达的具体事物形象之间存在脱节、不相吻合的情况，如生搬硬套、说空话、夸大其词或牵强附会等。这种现象直接影响视障儿童对语言的理解和运用。例如，有的视障儿童在描述缝制被子的过程时，频繁使用"看"字，而实际上其是通过触感来缝制的。这就是典型的"语义不符"现象，因为其并非通过视觉来进行这项活动。

导致这种现象的主要原因是视觉障碍阻碍了视障儿童对客观事物的直接感知和亲身体验，使他们无法建立对事物的具体表象的认知。他们通过听觉模仿和记忆积累来习得词语，往往由于缺乏理解，不能恰当地组织和运用这些词语。词语在他们的心中缺乏具体的表象，无法形成正确和完整的概念，这影响了他们理解能力的发展，导致他们的语言与个人感知经验相脱节。

导致这种现象的另一个原因是教学方法未能完全遵循视障儿童的习惯。在教学过程中，教师往往要求视障儿童像非视障儿童一样进行口头和书面表达，且使用的教材中的语言也是非视障儿童习惯使用的。语言是交流的工具，视障儿童与非视障儿童生活在同一社会中，视障儿童不可避免地会使用非视障儿童习惯的语言，这应当给予理解。

针对"语义不符"的现象，语文教学必须遵循从感性认知到理性认知的认知过程与规律，应利用各种方法和途径，丰富视障儿童的感知经验，促进他们理解能力的发展，帮助他们避免这种现象。这包括提供更多的感官体验和实践活动，使他们能够在语文学习中更好地理解和运用语言，从而更准确地表达自己的想法和感受。这样，视障儿童不仅能够提高语言理解和表达能力，还能够更好地融入社会交往之中，提升个人的综合素质。

（二）视障儿童机械识记能力强，善于语言模仿

对于视障儿童来说，"听"是感知世界、获取信息的主要方式。他们依赖听觉来认识事物、接受教育以及进行社会交往。因此，长期的以听代替看，促进了视障儿童听觉的发展，使他们形成了较强的感应、鉴别和记忆声音的能力，使他们机械识记方面的能力获得了显著提高。这意味着即便对语句的意义不甚理解，他们也能记住内容。在学习语文，尤其是盲文点位和符号形状记忆方面，他们往往展现出较强的机械识记能力。

此外，视障儿童在语言模仿方面也表现出特别的能力，他们能够精准地模仿他人的语言。因此，在视障学校的语文教学中，教师应充分利用视障儿童的这一特点，加强朗读能力训练，以此来发挥视障儿童的优势，获得教学成果。然而，单纯依靠死记硬背可能会影响视障儿童的阅读和理解能力发展。教师在教学中应运用灵活多样的教学形式，循序渐进地启发和引导视障儿童通过意义识记，以促进他们实现更深层次的理解和学习。

（三）视障儿童学习方式的特殊性

视障儿童的学习方式呈现出特殊性，主要表现为他们通过听觉和触觉进行学习。采用这种学习方式，耳朵和手指尖的作用尤为重要，代替了视觉在获取知识过程中的角色。这样的途径使得学习不仅依赖于听取声音，也涉及通过触觉感受文字的形状和质地，从而理解和掌握知识。在语文学习中，采用这种学习方式不仅有助于强化视障儿童的听觉和触觉感知能力，还有利于他们在感官体验上弥补视力丧失带来的不足。通过这种学习方式，视障儿童能够更深入地探索和认识世界，这不仅促进了他们感官功能的全面发展，也为他们挖掘自身的潜力提供了可能，激发了他们探索知识和参与社会生活的积极性。

（四）视障儿童在语文学习过程中的客观困难

在语文学习中，视障儿童不仅需应对由视力损失引发的直接挑战，还面临着额外的客观困难，这些困难进一步加大了他们在语文学习上的难度。具体而言，可供他们学习和阅读的资源，如盲文图书、杂志及报纸，数量十分有限，同时，适合他们使用的语文学习工具书也寥寥无几。资源的稀缺不仅限制了他们发展自主学习语文的能力，而且在一定程度上影响了他们接触和吸收新知识。

在这样的现实情况下，教师在教学过程中的角色显得尤为重要。他们需要深刻理解视障儿童学习语文的独特需求和遇到的具体困难，基于这些理解，教师有责任采取更为灵活和创新的教学策略，以及调整教学工具和辅助设备，使之更加贴合视障儿童的实际情况。通过这种方式，教师能够为视障儿童创造更为有利的学习环境，既能够提升他们的语文学习效率，也能够在更大程度上促进他们的知识积累和能力发展。这种教学上的调整和优化，旨在通过教师的努力和创新，让视障儿童克服语文学习中的障碍，开拓更为广阔的学习天地。

第二节　视障学校小学语文盲文教学

盲文教学是视障学校语文教学的核心任务之一，主要集中在第一学段，并且在整个语文教学过程中始终发挥着重要作用。盲文教学的意义重大，其内容复杂多样，教学过程需循序渐进。盲文教学不仅是视障学校语文教学的核心任务之一，也构成了视障儿童教育的基础。盲文教学的具体内容如表2-1所示。

表2-1　盲文教学的具体内容

内容分类	详细描述
盲文教学的重要性	盲文教学是视障学校语文教学的核心任务之一，集中在第一学段。盲文教学对视障学校语文教学至关重要，构成视障儿童教育的基础
盲文教材的特点	盲文是视障儿童获取和掌握知识的基石，是他们学习知识和接受教育的关键工具。盲文教材根据视障儿童的认知规律和汉语盲文的语音规律设计。盲文教材内容包括盲文点位学习、盲文字母和拼音学习等
盲文教学应理解和遵循的规律	理解和遵循视障儿童认识事物的规律，促使他们利用视觉以外的其他感官获取信息。理解和遵循视障儿童学习语文的规律，重视他们的听觉记忆和语言模仿能力。理解和遵循盲文本身的结构规律，强调读写结合的重要性，将盲文的学习和使用相结合

续　表

内容分类	详细描述
教学方法和策略	采用直观的教学方法，使用实物模型和直观教具，结合语言描述。强调音、形、义的综合训练以及在语境中对词义的理解。理解盲文的结构特征，遵循盲文的编码规律

一、盲文教材的特点

　　盲文是视障儿童获取和掌握知识的基石，也是视障儿童学习知识和接受教育的关键工具，盲文教学是视障学校语文教学的核心任务之一。在视障学校的语文教学中，盲文是构成语文能力的主要因素，它是阅读、写作、口语交际以及综合性学习的基础、前提和保障。[①] 在视障儿童的能力提升方面，引导他们接触和感知凸起的盲文点，可以使他们手指的触感和识别能力得以增强，从而更有效地利用触觉进行视觉代偿。

　　在学习盲文时，视障儿童不仅要掌握点字的图形、对应的读音以及代表的含义，还要把手指的触觉体验与点字的声音、形状和意义相结合。在这一复杂的认知过程中，他们进行信息的分析和综合，促进了感知能力的训练与成长。因此，可以说，盲文教学对于发展视障儿童的感知能力具有重要的作用。

（一）盲文教材的编排特征

　　现行盲文教材是根据小学视障儿童的认知规律以及汉语盲文独特的语音规律来设计的。在盲文教材编排过程中，声母和韵母根据发音部位分段归类，并穿插出现。先介绍声调符号和四声，使得声母和韵母的出现与音节、词语以及句子的拼读形成一个有机的整体。这种编排方式最大优点是便于视障儿童掌握发音方法。韵母依照单韵母、复韵母、鼻韵母的顺序出现，使学习过程由简单逐渐过渡到复杂。在韵母出现的同时，

---

① 王欣 . 双手摸读法在提升视障学生阅读能力中的应用 [J]. 和田师范专科学校学报，2011，30（4）：24-28.

引入音节和词语，可以使视障儿童及早开始学习拼读音节和词语，掌握拼音的方法。在音节和词语积累到一定程度后，及时引入句子，可以使视障儿童在拼读句子的同时学习词义，并将对词义的理解放置于具体的语言环境中，从而实现对词义更准确的理解。

声调符号和四声的提前介绍之所以有必要，是因为在当前盲文体系中，声调不仅扮演了区分发音的角色，也助力视障儿童准确学习音节的组合读法。这种教材编排旨在为视障儿童提供一个满足其特殊需求的有效的学习路径，确保他们能够逐步而系统地掌握盲文。

（二）盲文教材内容的特点

1.盲文点位的学习

盲文的学习包括对盲文点位形状进行触摸识别和书写操作。新版教材在设计过程中，为了降低视障儿童的学习难度和对教学时间进行合理规划，对原有的盲文教材中那些重复性高和内容繁杂的部分进行了精简处理。盲文点位的学习是掌握字母和拼音的初步阶段，因此将这部分内容置于教材的开始，旨在为后续的字母和拼音学习做好铺垫，这里被称作准备课程。

准备课程的内容主要围绕盲文点位的触摸认识和书写实践，分为五个单元。第一个单元介绍了完整的六点盲文字符，第二个单元展现了缺一点的字符形态，第三至第五单元则详细讲解了多种点位字符。为了辅助盲文学习，教材还配备了三张特制的吸塑纸，这些吸塑纸上的盲文点位凸显且不容易因使用而磨损。其中一张吸塑纸上有放大的凸起点位图，旨在帮助视障儿童快速掌握盲文点位的结构及"方"作为基本单位的概念。另外两张吸塑纸与教材内容直接相关，展示了多种盲文点位字符，主要用于触摸阅读练习。这样的设计考虑到触摸阅读是一种频繁的活动，而传统的盲文教材在长期使用过程中可能会出现字符磨平的问题，使用这些特制吸塑纸能有效避免磨损，帮助视障儿童复习和巩固所学知识。

2. 盲文字母和拼音的学习

盲文教材的核心组成部分是字母和拼音学习，包括21个声母（g和j、k和q、h和x的符形相同）、6个单韵母（e和o的符形相同）、13个复韵母、15个鼻韵母、1个特殊韵母以及4个声调符号，总共构成了56个不同的盲文字符。此外，教材还细致地涵盖了若干常用的音节，以及与之相关的词语、短语和简短句子等教学内容。

为确保视障儿童能够在一个轻松愉快的环境中进行学习，新版教材对声母和韵母的编排进行了巧妙的设计，使其交错呈现，以简化并优化学习流程。教材中还对原有的过多音节进行了删减，并对一些词语进行了调整，使得学习过程更为简便。一个显著的改进是，对"四声和声调符号"的教学环节进行了前置，这样做的目的是让视障儿童能够更加迅速和准确地掌握字母和拼音的知识。这样的教材编排策略，旨在助力视障儿童更有效率地学习盲文，进而掌握和运用语言技能。

二、盲文教学应理解和遵循的规律

（一）应理解和遵循的三条基本规律

1. 理解和遵循视障儿童认识事物的规律

理解和遵循视障儿童认识事物的规律是极为关键的。视障儿童在认知发展过程中，与非视障儿童一样，经历从直观感知到逻辑推理，从具体实例到抽象观念的过程。然而，视觉障碍在一定程度上限制了他们通过感官感受世界的直接体验，给他们的认知过程带来额外的挑战。鉴于此，在教学策略上，教师强调利用视觉以外的感官进行信息的收集和处理，旨在弥补视障儿童视觉感知的不足。

特别是在教授盲文的过程中，采用直观的教学方法尤为重要。使用实物模型和直观教具能极大地丰富视障儿童的感官体验，帮助他们超越直接感知的界限。此外，教师生动的语言描述，能够有效促进视障儿童对教学内容的理解和吸收。这种融合直观教具与口头讲解的教学方法，不仅有助于视障儿童更加深刻地掌握盲文，还有助于他们对周围世界进行综合理解。

在关注视障儿童特殊需求的同时，教学过程还应该强调他们在认知发展上与其他儿童的共性。实施适宜的教学策略，可以充分激发视障儿童的学习潜力，帮助他们在理解和感知世界的过程中，有效地应对由视觉障碍带来的各种挑战。这样，视障儿童便能在学习的道路上取得更大的成就，充分发挥潜力。

2. 理解和遵循视障儿童学习语文的规律

视障儿童在学习语文时遵循特定的规律对教学活动至关重要。视障儿童的语文学习主要基于拼音文字系统，该系统以词为基础单元，这与汉字的意象表达方式有所不同。在教学过程中，视障儿童要准确理解词义，就要将词放在具体的语境中考虑，特别是那些词义较为复杂或抽象的词语，正确理解词义依赖于上下文提供的具体情况。

有效的语文教学要遵循一定的规律，需要围绕音节、词、句、段落和篇章之间的内在联系进行。教学目的是让视障儿童能够将音、形、义三者有机结合起来，在自然的语言环境中学习盲文。此外，要重视视障儿童在语文学习上的特殊性。他们通常具有较强的听觉记忆和语言模仿能力，因此在教学策略的选择上应充分利用这些特点。

为了使视障儿童更快掌握盲文，教学方法应该特别强调音、形、义的综合训练，以及在语境中对于词义的理解。这样的教学方法，不仅能够帮助视障儿童在学习语文时克服困难，还能促使他们在理解和使用语言时实现整体能力发展。

3. 理解和遵循盲文本身的结构规律

理解盲文的结构特征和遵循盲文的编码规律对于教授视障儿童至关重要。盲文是一种专为视障人群设计的文字系统，通过触摸感知的方式来识读。该系统由63种独特的编码字符构成，每一个字符均设计于一个

6 点位的长方形框内，通过 1 到 6 个凸起点的各种组合形态表义。这些字符被布置于厚纸材质上，能够通过触觉进行阅读。

盲文并不是一种难以理解的代码，其具有明确的结构规律。这些凸起点的设计考虑到了视障儿童用手指触摸的特性，易于他们理解和记忆。[①] 在教学过程中，利用这些规律来指导视障儿童科学地掌握盲文是非常重要的。

6 个凸起的小圆点构成盲文的基础单位，这些点按照三个高度层次（顶部、中部、底部）和两列分布，共同构建出长方形的外形。这些小圆点的数目及其排列位置的差异，能够形成一个包含标点符号、数学符号和化学符号在内的广泛符号体系。盲文可以记录不同国家和不同文化群体的语言。

在教学中，教师应强调盲文本身的结构规律，帮助视障儿童在摸读过程中记住并总结这些规律。例如，教师可以使用顺口溜来帮助视障儿童记忆特定的音节，如"六个娃娃玩娃娃，一号娃娃去赏月……"。这样的记忆方法不仅使学习过程更加有趣，而且视障儿童更快地掌握盲文。

此外，表示数字的小圆点位置都集中在上、中两层，表示声调符号的点位通常在左侧，这些规律都是在教学中需要强调的。教师要让视障儿童发现和总结这些规律，这对于提高视障儿童学习效率至关重要。

（二）注重读写并进的培养

盲文教学强调读写结合是提高学习效率的关键。这意味着教学内容的安排应该交替进行摸读和书写练习。在这个过程中，视障儿童需要将摸读、发音和理解紧密结合，避免仅仅是口头上的重复。反复的摸读和书写，不仅能够让视障儿童巩固所学内容，还能帮助他们更加形象地记住符形，促进他们空间知觉的发展。

---

① 王欣. 双手摸读法在提升视障学生阅读能力中的应用 [J]. 和田师范专科学校学报，2011，30（4）：24–28.

书写练习在盲文学习中扮演着至关重要的角色，不仅是巩固字母符形和掌握音节拼读的有效手段，也是加强记忆和理解的重要环节。因此，教师应该让视障儿童同时学习阅读和书写，以实现二者的互补和共同发展，从而更好地掌握和巩固盲文基础技能。在整个盲文教学过程中，重视将摸读和书写有机结合并交替进行是至关重要的。这种方法不仅加深了视障儿童对盲文的理解，还增强了他们的综合应用能力。

（三）将盲文的学习和使用相结合

视障儿童学习盲文的过程强调的是学以致用并逐步巩固所学知识。这包括将盲文的发音练习与口语学习紧密结合，并在具体的语言环境中进行盲文学习。此外，将盲文学习与实际应用相结合，并充分利用教材内容的编排特点，是教学过程中的重要方面。这样可以确保视障儿童从听、说、读、写各方面系统地掌握盲文，从而全面提升语言运用能力。这种综合性的教学方法不仅促进了视障儿童对盲文的深入理解，还增强了他们将所学知识应用到实际情境中的能力。

（四）注重正确书写习惯和良好学习习惯的培养

对于视障儿童而言，养成良好的学习习惯和正确的书写习惯是获取知识的基础，这对他们未来的发展具有至关重要的意义。在盲文教学中，培养视障儿童正确的触摸阅读和书写姿势至关重要。同时，确保他们准确掌握字母发音，正确拼读、拼写音节和词语也是必要的。

在这一过程中，教师扮演着至关重要的角色，必须接受严格的培训并执行监督职责。他们要及时纠正视障儿童的错误姿势和发音误区，保证视障儿童有效且扎实地掌握盲文基础技能。对于视障儿童中的初学者，教师还需特别留意其生理需求。比如，触摸阅读的持续时间应控制在适宜范围内，防止视障儿童手指尖过度劳累，从而影响阅读效果。同理，书写练习的量也需要适中，避免对视障儿童的手腕和肌肉造成伤害。

一节课的教学可以将触摸阅读、书写和其他教学内容交替进行，以保持学习的多样性和视障儿童的兴趣。此外，视障儿童在书写时还应该注意到点的准确性，保证点的圆整，避免出现多点、少点，或漏掉方格、行数的问题。

三、盲文学习前的准备技能训练

要保证视障儿童能够无障碍地掌握盲文，就要在正式学习前对他们进行一系列准备技能训练。准备技能训练可以在教师或家长的辅导和引导下完成。

（一）空间概念养成的准备技能训练

掌握盲文的过程对于空间方向感的精确性极为依赖。举例来说，当涉及辨认书本不同的方位（上、下、左、右）时，了解盲文的基础构造格外重要。如果对空间方向的理解缺失，就会给学习盲文的过程及成效带来负面影响。因此，在开始盲文学习之前，帮助视障儿童建立清晰的空间方向感是十分必要的。

一个有效的策略是教导视障儿童辨认和区别身体各部位，通过此方法引导他们理解空间方位。比如，实践举起左或右手、抬起左或右脚，以及用一只手触碰另一边的耳朵，这样做有助于他们辨识并掌握左、右的概念。此外，解释身体的构造——头部位于顶端，躯体和四肢位于中间，脚部处于底端——也能帮助他们理解上、中、下的空间布局。

此外，运用专门的教具或通过象棋等游戏，可以更好地辅助视障儿童建立和理解正、反的空间概念。这些方法不仅有助于加深他们对空间方位的理解，而且有助于提高他们学习盲文的效率和质量。

（二）触觉与语言功能相结合的准备技能训练

视障儿童的触觉和语言功能训练是一个综合且渐进的过程，旨在培养他们的感知和表达能力。以下是这一训练过程的详细介绍。

（1）结合娱乐活动，如珠子串接、珠子捡拾、拼图游戏以及物品的整理排序，在玩乐中有效提升视障儿童的手部灵活性。在这个教学过程中，教师会在最初阶段亲自辅助视障儿童，通过手把手教学，逐步引导他们向独立完成各项任务过渡。随着活动的进行，教师要鼓励视障儿童对参与的活动进行数量的统计和过程的描述，这样的实践不仅加强了他们对数字的认知，还促进了他们语言表达能力的发展。

（2）向视障儿童展示具有不同质感、形态和尺寸的物体，让他们通过触觉识别各物品的属性。在触感体验过程中，视障儿童要用相关词语表达他们所感知的对象特质，如"平滑"或"粗糙"。这种训练不仅有助于他们丰富感性经验，还有助于他们克服语义理解方面的障碍，同时培养他们的倾听、理解和表达能力。在教学中，提供真实物品对于视障儿童来说尤为重要，因为这能为他们提供更准确的感知信号，并为他们未来的概念学习打下坚实基础。在这一过程中，辨别的物品数量应该逐渐增加，以避免视障儿童过度疲劳和信心丧失。同时，为了保障视障儿童的手指安全，需避免使用可能造成伤害的物品。

（3）视障儿童参与推拉或举起一定重量物品的训练活动，可以增强他们手腕的力量，从而为他们日后书写盲文打下坚实的基础。这类活动不仅有助于提升视障儿童的身体协调能力，也可以确保在进行盲文书写时，他们拥有足够的手腕稳定性和力量控制能力，从而准确完成每一个点位的标记。此外，这样的体能训练还有助于他们在日常生活中更好地进行物品的搬运和操作，增强他们的生活自理能力。

（4）教师指导视障儿童细致地接触点位，触摸凸起的盲文字符，可以提升视障儿童触觉的灵敏度，这一过程对于视障儿童未来快速阅读盲文具有至关重要的作用。通过这样的触觉练习，视障儿童能够更加精准地感知不同的点位排列和组合，进而更快地识别盲文字符。这种技能的提高，不仅有利于视障儿童加快盲文的阅读速度，也极大地促进了他们对信息的接收和处理，为他们的学习和生活带来了极大的便利。此外，这种触觉的练习还能够增强他们对周围世界的感知能力，使他们更好地适应世界。

（5）教师和家长承担着向视障儿童呈现由盲点构成的多种几何图案、规则及不规则线条和盲文字符的职责，目的是增强他们的触觉阅读能力。这类练习材料的设计，应该遵循由大型图形向细小图形过渡的原则，逐步提升触摸识别的难度，确保训练的全面性和系统性。这个练习过程特别强调引导视障儿童运用双手的所有手指进行触摸探索。这样的指导不仅有助于他们在实际阅读盲文时更加灵活地使用双手，也有助于他们在触摸过程中更加全面地感知图形的大小、形状和排列，从而提高阅读效率和准确性。此外，通过这种方法，视障儿童可以更好地理解和掌握盲文的基础知识，为未来独立学习和生活奠定坚实的基础。

（三）创设学习盲文的环境

视障儿童接触盲文往往始于他们入学之后的初期尝试，这一阶段的挑战可能会使学习过程变得困难，进而影响到学习效果。为解决这个问题，可以在开学初期在视障儿童日常的生活及学习环境中引入与盲文有关的内容。比如，在教室、走廊、储物柜及其他常用物品上安装带有盲文说明的标签。这样的措施不仅为视障儿童学习盲文创造了条件，也构建了积极的学习环境，有助于激发视障儿童对盲文的学习热情。

此外，家长也可以在家中进行类似的实践，如在电视机、冰箱和厨房用具上贴盲文标签。这样的做法不单是为了让视障儿童熟悉盲文字符，更重要的是，通过这种方式，视障儿童能够将点字与相应物品的名称直接联系起来，进而理解盲文代表的含义，为未来的阅读理解打下基础。

这类准备技能训练最好是在视障儿童的学前期就开始实施，特别是在家庭环境中进行。因为学前期是视障儿童感知能力发展的关键时期，早期的接触和练习可以大大减少他们在学校开始正式盲文学习时遇到的困难和陌生感。

四、盲文点位教学

盲文点位学习构成了盲文教育的基础阶段，为后续的盲文字母学习奠定了基础。这一阶段的核心是引导视障儿童学会识别和书写点位，旨在提高他们的触觉敏感度和手部与大脑的协调度，从而为他们未来熟练使用盲文和吸收新知识做准备。此外，通过对盲文的触摸阅读和对书写的不断练习，视障儿童可以培养坚定的意志。

盲文点位的教学可分为识别和书写两个部分。针对视障儿童的特定感知能力，教学方法应从点位的识别入手，然后逐渐引导至点位的书写。

（一）识别点位阶段

1.指导视障儿童识别盲文的基础点位构造

学习盲文的六点基础点位结构是视障儿童学习过程中的一个核心环节。为了有效传授这一部分，教学可以按以下步骤展开。

在教学开始之前，准备一些较大尺寸的六点点位教具是非常有帮助的，这样能让视障儿童更易于识别点位的形状和布局。

第一个步骤涉及引导视障儿童触摸这些教具，以便他们对六点结构有一个大致的感知并建立初步理解。教师的任务包括帮助他们认识到这些小圆点是凸起的，形成了与平面有显著差异的触感。同时，教师要讲解六点是如何按照不同方向有序排列的，从左至右分为两排，从上至下分为三层，整体呈长方形。考虑到视障儿童个体差异，如果有视障儿童不清楚方向概念，教师需要观察并提供个性化的指导，帮助他们先建立方向概念，再进一步掌握点位概念。在这一阶段，教师要指导视障儿童了解六点的点位名称和具体位置，如左侧的点位分别是1、2、3点，右侧的点位则为4、5、6点。教师可以通过边摸边读数的方法，引导视障儿童掌握每一个点位的位置和名称。

第二个步骤涉及引导视障儿童在专门设计的吸塑纸上进行点位触摸

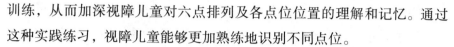

训练，从而加深视障儿童对六点排列及各点位位置的理解和记忆。通过这种实践练习，视障儿童能够更加熟练地识别不同点位。

第三个步骤涉及指导视障儿童根据教材的安排，使用食指轻柔地触摸每一个字符，以进一步识别六点结构的布局及各个点位的具体位置。在探索教材中的六点字符时，视障儿童需要一边触摸一边口头标记点位的位置和名称，严格按照自上而下、自左向右的顺序进行。

结合教材的点位字符识别训练应按照盲文教学章节的具体顺序来执行。这部分内容通常被视为准备阶段，划分为五个环节，目的在于辅助视障儿童熟悉盲文点位的基础布局，使他们准确掌握六个点的名称和具体位置，理解"方"这一概念，并通过纵向和横向的触摸练习，加强和整合所学技能。

教学的难点在于指导视障儿童用手指仔细辨别每一个方位的大小和彼此之间的距离，目的是识别单行点位的具体位置。教师在教学中应采用多种策略来强化视障儿童对盲文点位结构、名称和位置的记忆。例如，教师可以启发视障儿童根据符形的具体特征，用象形的方法辨认缺点符形，并给不同结构的符形取一个形象化的名称，如"1245点是个小方框""123点是条直线"等，也可以组织视障儿童进行点位排队游戏，通过比赛等活动形式加深他们对盲文点位结构和名称的理解和记忆。此外，教师还可以利用儿歌等记忆工具帮助视障儿童记忆，如"左边一组123，右边一组456，各自按序成直线"。

2.引导视障儿童用正确的姿势摸读盲文

帮助视障儿童学习并掌握正确的摸读姿势对于他们的身体发育至关重要。正确的摸读姿势不仅有助于他们提升摸读速度，而且显得优雅大方。因此，教师对于摸读姿势的正确性必须加以严格要求，并及时进行纠正。

正确的摸读姿势涉及多个方面。

首先，要确保图书摆放得当，即书的底边应与课桌底边对齐。视障儿童坐姿应自然而端正，避免身体趴在桌子上。视障儿童双手应同时放置在书上，食指指尖相靠，呈八字形轻轻斜放在符形上进行摸读。同时，大拇指和其他四指自然分开，这样可以对书施加适当的压力，保持稳定。

其次，在摸读时，两个食指的前端应轻轻地接触字符，以清晰感知符形的点位和点数。初学者一般以右手食指进行摸读为主，但随着技能的提高，双手食指同时练习会更加有益。为了更好地辨别行次，视障儿童的中指和无名指应略微弯曲，两指前端与食指的前端并齐，轻轻放在点位上。随着摸读能力的增强，视障儿童的中指和无名指也能有效地进行点位的辨认。

在教学过程中，教师需特别提醒视障儿童，避免用力按压凸点，也不能用指甲抠凸点。摸读时要轻轻地进行，以免损伤凸点，要保证阅读的准确性和舒适性。此外，保持正确的姿势对于预防视障儿童在长时间阅读时出现身体疲劳和不适感也非常重要。

3.引导视障儿童掌握换行技巧

教授视障儿童摸读技巧一个重要的指导原则是按照从左至右、逐行摸读的顺序。视障儿童应从每一行的第一个方位开始摸读，完成后再继续摸读下一个方位，直到一行结束转换到下一行。在进行行间转换时，双手应各司其职：右手负责摸读字符，而左手则用于辅助确定行的位置。

在摸读的初期，通常采用的方法是摸到一行末尾后再换行。这时，两手的食指会同时移动到一行的结尾。在这个点上，右手保持不动，而左手则沿着当前行返回到起始方位，接着垂直下移至下一行的起始位置并轻轻放置，此时右手跟随移动到左手所在的位置，继续按照之前的方式摸读下一行。当视障儿童逐渐熟练掌握了这种摸读方法后，接下来的目标是逐步加快换行的速度。教师可以指导视障儿童在左右手同时摸读到一行的中间时，让左手先返回去寻找下一行的开始，而右手继续摸读当前行。这样，在一行摸读完成的同时，左手已经定位到下一行的开始，可以迅速进入下一行的摸读。

以上两种方法，第一种被称为行尾换行摸读法，第二种被称为行中换行摸读法。随着技能的提高，视障儿童能够更加灵活和快速地摸读盲文，双手能够协同作用，同时进行摸读和换行。在摸读技巧的初学阶段，非常重要的一点是培养良好的换行习惯，这对于提高视障儿童后续摸读的流畅性和效率至关重要。

4. 引导视障儿童快速换行

教师引导视障儿童轻柔地触摸点位非常重要。在平滑地摸读盲文的过程中，所有手指都应轻柔地与点位接触。由于手指表层的神经较为敏感，如果施加过大力量接触点位，可能会影响摸读的效果。

5. 帮助视障儿童建立正确的"方"的概念

在之前的教学环节中，视障儿童已经基本掌握了"方"的概念，也就是了解了盲文中六个点所占据的空间位置被称作一"方"。在教学过程中，强调"方"并非仅指包含六个点的符形，而是涵盖六点所在的空间位置，包括那些缺少某些点的符形也同样构成一"方"。教师需指导视障儿童用食指感受并熟悉一个"方"的空间大小，以及不同"方"之间的距离。

在视障儿童对"方"的概念有了清晰的认知之后，接下来的教学内容是让他们认识"空方"。"空方"指的是符形之间的空白间隔。当视障儿童在摸读中遇到"空方"时，教师需要指导他们识别并读出"空方"或"跳方"。

（二）书写点位阶段

以下是盲文点位书写教学详细的步骤和方法。

1. 认识书写工具

在教学中，视障儿童先要熟悉用于盲人书写的工具，包括盲字板和盲字笔。盲字板通常由两片大小相同的长方形金属或塑料板组成，一头以铰链相连。上层板称为盖板，排列着长方形孔洞，底板上配有对应的凹点模型。盲字笔通常由塑料或木质笔柄和金属笔尖构成，笔尖与盲字板的点位相匹配。盲字板大小不一，常见的有九行和四行两种规格。教师应辅助视障儿童逐一认识这些部件，并通过实际触摸加深对各部分名称的记忆。

2. 正确使用书写工具

教师教导视障儿童正确放置盲字板，可以借助顺口溜来帮助他们记忆。装纸时，先放正字板，轻轻打开盖板，再将纸张对准并固定。移板，即在写完一字板后重新安放纸张，这也是一个重要步骤，教师需要指导视障儿童轻取纸张并重新固定。这些步骤对初学者来说可能颇具挑战，教师需耐心指导，确保视障儿童掌握正确的操作方法。

3. 掌握正确的执笔方法

教师教导视障儿童正确执笔，包括手指的正确位置和笔杆的握法。这要求教师根据每一名视障儿童的具体情况进行个别辅导，并及时纠正视障儿童错误的执笔姿势。

4. 书写点位的内容与方法

教师要让视障儿童理解盲文反写正摸的原理，即书写是从右到左，而阅读是从左往右。这一概念对初学者来说可能较难理解，教师需通过实践和示范帮助他们掌握这一点。在教学时，教师先引导视障儿童从书写六点开始，逐渐过渡到书写"空方"（"跳方"）和缺点符形。视障儿童应从第一行、第一"方"、第一点开始写起，逐行逐"方"进行。教师应确保视障儿童采用正确的书写姿势和执笔方式，写完后反转纸张进行摸读检查，以加强对点位结构的理解。

在书写过程中，视障儿童应先重视正确性，如点的圆正、不戳破纸张、不漏点或"方"，逐步提高书写速度。在教学过程中，教师需要提醒视障儿童养成自检的习惯，确保书写准确。此外，教师还需教育视障儿童妥善保管和使用书写工具，轻拿轻放，安全使用，防止意外伤害。

5. 盲文书写教学方法

在盲文教学中，书写训练是基础，是必不可少的部分，不仅有助于视障儿童完成学科作业，也促进他们通过书信进行交流，为他们未来的学习、工作和生活打下良好的基础。书写教学包括教授使用写字工具、装纸和执笔、理解反写正摸原理、书写点位、养成良好书写习惯以及掌握正确的听写和抄写技巧。其中，听写和抄写的教学特别重要，能够提高视障儿童的听、说、读、写能力，是巩固和应用盲文的有效途径。

听写教学内容包括字、词、句、短文、诗歌、故事或课堂笔记等。教师应安排逐渐增加的听写内容和难度，从简单到复杂，以培养视障儿童的记忆能力。教师在听写时需用普通话发音，速度和内容要符合视障儿童的实际情况。听写教学可以在课内外进行，内容可结合教材或由教师自行安排。

抄写教学目的是使视障儿童独立按内容边摸边写。教师需指导视障儿童数读点位，正确装纸和执笔，以及正确的书写姿势。教学重点在于指导视障儿童定点定向书写，不漏行漏"方"。对于改错字，教师可指导视障儿童压平多写的点或补上漏写的点。

在教学时，教师需要结合听写和抄写的方法训练视障儿童的书写能力，确保训练量合理，以防止视障儿童手腕和细小肌肉的疲劳或损伤。对于刚入学的视障儿童，每次连续书写的时间也有限制，最好不要超过三分钟。

五、盲文字母与拼音教学

盲文字母与拼音是视障儿童学习音节拼读和普通话的重要辅助工具，同时是他们语文学习的基本前提。

（一）传统盲文字母教学的内容和方法

教授视障儿童识别字母的关键步骤包括先识别字母的点位，随后正确掌握字母的发音，并牢记每一个符号代表的字母，在此基础上，通过拼读活动进一步巩固学习成果。字母发音的准确教授是字母教学中的重要环节。

要教授视障儿童字母的正确发音，教师就要掌握准确发音。这要求教师深入理解并掌握相关的语音知识，熟悉汉语拼音字母的发音方式、拼读方法和声韵搭配的规则。同时，教师需熟练掌握现行的汉语盲文拼读拼写规则。

由于现行的汉语盲文字母与汉语拼音字母在发音上是相同的，因此教师在教学过程中可以参考汉语拼音字母的发音方法。目前的盲文教材根据字母的发音部位进行分类，并采用声母和韵母交替出现、字母分段综合的方式进行编排。这样的编排方式，将字母、音节、词语和句子有效地结合起来，不仅能激发视障儿童的学习兴趣，也有助于他们顺利掌握所有盲文字母。

为了帮助视障儿童正确掌握并熟记字母的发音和符形，传统盲文字母教学中采用了一系列基本的教学策略。这些策略旨在通过各种方法和练习，确保视障儿童能够准确、有效地学习盲文字母，为他们的语文学习奠定坚实基础。

1. 声母的发音指导

普通话的声母发音特点是气流在发音器官中遇到某种程度的阻碍。阻碍位置不同、阻碍的形成和消除方式的差异导致了多种声音的产生。要准确发出每一个字母的读音，就要掌握相应的发音部位和发音方法。

发音部位就是指在发音过程中气流遭遇阻碍的具体位置。普通话声母的发音部位共计七种，包括双唇、唇齿、舌尖前、舌尖中、舌尖后、舌面、舌根。这七个部位在发音时均起到阻碍气流通过的作用。在口腔内，这些部位的阻碍是由两个部分的接触或接近自然形成的。在盲文教材中，声母是最先介绍的部分，根据发音部位的不同，声母可分为双唇音、唇齿音、舌尖前音、舌尖中音、舌尖后音、舌面音、舌根音。

发音方法则是指在发音时形成和解除气流阻碍的具体方式。发音方法包括成阻、持阻、除阻三个过程。根据三个过程的不同，声母的发音方法可分为五类，分别是塞音、塞擦音、擦音、鼻音、边音。这五种方法又根据声带颤动与否分为两大类：声带颤动产生浊音，声带不颤动产生清音。此外，根据发音时气流的强弱情况，还可以将发音分为送气音和不送气音两种。送气音在发音时气流较强，需一口气发出，而不送气音在发音时气流短促且微弱，自然流出。在普通话中，音节多以辅音声母开始，一些不需辅音声母开头的音节被称为"零声母"音节。

总的来说，声母发音的特征可以归纳为以下几点。一是发音时气流在口腔中受到阻碍。二是大部分声母在发音时声带不发生颤动。三是发出的音轻巧、短促，不够响亮。

2.韵母的发音指导

韵母主要包括单韵母、复韵母和鼻韵母三种。单韵母的特点是发音相对简单。复韵母由两个或更多的元音组成，其发音技巧在于先发出第一个元音，随后平滑过渡至下一个元音，并且要求在一个呼吸中完成，确保气流在整个过程中不中断，这使得每一个复韵母的发音呈现为一个连贯的整体。鼻韵母则分为前鼻韵母和后鼻韵母，主要区别在于前鼻韵母以前鼻辅音 n 结尾，后鼻韵母则以后鼻辅音 ng 结尾。

韵母发音的特点概括起来有以下几点。一是在发音过程中，气流通过口腔时不受阻碍。二是在发音时声带会颤动，并且声音清晰响亮。三是无论韵母发音持续多长时间，其声音质量始终保持一致。

对于视障儿童的发音正确性的检验，有两种方法。一种方法是使用一张薄纸片，将其靠近嘴唇发音，若纸片因气流而动，表明发出的是送气音，若纸片未被气流所动，则表明是不送气音。另一种更简便的方法是让视障儿童在发音时，将手掌靠近嘴唇，感受气流的强弱，区分不同的发音。

3. 传统字母发音教学的基本方法

在教授字母发音时，教师可以采取以下基本方法。

（1）教学需从教师逐一指导视障儿童感知和掌握发音部位、发音方法及声母发音的特点开始。在具体教授声母时，教师需结合理论与实践，加深视障儿童对这些要素的理解和感知。教师可以通过示范读音和引导朗读来演示正确的发音方法。

（2）视障儿童先进行模仿朗读，随后尝试独立阅读。在此过程中，教师需重点指导视障儿童注意口型和发音器官的变化。教师可以让视障儿童在发音时触摸喉部，以便更好地感知不同字母的发音。对于视障儿童发音不准确的情况，教师应及时进行纠正，直至视障儿童发音正确。对于方言影响较大的视障儿童，教师除了可以提供标准语音示范外，还可以利用多媒体工具帮助他们掌握正确的字母发音。

（3）在教授复韵母和鼻韵母时，教师需要进行适当的音素分析，此外，还应特别强调难以发音的字母部分。例如，声母中的送气音与不送气音、平舌音与翘舌音的区别，主要在于发音部位的不同。z、c、s是舌尖前音，而zh、ch、sh则是舌尖后音。在发音时，前者舌尖平伸抵住上齿背，后者舌尖翘起触及硬腭前端。教师还要帮助视障儿童区分n和l。n作为鼻音，发音时舌尖顶住上齿龈，软腭下降，气流从鼻腔流出；而l是边音，舌尖轻轻顶住上齿龈，口腔自然松弛，软腭不升，气流从舌头两边流出。长时间保持舌尖顶住齿龈，同时用捏鼻子的方法来检验，可以帮助视障儿童分辨这两个音。

对于复韵母的发音，重要的是注意前后元音的连续性，不能中断。发音时舌位、唇形及口腔的开合度都会发生变化，因此复韵母的发音不是简单的元音叠加，而是一种有机结合。教师在教授时要强调元音间不得断开，同时注意哪个元音更响亮，应突出发音，不太响亮的元音也不可忽略。

在区分前鼻韵母和后鼻韵母时要注意，前鼻韵母是由一个或两个元音加上前鼻辅音韵尾 n 构成的，后鼻韵母则以 ng 为韵尾。教师在教学时要强调在发音收尾时，气流应从鼻腔通过，防止丢失鼻音韵尾。

在教学过程中，教师还可以采用辨别记忆的策略，如利用普通话声韵配合规律来辨别和记忆相关字母的发音。这些策略的采用，有助于视障儿童更好地理解和掌握发音技巧，提高他们的语言表达能力。

4. 传统字母点位符形识记的教学策略

在传统汉语盲文教学中，字母的点位符形排列缺乏规律性，视障儿童在记忆时容易混淆，读写方向相反也可能导致视障儿童点位记忆错误。此外，一些符形虽然相同但在不同层次上的位置不同，这在触摸阅读时也可能引起误解。因此，根据视障儿童学习的实际情况，采用多种教学策略帮助他们记忆显得尤为重要。

视障儿童缺乏感性经验，往往在空间概念和定向能力方面存在不足。这对他们学习盲文字母，识记字母点数、位置和符形等方面产生影响。在教学中，教师要尽可能采用直观的教学方法，另外还有三点需要特别注意。

（1）利用字母符形的鲜明特征进行形象化的比喻。例如，声母 g 或 j 的点位符形像一个小方框，由 1、2、4、5 点构成。教师可以形象地描述这个方框，强调在遇到特定的字母组合时的读音。同时，教师要鼓励视障儿童结合符形特征和自身生活体验，进行象形比喻，有助于记忆。

（2）结合字母的发音和符形特征编写顺口溜。例如，声母 zh 可以通过其符形特征（斜直线组成的 3434）和读音特征（翘舌音），编成易于记忆的顺口溜，如"3434 斜直线，是个声母 zh、zh、zh，请把舌头翘起来，学习文化立大志"。

（3）使用比较法帮助视障儿童区分符形相同但方向相反或位置高低不同的字母。比如，g 和 uang 的符形虽然相似，但位置不同，可以用"g 住楼上，uang 住楼下"等形象化的比喻来帮助记忆。另外，s 和 sh 这样符形相反的字母，以及 en 和 r 等点位高低层有差异的字母，都可以通过

顺口溜或游戏等方式，结合符形特征和发音特点，创造性地记忆。

（二）传统盲文拼音教学的内容和方法

1.引导视障儿童掌握拼音规则

盲文拼音与汉语拼音基本一致，但盲文拼音中声母和韵母已经结合，因此在拼读时不采用三拼形式，而使用两拼法。两拼法的原则是将声母放在前面，韵母放在后面，二者直接组合。口诀为"前音轻短后音重，两音相连猛一碰"。在教学过程中，教师需指导视障儿童理解，声母应轻快且短促，而韵母则应读得更重一些且较长，快速连读便形成一个音节。掌握拼音规则是学习拼音的关键。汉语盲文拼音的规则主要包括以下几点。

（1）声母和韵母可以组合成音节，但声母之间或韵母之间不能相互组合。

（2）每一个韵母都能单独成为音节。声母 zh、ch、sh、r、z、c、s 七个字母也能单独成为音节，其他声母则不可以单独成为音节。

（3）当声母 g、k、h 与 i、u 开头的韵母相结合时，应读作 j、q、x。

（4）单韵母 e 和 o 的符形相同。它们与声母 b、p、m、f 结合时，应读作 o，如 bo、po、mo、fo；与其他声母结合时，则读作 e。

（5）鼻韵母 ong 在单独成为音节时，应读作 weng。

（6）教授这些拼音规则不能孤立进行，需要结合教材内容，循序渐进，并通过实际拼读和反复练习让视障儿童逐渐理解和掌握。特别是符形相同的字母变音规则，这通常是初学者的难点之一。教师可以通过创作儿歌或顺口溜等方式来加深视障儿童的印象。例如，关于 g 和 j 的拼音儿歌："1245 方框，是个声母 g，遇到 i、u 两兄弟，要读 j，不读 g。"又如，关于 g、k、h 和 j、q、x 的儿歌："字母 g、k、h 真稀奇，遇见 i 和 u，不读 g、k、h，要读 j、q、x。"

为了使视障儿童真正理解并掌握这些规则，教师在教授复韵母和鼻

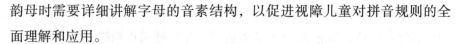

韵母时需要详细讲解字母的音素结构，以促进视障儿童对拼音规则的全面理解和应用。

2.传统拼音教学的方法

在视障学校传统教学模式下，拼音教学采取多元化的方法来激发视障儿童学习拼音的兴趣。兴趣是学习的内在驱动力，教师需创设各种活泼有趣的学习方式，如拼音游戏等，以此吸引视障儿童的注意力，减少枯燥拼读带来的消极情绪。例如，角色扮演游戏，让一名视障儿童扮演声母 b，另一名视障儿童扮演韵母 a，通过互动学习拼音。在这个过程中，视障儿童不仅学习了拼音的技巧，还体验了拼音的乐趣。

创建和谐民主的学习环境也是传统教学模式的一部分。教师通过营造友好、温馨的氛围，使视障儿童积极参与学习，去除紧张感。教师应鼓励视障儿童自由表达，大胆尝试发音，积极互动，这样他们即使出错也能得到及时的指导和纠正。

对于教授拼音的方法，传统教学模式强调培养视障儿童自主拼音的能力。使用支架法拼读音节，可以帮助视障儿童先确定声母的发音部位，再拼接韵母，这种方法有助于视障儿童更准确地掌握音节。这种方法简单实用，特别适合初学者，使他们避免音节拼读常见的错误。

拼音教学要符合视障儿童的感知特点，即从整体到局部的感知。教师应先引导视障儿童感知整个音节，然后逐步帮助他们识别其中的声母、韵母和声调，以强化他们的整体感知能力。

集体教学与个别辅导的结合也是视障学校传统教学模式的一部分。在确保全体视障儿童参与的同时，教师需关注视障儿童的个别差异，根据他们的具体情况进行针对性的辅导。

此外，拼音教学不应局限于课堂内，而应延伸到课外活动中。教师可以设计与拼音相关的游戏或活动，如"评选小播音员"，鼓励视障儿童在课下练习拼读，增强他们的实践能力，并培养他们的合作意识。在教学中，教师指导视障儿童突破拼音难点是关键。例如，盲文中的字母，有的尽管符形相同，读音却不同。教师需要指导视障儿童清楚这些字母的声韵配合规律，如 g、k、h 不和齐齿呼、撮口呼韵母相拼，而读作 j、q、x。同时，教师还需提醒视障儿童在拼读时注意不漏掉介母。

教师需要在拼音教学中创设各种学习情境，活跃课堂气氛，采用灵活多样的教学形式。这样，视障儿童才能够在轻松愉快的环境中积极参与学习过程，更好地掌握拼音。

3. 引导视障儿童摸读音节的方法

视障学校传统教学模式对于视障儿童的拼音教学，一般采取数读点位的方法。这种方法指导视障儿童先要识别并读出声母的点位，接着是韵母的点位，然后将二者结合拼成音节。此外，教学中还包括了韵母带调读的方法，即在声母和韵母之后加上相应的声调，如阴平、阳平、上声、去声等，为视障儿童直接带调拼读打下基础。

在视障儿童熟练掌握基本摸读技能后，教学重点转向默读声母和韵母并在心中进行拼读，最后直接念出完整的音节。这种教学方法是整体摸读、直呼音节法。它不仅有助于提高视障儿童的拼读效率，而且有助于增强视障儿童的记忆力和理解力。

新课程理念的引入使得盲文拼音教学在视障学校中得到了更广泛的应用和发展。教师依托新教材的特点，结合视障儿童的身心状况，旨在将教材、教师和视障儿童融为一个有机整体，拓展教学空间。这一变革不仅改变了以往单调的教学程序，还改革了传统的教学方式，激发了视障儿童自主学习、探究和合作的精神。这样的教学模式使得原本可能枯燥单调的盲文拼音课程变得更加活跃，充分发挥了视障儿童的智慧和潜能。

4. 传统盲文声调教学的方法

在视障学校传统教学模式下，盲文拼音的教学与汉语拼音相似，每一个音节都包含声调。为了简化摸读和书写的过程，大多数盲文音节不需要加声调符号。在实际摸读和书写中，音节的声调会根据上下文自然形成。

这样，视障儿童能够根据上下文理解音节的声调，进而准确把握词义。

（1）声调教学的重点。在声调教学中，关键是让视障儿童熟悉声调的名称，并能够识记与之对应的点位符形。视障儿童在之前的学习过程中已经接触过四种声调的念读和相关训练，因此教学的重点转向了如何结合教材内容，对所学知识进行归纳和提升。例如，当视障儿童掌握了四种声调的名称和相应的点位后，教师会引导他们逐行摸读教材中表示声调的凸起线条。在此过程中，教师鼓励视障儿童一边摸读一边思考，探索这些线条与四种声调之间的内在联系及鲜明特征，以此加深记忆。教师会指导视障儿童根据自己的感知和思维对这些信息进行分析和归纳。例如，教师可以引导他们总结出类似"一声平、二声扬、三声拐弯、四声降"这样的记忆口诀，帮助他们更好地理解和记住声调的特点。

（2）声调教学的内容和方法。在视障儿童的声调教学中，教师需要采取一系列策略以确保视障儿童准确掌握四声的概念。尽管盲文教材中声调符号的出现略微延后，但从第二课开始，声调的使用就已经被引入教学中。这一阶段的重点是让视障儿童跟随教师模仿学习唱念四声，包括训练视障儿童念读四种不同的声调。通过找出代表四声的音节，教师向视障儿童阐释声调不同意味着字义不同，如"妈"（一声）和"骂"（四声）等。

在引导视障儿童唱念四声时，教师需确保调值准确，发音清晰，并详细讲解每一个声调的特点，如阴平的高平音值、阳平的逐渐上升音调等。为加强记忆，教师可以采用儿歌等方式，如"起音高高一路平，由中到高往上升，先降然后再扬起，高处降到最低层"，以此来帮助视障儿童记忆四声的特点。

接下来，教师引导视障儿童学习声调符号的点位符形，这是视障儿童正确标调的基础。其中重点在于记住每一个声调对应的点位，如一声阴平对应第一点，二声阳平对应第二点，以此类推。

之后，教师指导视障儿童掌握标调规则和方法。声调符号点位排列简单明了，视障儿童相对容易识记。教师需清楚地指出要按照调号读准音并掌握标调的规则，如声调符号都写在音节后，以及在特定情况下使用声调符号的规则。

教师在教学中还可以运用对比法，以及按照一定顺序进行教学。比较不同声调之间的差异，如一声与四声、三声与二声之间的对比，按照一定顺序教授，结合视障儿童的身心特点和实际学习状况，采用比赛和游戏等形式可以使教学更生动有趣。

最后，声调教学需结合特定的语言环境，以避免单调和枯燥。教师可以使用"数调法""韵母定调法"和"音节定调法"等多种方法帮助视障儿童掌握声调，并给予他们足够的自主学习时间和机会，培养他们独立标调的能力。

第三节　视障学校小学语文阅读教学

阅读教学在视障学校小学语文教学中扮演着至关重要的角色。它不仅是视障学校小学语文教学中一个关键组成部分，而且是完成视障学校小学语文教学任务的基本支柱。在整个视障学校小学语文教学过程中，阅读教学具有极其重要的地位。研究视障学校小学语文阅读教学的方法和模式，可以更高效地进行教学数字化创新，使教学效果得到全方面提升。

一、视障学校小学语文阅读教学的任务

《盲校义务教育语文课程标准》对视障学校小学语文阅读教学的主要任务做出了明确规定，旨在实现阅读教学的总目标和阶段目标。首要任务是培养视障儿童独立进行探究性和创造性阅读的能力及良好的阅读习惯。这意味着阅读教学不只是提供材料，而且是引导视障儿童掌握阅读方法，使视障儿童终身受益。《盲校义务教育语文课程标准》强调独立阅读的重要

性，特别是在引导视障儿童质疑、探究的过程中，旨在开发智力，为创造性阅读打下基础。

此外，阅读能力的提升是一个长期过程，良好的阅读习惯能加速视障儿童阅读能力的提升。《盲校义务教育语文课程标准》特别指出，情感体验在阅读教学中占有重要地位。阅读应成为视障儿童愉快的情感体验，通过教学内容激发与内容一致的情感体验，可以提高视障儿童的审美情趣，丰富他们的精神世界。想象和联想在阅读中起到关键作用，帮助视障儿童领悟阅读内容。

阅读教学还承担着培养视障儿童文化理解能力的任务。《盲校义务教育语文课程标准》突出了语文课程的人文性，强调培养视障儿童对中华文化的鉴赏能力，使他们吸收人类优秀文化营养。在阅读教学中，教师要将语文的工具性与人文性结合起来，超越文本，提高视障儿童的文化理解能力。

《盲校义务教育语文课程标准》中阅读教学目标包括重视独立阅读能力的养成、对视障儿童情感态度和价值观的培养，以及指导视障儿童掌握多种阅读方法。目标从低年级到高年级逐步提高，形成明确的梯度，便于操作。在教学过程中应实现情感态度和价值观、知识和能力、过程和方法的整体融合。

阅读教学的作用包括巩固识字、理解和积累词汇、培养表达能力、开阔视野、拓展知识面、促进智力发展、提高思想认识、陶冶情操、培养审美能力，以及提高阅读能力。通过阅读教学，视障儿童能够加深对文本内容的理解，形成独特的感受和体验。在阅读教学中，教师应注意引导视障儿童掌握阅读方法，提高阅读能力。

二、视障学校小学语文传统阅读教学的流程、内容和基本方法

（一）视障学校小学语文阅读教学的常规流程

《盲校义务教育语文课程标准》为阅读教学提供了明确的指导。阅

读一篇文章的常规流程分为三个主要阶段：初读课文、细读课文和深读课文。

在初读阶段，重点是视障儿童在教师的引导下了解课文的大致内容和作者的基本思路。例如，在教授《秋天的雨》这一课时，教师会引导视障儿童思考这篇文章的主旨，帮助他们理解课文的大意，即秋天的到来、丰富的色彩、丰收的景象以及动植物准备过冬的情景。

在细读阶段，视障儿童在对课文内容有了初步理解后，进行更深入、更仔细的研读和品味，重点是理解课文的关键词、句、段。例如，在《秋天的雨》的教学中，这一阶段会涉及对每一段内容的深入理解，教师通过组织讨论、个别提问等形式，引导视障儿童感受秋天的特点。

在深读阶段，视障儿童对课文内容进行更深层次的理解，这是理解和感情表达的升华阶段。视障儿童通过阅读融入文章的情境，与作者的思想感情产生共鸣。以《秋天的雨》为例，视障儿童在深入理解每一段的基础上，回归到对课文整体进行感悟。教师引导视障儿童配乐朗读，提出问题，鼓励视障儿童自由表达和讨论，最后总结，引导视障儿童走向自然，感受秋天的魅力。

这三个阶段遵循"整体—部分—整体"的过程，即从整体理解课文到准确把握每一个部分，再回到更准确地理解整体。这一过程符合从感性认知到理性认知、从分析到综合的规律。

针对小学视障儿童的阅读教学，教师还需要根据视障儿童的具体情况进行合理安排。预习阶段是初读阶段的前提，可以在课前或课内进行，目的是让视障儿童初步接触课文，为理解做准备。教师应根据视障儿童的具体情况提出预习要求，如先通读课文，找出生疏的词语或形象。教师可以在课前或课内通过直观、参观、实验等方法，为视障儿童提供感性经验。为了达到最佳教学效果，教师还要做到因文、因人而异，不断变换教学方法。这就需要教师在现有教学资源的基础上，应用信息技术不断进行创新。

（二）视障学校小学语文传统阅读教学的内容和基本方法

新编视障学校小学语文教材，是根据《盲校义务教育语文课程标准》设计的，并考虑了视障儿童的学习实际和盲文特性，在普通小学语文教材的基础上进行了适当的修改和补充。因此，在阅读教学内容方面，该教材与普通学校的教材基本相同。视障学校的语文阅读教学与普通小学一样，需要进行综合性训练，在教学过程中要遵循"词不离句，句不离文"的原则，这符合《盲校义务教育语文课程标准》的理念和要求。视障学校小学语文阅读教学的内容涵盖了词语、句子、段落、篇章的教学，以及朗读、默读、背诵、复述和回答问题等基本技能的训练，其具体构成如图 2-2 所示。

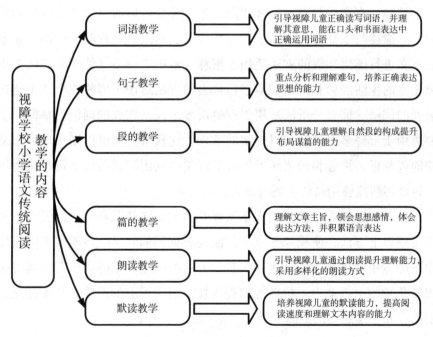

图 2-2　视障学校小学语文传统阅读教学内容概括

1. 词语教学

（1）词语教学的困难和方法。视障儿童在词语学习上面临的主要困难包括读写拼音盲文所带来的困难、感性经验缺乏以及词汇积累困难。为了克服这些困难，教师在教学中需有针对性地进行指导。词语教学的主要任务是引导视障儿童正确地读写词语，理解词语意思，并能在口头和书面表达中正确运用词语。

因此，教师在词语教学中应注意以下几点。一是正确引导视障儿童读写词语。这包括识别多音字、掌握词连续时的音变规则和区分方言与普通话。二是帮助视障儿童正确理解词义并使其能正确运用词语。这可以通过直观法、类比推理法、描述与象征替代法、联系上下文进行感悟理解的方法、联系视障儿童的生活经验和知识积累进行体会的方法、词素分析法、举例法、比较辨析法以及说明或下定义法等多种方法实现。

例如，直观法与类比推理法用于理解那些可以通过直观手段感知的词语。描述与象征替代法则适用于那些无法通过直观理解的词语。联系上下文进行感悟理解的方法适用于解释汉语中一词多义的现象。联系视障儿童的生活经验和知识积累进行体会的方法适用于那些在生活中能接触到的词语。词素分析法适用于理解由多个词素构成的词语。举例法主要适用于解释多义词和难以理解的虚词。比较辨析法可以用于理解意义相同或相近、声音相同或相近但容易混淆的词语。说明或下定义法适用于解释那些能够用简洁明确的语言说明的词语。

在教学过程中，教师应根据视障儿童的具体情况和词语的特点，灵活运用以上方法，使视障儿童不仅能理解词语的含义，还能在不同语境中正确运用这些词语。通过这些教学方法的应用，教师能够有效地提高视障儿童的语言能力，帮助他们克服在词语学习上的困难，从而促进他们语言和思维能力的全面发展。

（2）词语教学的步骤和词语的积累应用。将词语教学融入整个语文教学的全过程，是《盲校义务教育语文课程标准》的明确要求，也是理解和运用词语的有效途径。词语教学应在学习课文的过程中持续进行，散布在各个环节而不是集中讲解。词语教学通常分为三个阶段进行。

在初读阶段，为了消除视障儿童阅读课文的障碍，应从第一课开始重视词语教学。通过让视障儿童提出在预习中遇到的不理解的词语，结合课文内容，教师采取边读边讲的方法解释词义。关键是视障儿童在阅读完一句或一段后立即停下来，教师对词义进行解释，然后继续阅读。教师要重点讲解新词、易混淆的同音词，或者需要动作演示、教具辅助讲解的词。这样可以保证视障儿童初步理解课文意思。

在讲读阶段，理解课文中的关键词与准确理解文章意思密切相关，教师需进行深入、透彻的讲解。例如，描述人物形象、心理状态、环境气氛，突出观点立场等方面的词语是关键词。教师在教学中应深入讲解这些词语。对于多义词或课文中准确、恰当使用的词语，教师也要引导视障儿童结合课文内容进行理解。

在总结阶段，教师主要针对难以理解或含义深刻、抽象的词语进行讲解。即便这些词语在讲读阶段已经讲解过，但视障儿童可能仍然难以完全理解，因此需要教师在总结阶段进一步讲解，并通过词语运用练习来巩固和增进理解。

对于低年级视障儿童，教师需要教授他们理解词义的方法。中高年级时，视障儿童已具备一定的理解能力，教师在教学中应让他们通过自学理解词语，教师则进行适当辅导和检查，从而在实践中锻炼和提高他们的能力。

词语的巩固、运用和积累是词语教学中不可或缺的环节。教师应采取多种方法指导视障儿童巩固和运用所学词语，包括在口头和书面表达中多次运用，并结合教材中的练习内容，同时鼓励视障儿童注重词语的积累。教师还需指导视障儿童了解词语积累的途径和方法，并培养他们积累词语的习惯，如通过课外阅读、课外活动、听广播、日常交流等多种方式进行词语积累。教师可以通过教授视障儿童使用笔记本进行分类积累等方法，让视障儿童明确积累词语对自身语言发展的重要意义。

2. 句子教学

（1）句子教学的重点。将句子教学贯穿于整个语文教学过程中，对于帮助视障儿童理解课文内容和正确表达思想至关重要。句子是构成文章的基础单元，每一篇课文都是由多个句子组合而成的。然而，在阅读教学中，不是每一个句子都需单独讲解，特别是那些意思简单明了的句子。因此，句子教学的重点应放在分析和理解课文中的难句上。

一是离视障儿童生活实际较远的句子。这类句子对一些健全儿童而言可能容易理解，但对生活范围较小的视障儿童来说可能难以理解。教师需要预见这些困难并进行针对性讲解。

二是结构复杂的句子。这类句子可能包含多个附加成分、特殊句式或复杂的句群关系。教师应指导视障儿童抓住句子的主干进行理解。

三是含义深刻的句子。这类句子词语表达和运用深刻含蓄，可能含有言外之意，视障儿童由于经验和知识的缺乏而不易理解。教师应引导视障儿童反复诵读并深入思考，以理解句子的深层含义和所表达的情感。

四是对表现文章中心思想和结构有重要作用的句子。这些句子在思想内容和文章结构上具有关键作用，包括起始句、结束句、重点句、过渡句等。教师应通过对这些句子的讲解和指导，帮助视障儿童理解作者的布局安排，使视障儿童掌握合理安排文章结构的方法。

五是超出视障儿童接受能力水平的语法结构句子。这类句子可能在语法上超越了视障儿童的认知范围，需要教师采用直观法等进行浅显易懂的讲解。

六是生动形象的句子。这类句子通常运用了比喻、拟人、排比、对偶等修辞手法，具有强烈的感染力和艺术效果。教师应根据视障儿童的理解程度，引导他们体会和欣赏这些句子。

句子教学应避免与课文分析和词语解释相分离，确保视障儿童能够综合理解和运用各种词语。对于一些难以理解或含义深刻的句子，虽然在课文学习初读阶段教师已经讲解，但视障儿童可能还未完全理解，因此教师在总结阶段需要进一步讲解和巩固。

对于低年级视障儿童，教师需教授他们理解句子的方法，而到了中高年级，视障儿童已具备一定的理解能力，此时应让视障儿童通过自学理解句子，教师进行适当的辅导与检查。

巩固所学句子也是教学中不可或缺的重要环节。教师应运用多种方法引导视障儿童巩固和运用所学句子，包括在日常语言和书面表达中的应用，可以结合教材中的练习内容，鼓励视障儿童注意句子的积累。教师还需告知视障儿童积累句子的途径和方法，培养他们积累句子的习惯，从而有助于他们语言能力的发展。

（2）句子教学的内容和方法。在阅读教学中，句子教学扮演着极其重要的角色，它不仅是从字、词教学向段、篇教学过渡的桥梁，也是阅读理解和思想表达的关键环节。要提高句子教学的效率，教师就要加强训练，精准掌握内容，明确教学思路，并选择合适的教学形式。

句子教学的内容主要包括三个方面：一是帮助视障儿童建立句子的概念，让他们能够分辨每一个句子；二是准确理解每一个句子的含义；三是具体把握句子之间的关系。

①建立句子的概念。初入学的视障儿童已通过听觉积累了大量的语言知识。教师需利用教材内容，指导视障儿童逐步建立句子的概念。教师通过逐句朗读并结合讲解，可以让视障儿童理解句子由词语按一定顺序组成，同时强调句子的完整性。在教学中，教师要举例分析句子的结构，如"我要上学"由主语"我"和谓语"要上学"组成，强调句子组成的有序性和完整性。此外，教师应注重视障儿童的听、说、写训练，让他们说完整的话，写通顺的话，同时在阅读中感悟和分辨完整的话。

②理解句子的含义。理解句子的含义并非仅限于句子表面意思，而应深入探究句子背后的深层含义。帮助视障儿童准确理解句子含义，教师一般采用如下几种方法：关注句子中的关键词，通过解释这些词语让视障儿童理解整个句子的含义；结合上下文理解句子意思，让视障儿童

在整体语境中领会句子含义；结合课文所表达的时代背景来理解句子，使视障儿童通过补充知识了解句子背后的深层含义；通过句子中的比喻、象征意义进行理解，挖掘句子的深层含义；结合生活实际，让视障儿童利用联想理解和体会句子中的思想感情。

③把握句子之间的关系。考虑到语法和修辞术语对小学阶段视障儿童来说具有难度，教师需要通过丰富视障儿童的感性经验和进行具体的教学训练来提升视障儿童的理性认知，从而使视障儿童熟悉并掌握句子之间的关系。教材中提供了多种形式的句子训练方式，旨在通过练习加强视障儿童对句子结构和意义的理解。

在句子教学中，考虑视障儿童学习的特殊性，教师需要灵活运用各种教学方法，帮助视障儿童逐步掌握句子的结构和意义。同时，教师要注重培养视障儿童的语感，使他们能够在阅读和写作中灵活运用句子，清晰准确地表达思想。

3. 段的教学

在《盲校义务教育语文课程标准》中，虽然没有特别提到"分段""概括"的具体教学方法，但并不意味着它们不重要。事实上，分段和概括对于视障儿童学习语文、理解语言材料具有重要作用。在过去的教学实践中，分段和概括常被视作一种方法或手段，有时甚至成了形式主义的代表，脱离了语文教学的实际情况，给视障儿童带来了额外的负担。

《盲校义务教育语文课程标准》对中高年级的阅读教学提出了要求，强调视障儿童需要初步把握文章的主要内容，理解文章表达的思想感情，以及学习略读来粗略了解文章大意。这些要求事实上都涉及段的教学的范畴，证明了段的教学是阅读教学中不可或缺的一部分。段的教学不仅帮助视障儿童获得关于篇章结构的知识，提升视障儿童布局谋篇的能力，还能通过分析、判断、推理、概括、综合等思维训练，直接提高视障儿童的阅读能力。

段作为写作的基本单位，是构成文章的关键部分，它是由一组句子集合体组成的，通常由于文章内容的转折、强调、间歇等需要而形成。在阅读学习的过程中，识别和理解自然段是一个重要的技能。

在教学过程中，教师应针对不同学习阶段的视障儿童采取不同的策略来引导他们理解自然段。

在低年级阶段，教学重点是让视障儿童识别自然段的起始，可以通过让他们分段书写的方式来达到这一目标。同时，教师要结合课文内容，在具体语言环境中引导视障儿童感悟自然段的构成，让他们理解自然段由几个密切联系的句子组成，并告知他们"一句话或两句话有时就是一段"。

在中年级阶段，教学重点是提高视障儿童对自然段的理解能力。这个阶段是承上启下的关键时期，既是低年级教学的延续和发展，也是高年级篇章教学的前提。在这个阶段，教师应从易到难逐步进行训练。

在高年级阶段，教学重点是引导视障儿童准确把握自然段的中心思想。在教学中，教师应注重教授视障儿童理解含有较多句子的自然段的方法，培养和提高他们的理解能力。

自然段教学过程包括分析自然段和归纳主要内容。分析自然段是指在通读全段的基础上进行粗略分析，而归纳主要内容则是在细读每一句话的基础上进行的，需要清楚每一句话的含义及句子之间相互关系，进而归纳出整段的中心思想。这与传统的"整体—部分—整体"的教学方法是一致的。

在教学过程中，教师应以具体的语言环境为基础进行感知和训练，把握句子间的联系，进而归纳自然段的主要内容。这样的教学方法不仅能帮助视障儿童准确理解每一个句子和句子间的关系，也能增强他们在理解段落主要内容方面的能力。通过这样的教学，视障儿童能够更加深入地理解和分析文章，从而提升他们的阅读能力。

4. 篇的教学

篇的教学在视障儿童的语文学习中扮演着关键角色，主要目的是引导他们掌握理解课文思想内容的技巧，并培养他们独立阅读的能力。

篇的教学的核心内容包括以下方面：理解文章的主旨，领会文章的思想感情，体会表达方法的巧妙；研究文章的结构和表达顺序；积累和运用丰富的语言表达方式。

教学策略的关键在于引导视障儿童准确理解文章的核心内容，并深刻体会文章所蕴含的思想感情。教师通过多样化的教学活动，可以引导视障儿童掌握多种理解课文的方法，并在实践中不断提升他们的理解能力。例如，在教授《猫》这篇课文时，通过深入分析关键词句，教师引导视障儿童体会作者对猫的爱怜之情。同时，教师鼓励视障儿童带着感情阅读，设身处地地感受文本，并通过师生间的交流使视障儿童加深对课文内容的理解。

此外，在教学中，教师还需注重引导视障儿童揣摩文章的表达顺序，使视障儿童了解作者的写作思路，理解文章的主要内容，了解作者的写作意图。同时，教师要鼓励视障儿童自主揣摩，并在此基础上进行交流和讨论。

语言的积累是篇的教学的重点之一。视障儿童的语言学习主要依靠听觉和口头表达，因此在课内外均需注重语言的积累。通过背诵和抄写优美的词句，视障儿童可以逐步形成丰富的语言表达。教师需要引导视障儿童养成主动积累语言的习惯，并向他们说明这一习惯对个人发展的重要性。

5. 朗读教学

朗读作为阅读教学中的重要环节，对于视障儿童来说尤为关键。朗读不仅展现了视障儿童在学习过程中的主体作用，也是他们进行语文实践活动的重要手段。对于低年级的视障儿童而言，由于年龄特点和心理发展的限制，他们的有声思维占主导地位，而无声思维才刚开始发展。

在阅读过程中，出声朗读是他们理解文字的主要方式，可以帮助他们将触摸到的盲文与相应的音节和意义联系起来。

因此，在不同年级的视障儿童朗读教学中，教师需要进行针对性指导。低年级视障儿童处于拼读阶段，朗读多停留在逐字拼读的水平。随着他们摸读能力的提升，朗读会逐渐变得连贯。因此，在教学中，教师需要根据他们的发展阶段合理安排教学内容，逐步培养和提高他们的朗读能力。

朗读训练应贯穿整个阅读教学过程。教师在教学中要多为视障儿童创造朗读机会，并重视启发式指导。教师应引导视障儿童在朗读过程中，通过想象课文描述的情节和形象，加强感情的自然流露，增进对课文内容的理解和感受。

教师在教学中应运用多种朗读方式，如范读、齐读、分角色读等，让视障儿童根据不同情境选择合适的朗读形式。重要的是让视障儿童明白，每一种朗读方式都有独特的功能和适用范围。教师在设计朗读训练时，需要科学合理地选择每一个环节的朗读形式，确保各种方法发挥最大效用。

提高摸读速度对提升朗读效果至关重要。教师需要鼓励视障儿童通过频繁的练习提高摸读速度，同时应注重引导他们掌握朗读技巧，如语调、停顿、语速等，以提高他们的朗读能力。这些技巧的掌握实际上是在朗读过程中通过模仿和体验来实现的，并非仅仅通过理论讲解。

6. 默读教学

默读是阅读的一种基本形式，不涉及声音的发出，直接将触摸到的文字与思维建立联系，特别适合在日常学习和生活中应用。默读对于视障儿童尤为重要，因为它能提高阅读速度，并且在阅读过程中能够使视障儿童自主控制停顿和重读，从而使他们更好地集中思考，有助于他们深入理解文本内容。因此，教师在教学中需要重视培养视障儿童的默读能力。教师在培养视障儿童默读能力的过程中，要注意以下几点。

（1）认识到默读能力和习惯的形成需要经过两个阶段：小声读阶段和无声读阶段。在小声读阶段，嘴唇微动，口中发出轻声，这是通往无声读阶段的必经过程。无声读阶段则是进行大量阅读，并能凭借上下文理解文本的阶段。

（2）意识到默读能力的提高需要一个训练过程。教师可以从引导阅读开始，逐渐引导视障儿童集中注意力到课文内容上。教师在教学中应强调仔细阅读，防止草率地摸过文本。尤其对于低年级的视障儿童，他们注意力容易分散，应逐步从朗读过渡到默读。

（3）指导视障儿童带着问题进行默读，给予他们足够的时间进行阅读和思考，培养他们默读时的自觉性和积极性。

（4）不能急于求成，避免默读变成一种形式。组织讨论和检查默读效果是默读教学的关键环节，对于教师了解视障儿童默读情况至关重要。

第四节　视障学校小学语文习作教学

习作教学是语文教学的一个关键环节，需要教师具备正确的教学观念。在视障学校的小学阶段，习作教学以简单的口头和书面表达为起点，逐渐引导视障儿童向更为复杂的写作形式过渡。在这一过程中，不论是口头表达还是书面习作，教师都需采用有效的教学方法，激发和保持视障儿童对习作的兴趣。此外，教师在习作教学中对视障儿童的习作进行指导、修改和评价，这些环节也至关重要。

一、习作与习作教学

（一）习作的概念

习作，在义务教育阶段，通常被称为作文，是语文教学的一个重要部分。《盲校义务教育语文课程标准》强调，写作作为一种利用语言文字进行表达和交流的主要方式，不仅是对世界和自我认识的过程，也是进行创造性表述的过程。写作能力的提升，代表了语文素养的全面体现。

这强调了习作在义务教育及未来个人发展中的重要作用，并对习作进行了深刻定义，包括以下几个方面。

第一，习作作为一种表达和交流的方式，是人们日常生活中必不可少的一项能力，对个人的生存和发展至关重要。

第二，作为语言文字的书面形式，习作是视障儿童学习和运用语言文字的重要途径，也促进视障儿童遵循语言文字规范。

第三，习作是一种认知过程。在习作活动中，视障儿童需要表达对自然、社会的感悟，对他人和自我的看法，以及真实的情感体验。这要求他们关注社会，学习观察和分析。

第四，习作是一种创造性的过程。视障儿童在习作中需创造性地使用语言文字，生动地描绘现实世界，以及创新地表达自己的感受。

第五，习作的水平通常被视为个人文化水平的体现，展现了一个人的文化修养。在语文教学中，习作占有重要地位，与阅读和口语交际紧密联系。写作能力是语文素养的综合体现。

（二）习作教学的理念

科学理念在习作教学中发挥着关键作用。习作教学的改革和探索已进行多年，但成效有限，主要原因是改革过于注重方法和技巧的变化，而忽视了习作理念的根本转变。《盲校义务教育语文课程标准》为习作教学注入了新的教学理念。

习作教学应强调视障儿童的主体性。素质教育强调学生的主体性发展，要求学生展现自主性和积极性。如果学生在写作中长期被压抑，他们的习作积极性就会逐渐消退，从而失去表达自我的愿望。《盲校义务教育语文课程标准》提出视障儿童应成为习作的主体，视障学校要为视障儿童提供自主写作的有利条件和空间。小学阶段的习作教学应贯彻这一思想，如自选题目写作、自我批改和相互批改等。强调低年级视障儿童的写话活动，鼓励视障儿童自由表达，写下平时感兴趣的内容。

习作教学还应关注视障儿童的生活实践。《盲校义务教育语文课程标准》鼓励视障儿童在写作时考虑不同的目的和对象，多角度观察生活，捕捉事物的特征。视障儿童应以内心的需求为出发点进行习作，时刻充满兴趣。习作应体现视障儿童自身的生活经验，生活实践是习作教学的源泉，不能简单借用他人的生活来代替。

习作教学还重视视障儿童的阅读积累。《盲校义务教育语文课程标准》强调培养视障儿童广泛的阅读兴趣，提高他们的阅读量。通过大量阅读和背诵，视障儿童可积累丰富的语言、思想、情感和文化知识，这是提高写作能力的基础。阅读量有限的视障儿童要特别注重阅读的积累，以提升自己的写作水平。

习作教学要培养视障儿童的个性和创造性。《盲校义务教育语文课程标准》鼓励视障儿童进行自由和创意表达，减少写作束缚。传统习作教学往往忽视视障儿童的个性和创造性发展，导致视障儿童的习作缺乏灵性。对视障儿童而言，教师应引导他们感悟、想象，释放他们的思维，让他们展现个性。

从写话到习作的转变，旨在降低小学阶段写作的难度。在学习写作的初始阶段，教师不应过分规定习作的形式，而应鼓励视障儿童将内心的想法以文字的形式表达出来，使视障儿童在放松的状态下，大胆写作。

二、写话与习作教学

（一）传统写话内容及教学方法

视障学校小学第一学段写话教学构成了习作教学的起始阶段。在这一阶段，视障儿童将他们口中所说的话和心中想说的话写下来。这一活动使他们处于放松的状态中，写作变得简单，他们也乐于参与。

在一般情况下，写话训练从一年级下学期开始，到二年级成为重点训练内容。小学语文教学专门为写话设置的内容并不多，通常是结合课文、口语交际和其他语文活动进行的。

在具体的教学实践中，写话训练不应局限于教材中的安排。教师需要根据视障儿童的实际情况和教学需要，发掘并利用各种写话教学资源，进行适当的训练。

在传统教学模式中，教师一般采用多种写话教学策略。

（1）鼓励视障儿童多说、多交流，使写话内容更加清晰。

（2）由口头表达过渡到书面表达，让视障儿童先将事件讲述清楚，再将所说内容写下来。

（3）在写作完成后，让视障儿童及时进行交流和评价，并给予鼓励。

（4）鼓励视障儿童之间积极交流，相互阅读对方的写话内容，提出问题并讨论。

（5）较少限制写话内容，内容可以与课文相关，也可以是视障儿童自己想写的，或者是他们听别人讲的故事。

（6）建立写话档案，保存视障儿童写话的草稿，以反映他们的写作过程。

写话训练可采用多种形式。

（1）模仿写话：让视障儿童模仿优秀的句子进行写作。

（2）按问题写话：围绕特定问题让视障儿童写几句话。

（3）观察写话：让视障儿童触摸某物体，然后将感受写下来，并鼓励他们进行想象。

（4）读故事写话：让视障儿童为故事续写结尾或改编结尾。

（二）传统习作内容及教学方法

语文教材的设计与编写重点在于遵循《盲校义务教育语文课程标

准》，着重于习作训练的系统化。教材中的课文作为习作训练的示范，强调阅读与写作的相互关联性与统一性。课文不仅是阅读训练的范本，更是写作训练的示例。在此基础上，语文课文为视障儿童提供了思维方法和写作技巧的示范，对于视障儿童而言这种示范的作用尤为重要。

传统习作训练包含系统的教学内容，这些训练不仅遵循《盲校义务教育语文课程标准》的要求，还针对性地安排了习作练习，特别强调在习作练习中给予视障儿童足够的自主性。例如，通过不设定具体的习作题目，仅提出内容和范围的要求，激发视障儿童的创造性和自主性。在视障儿童的习作练习中，这种方法尤为重要。

语文课程中的"小练笔"作为习作训练的一个环节，其目的是让视障儿童通过模仿或借鉴课文中的某些内容来进行练习。通过这种方式，视障儿童能够在观察、思考和创作中学习和应用语言。同时，"小练笔"在难度和目标上都十分具体，使视障儿童能够在实践中快速应用所学知识。

此外，语文活动也包含习作训练。这些活动旨在帮助视障儿童通过实践来探索语文学习的规律，同时提升自身运用语文知识的能力。人民教育出版社出版的供视障学校使用的语文教材中的"我的发现"环节，就是一个很好的例子。这些活动不仅与习作教学直接或间接相关，还鼓励视障儿童进行独立思考和自我发现。

教学方法重点在于激发视障儿童的学习兴趣，使视障儿童愿意自由表达。这涉及将习作与阅读结合起来，丰富教学资源，并教会视障儿童观察、思考和想象。特别是在写作之前，教师要鼓励视障儿童先进行口头表达，帮助他们理顺思路。此外，注重习作的交流、展示和修改也是重要的教学方法。

视障儿童在习作上面临的困难主要源于视觉障碍，这限制了他们获取信息。对此，教学方法应包括培养观察能力、调整写作难度以及开发多样的教学资源等。

（三）传统习作批改与讲评方法

习作批改是教学过程中的关键环节，涵盖了习作的评价与修改两个方面。评价部分包括眉批和总批，其中眉批是在习作旁边指出各段落的优缺点，而总批则是对整篇文章进行的评价。修改部分涉及对习作的字、词、句、段的增删调整。这两个环节通常是同时进行的，可以相互补充。

习作批改一般的步骤是先浏览全文以把握大意，随后进行全面批改，包括对内容、结构、表达方式等进行考量。这一过程可以通过文中修改或旁批来完成，最后进行总评，再次通读全文并做出整体评价。

习作批改的常用方法包括以下几个：使用盲字笔进行批改，对于全盲文习作，在习作后附上盲字笔的批改内容；教师对班级所有习作进行批改；面对面的个别批改；师生合作批改，即在适合的小组内共同批改习作；视障儿童独立进行自我批改，以培养其修改文章的能力。

习作讲评则是对习作优缺点的分析与归纳，是指导和批改的延伸，也是习作教学的总结与提升。习作讲评的步骤通常包括以下几个：教师在指导和批改习作时特别关注视障儿童的佳作，以及普遍存在的问题；采用多样的讲评形式，如教师讲评、学生互评或师生共同讲评；讲评时要紧扣习作的具体内容，旨在开拓视障儿童的思路，提高学习效率；鼓励视障儿童进行总结，深入体会习作指导、批改和讲评的内容，反思自身的写作经验，以便在未来的写作中取得进步。

第五节　视障学校小学语文口语交际教学

口语交际技能是现代社会中不可或缺的能力。掌握良好的倾听、表达和应对技巧对于视障儿童未来适应社会具有较大的意义。通过接受口语交际训练，视障儿童在未来能够展现出色的口语交流技能。这不仅避免了视障儿童在交流中出现表述不清的情况，还大大增强了他们的自信心，从而促进他们健康品格的形成。

一、从听说训练到口语交际教学

以往的听说训练教学多集中于非现实交际场景中的书面语言教学，即视障儿童在语文课堂上接受的听说训练。在这种教学环境下，视障儿童的活动主要遵循教师和教材的指导，进行听力、复述或发言等单方面的静态语言练习。此类训练的主要目标在于培养视障儿童的口头表达能力和提高他们的普通话水平。这种课堂环境下的训练，虽然可能使视障儿童在课堂上展现出色的口头表达能力，但与现实生活中真实的听说环境有着较大差距。因为现实生活中的听与说是一个人与人之间的互动过程，而课堂环境并未充分体现这一点，这种训练方式也没有足够重视培养视障儿童的听说能力和良好习惯。

《盲校义务教育语文课程标准》将听说训练教学转变为口语交际教学，明确指出口语交际能力是现代公民必备的技能，强调培养视障儿童的倾听、表达和应对能力，使他们形成文明和谐的人际交流素养。口语交际被定义为听与说双方的互动过程，教学活动应该在具体的交际情境中进行。在评价视障儿童的口语交际能力时，教师应重视视障儿童的参与意识和情感态度，并在具体的交际情境中进行评价，使视障儿童承担有实际意义的交际任务，以此来反映视障儿童真实的口语交际水平。

这种教学方法的变化体现了人们对口语交际核心目标的重视，即"交际"。不仅要注重培养视障儿童的口语交际能力，还要强调培养的目的性。

语文教学领域的进步就是将听说训练教学转变为口语交际教学，这一变化标志着教学方法的显著进步。这一改革突破了传统听说训练中单纯将听和说相结合的单一化、程式化教学方式，转而强调人与人之间的实际交流与沟通。这种互动的过程不仅培养了学生的交际能力，也符合时代的发展对人才的要求。同时，教育数字化的发展，也为实现这一目标提供了技术方面的支持。

口语交际能力是现代人必备的技能，对视障儿童而言尤为重要。培养良好的倾听、表达和应对能力，对他们未来适应社会具有重大意义。具备这些能力的视障儿童能更好地与他人交流，不再因为表达不清而感到自卑。口语交际能力的训练不仅有助于提升视障儿童的自信心，也有助于提高他们的社交能力，使他们更全面地参与社会生活。

二、视障儿童口语交际的特点

口语交际是语文教学中的一个重要组成部分，其特点主要体现在两个方面。

一方面是口语性。与书面语言不同，口语交际属于情境语言的一种，因而它具备随意性、灵活性、真实性和可变性。这意味着在口语交际过程中，语言的使用更加自由和灵活，能够根据具体情境做出相应的调整。

另一方面是交际性。口语交际强调的是面对面的交流，涉及人与人之间根据交流情况进行相应的听说反应。在这一过程中，听者和说者的角色会根据需要不断转换，形成双向互动。这个过程不仅包括视觉和听觉，还涉及表情、手势、记忆、思维和想象等多方面的动态实践。

视障儿童在口语交际方面具有显著的特点。从"听话"来看，他们往往对谈话内容的理解较为粗略，分辨理解能力不足。尽管他们的听力和记忆力较好，对声音较为敏感，但注意力持续时间短暂，并且容易受到外界的干扰，导致注意力分散。从"说话"来看，他们往往表现出较大的随意性，语言可能显得凌乱、不完整，有时甚至会说出不恰当的语句。因此，培养视障儿童将话说得完整、清楚，成为口语交际教学的主要任务。

此外，由于视觉方面的不足，视障儿童在使用面部表情和手势方面并不擅长，这在交流过程中可能导致一些隔阂。他们往往不善于利用听觉反馈来调整自己的口语表达，可能导致在交流时对方感到自己处于一种自言自语的状态。这些现象的出现不仅与器官的不协调有关，还受到知识水平、智力水平等因素的影响。

因此，在进行口语交际教学时，教师应该依据这些特点培养视障儿童的口语交际能力。教师在教学过程中不必过多传授理论知识，而应注重实践，并结合视障儿童的学习和生活情况挖掘教学资源。同时，教师要引导视障儿童进行自我评价，这样可以有效提高他们口语交际的水平。

三、视障学校小学语文传统口语交际教学方法

教师在教授视障儿童口语交际的过程中，鉴于他们在生活知识和社会知识方面的限制，要采用特别的教学策略。以下是一些实施口语交际训练的常规方法。

（一）创设交际情境，激发交际兴趣

1. 通过描述创设情境

教师可以通过生动的语言描述来创设情境，激发视障儿童的想象力和交际兴趣。例如，在讲述一个故事后，教师提出问题引导视障儿童思考并分享自己的感受，从而激发视障儿童参与交流的愿望。

2. 通过游戏活动创设情境

游戏是儿童的天性，通过嵌入游戏活动，视障儿童可以在愉快的氛围中进行口语交际训练。

3. 模拟生活实例创设情境

让视障儿童通过模拟现实场景进行观察、讨论和辩论，可以增强他们的生活体验能力和口语表达能力。

（二）拓宽实践途径，提高交际能力

1. 利用教材进行训练

语文教材是一个宝库，其中蕴含了各式各样的听说资源。这些材料不仅覆盖了广泛的话题，而且展示了多种语言表达方式，为语文教学提

供了丰富的素材。教师在课堂上要挖掘这些资源的潜力，精心设计活动，引导视障儿童积极参与口语交际的实践。这种实践不限于复述课文内容，还包括角色扮演、情景对话、讨论辩论等多种形式，旨在提高视障儿童的语言应用能力和沟通技巧。通过这样的训练，视障儿童能够在真实或模拟的交流场景中，更自信、更流利地表达自己的思想和感受。此外，这种教学方式还鼓励视障儿童主动思考，如何在不同的交际环境中有效使用语言，使视障儿童在语言的实际使用中不断提高和完善口语交际能力。

2. 利用课堂加强训练

在课堂教学的过程中，教师通过提出问题、鼓励视障儿童进行评议以及促使视障儿童拓展思维的方式，可以显著促进视障儿童口语交际技能的提升。视障儿童在面对教师提出的问题时，需要动用自己的思考能力和知识储备来构建答案，这个过程不仅锻炼了他们的思维能力，还增强了他们用语言表达思想的能力。在评议活动中，教师要鼓励视障儿童发表自己的见解，并对同伴的观点进行分析和讨论。这种互动促进了视障儿童之间的沟通和理解，同时提高了他们在公共场合表达自己观点的能力。此外，通过引导视障儿童拓展思维，教师可以激发视障儿童的创造性思维，使他们能够在讨论中引入新的元素和视角，从而丰富他们交流的内容和形式。这些教学策略共同作用，有效地加强了视障儿童口语交际的实践，使视障儿童能够在真实的交流环境中更加自如和有效地使用语言。

3. 利用实践活动开展训练

教师安排一系列的实践活动，如参观菜市场和超市，可以使视障儿童获得在真实社交环境下练习口语交际的机会。这种亲身体验活动使他们能够直接接触日常生活中的各种场景和人群，从而在实际情境中锻炼和提升交流能力。在菜市场，视障儿童通过询问价格、了解食材种类等交流，练习用语言进行信息的询问和交换。同样，在超市，他们通过与销售人员的对话，学习如何表达自己的需求和做出选择。这些活动不仅增强了他们的口语表达能力，还帮助他们更好地理解和适应社会环境，提高他们的自信心和社交技巧。通过这样的实践活动，视障儿童在与人交流时变得更加主动和自如，这为他们未来的社会生活奠定了坚实的基础。

（三）注重互动过程，成为交际主体

在教学中，重视双向互动的过程，可以使视障儿童成为真正的交际主体。教师应根据视障儿童的实际情况，结合社会对人才的需求，努力提高他们的口语交际能力。

第六节　视障学校小学语文综合性学习

《盲校义务教育语文课程标准》在课程体系中纳入了"综合性学习"，与其他关键领域如识字、写字、阅读、写作等处于同等地位，这一做法彰显了语文教学的深远价值。这不仅是语文课程改革的重要进展，也是课程内容的亮点。深入理解综合性学习的目标、核心内容及实施策略，对视障学校的未来教学工作尤为关键，有助于视障学校提升教学质量和效果。

一、视障学校小学语文综合性学习概述

综合性学习的核心在于将学科知识与社会生活密切联系起来，并促进不同学科间的交叉融合。这旨在实现知识传授与能力培养的有机结合，从而改变了现有课程体系中对学科本位过度重视的状况。

（一）视障学校小学语文综合性学习的特征

视障学校小学语文的综合性学习体现了以下特征。

1. 综合性特征

在学习目标上，关注语文能力、多维度目标以及特长培养的融合；在跨领域学习上，强调不同学科及情境的结合；在学习方式上，注重将课本学习与实践学习、接受式学习与探究式学习相结合。

2. 实践性特征

在活动中，重视探究和应用，鼓励视障儿童提出疑问，研究问题和解决问题；注重学习过程和视障儿童参与度，强调运用多种方法增强体验。

3. 主体性特征

在活动内容选择、时间空间安排、活动组织和总结展示等方面，突出视障儿童的主体性。

4. 开放性特征

内容和形式具有开放性，为视障儿童提供了一个广阔的学习空间和选择空间。

5. 语文性特征

活动内容设计和安排特别强调语文学科的特性，确保活动内容与语文学科紧密联系。

（二）视障学校小学语文设置综合性学习的优势

视障学校小学语文课程中综合性学习的设置具有多重价值，这极大地提升了视障学校小学语文教育的价值和功能。这一课程设置的优势体现在以下几个方面。

1. 促进教育资源的整合

综合性学习加强了学校教育、家庭教育与社会教育之间的联系，实现了校内外、课堂内外教育资源和功能的整合。这种方式将语文教育延伸到视障儿童生活的各个领域，不仅扩展了语文教育的资源和场所，还促进了《盲校义务教育语文课程标准》的有效实施。

2. 开辟语文综合素质提升的途径

综合性学习的跨学科特性意味着语文学习不限于传统的"听、说、读、写"技能的学习，还要将这些技能应用于生活实践活动中。这为视障儿童语文综合素质的提高和语文修养的全面提升开辟了新的空间和途径。

3. 培养创新与解决问题的能力

在综合性学习中，视障儿童能够将学到的书本知识灵活应用于实际生活情境中，这种方式培养了他们的创新能力和解决问题的能力。

4. 打破传统教育界限，丰富生活体验

综合性学习有助于打破课堂与现实生活的界限，使视障儿童开阔视野，增长知识，丰富生活体验，帮助视障儿童克服语言运用方面的障碍。

5. 激发兴趣，促进个性和特长的发展

综合性学习通过实践活动激发视障儿童的学习兴趣，有助于促进他们个性和特长的发展。

6. 提升实践能力

综合性学习鼓励视障儿童积极参与、乐于探究和勤于动手，从而真正提高他们的语文实践能力。

二、视障学校小学语文综合性学习的内容和形式

（一）视障学校小学语文综合性学习的内容

在视障学校小学语文综合性学习中，内容和形式具有显著的多样性。设计这些课程内容必须充分考虑视障儿童的年龄、心理和生理特点、特殊需求以及视力障碍程度和类型。视障学校小学语文综合性学习包括盲文的读写、词汇、句式、听力、口语、阅读等多个方面。不同年级的教学内容安排应根据培养目标进行精心设计，以确保各年级视障儿童充分掌握教学重点。例如，低年级重点放在盲文拼读和书写上，并同时进

行词汇和句子训练；中年级则增加词句训练的深度，并着重于连句成段的练习；而高年级则将重点放在篇章结构上，同时依然注重词汇和句式训练。

综合性学习遵循基础知识和基本技能两条主线，从简单到复杂，主要通过形式多样的综合性实践活动进行训练，以确保视障儿童能够在不断进步的过程中全面发展。

（二）视障学校小学语文综合性学习的形式

视障学校小学语文综合性学习采用多种形式来丰富和提高视障儿童的语文能力。

1. 课外阅读活动

学校鼓励视障儿童积极参与课外阅读，并让视障儿童在阅读后进行心得交流。教师在这个过程中扮演着重要的角色，他们不仅要帮助视障儿童挑选合适的图书，还要确保这些图书适合视障儿童的年龄、理解水平，以及满足他们的特殊需要。教师所推荐的阅读材料应贴近视障儿童的学习和生活，内容健康，逐步从简单到复杂。此外，学校也可以在教室或其他合适的地方设立图书角，让视障儿童共享和交换图书，培养他们之间的互助精神。对于中、高年级的视障儿童，教师要鼓励他们学习写笔记和心得，以及通过故事会、读书报告会等多种方式来分享他们的阅读体验。

2. 语文兴趣小组活动

为了激发视障儿童对语文的学习兴趣并提高他们的语文能力，可以在班级或学校层面成立各种语文兴趣小组。这些小组可以包括读书小组、朗诵小组、习作小组等，为对语文感兴趣或在语文方面有特长的视障儿童提供发展平台。在教师的指导下，小组成员可以有计划地开展各种活动。

3.其他语文活动

此外，视障学校小学语文综合性学习活动还包括全盲学生参加摸读盲文比赛、语文讲座，低视力学生参与认读汉字或猜字谜等游戏，以及读绕口令或词语接龙等游戏。这些活动不仅提高了视障儿童的语文技能，还开发了他们的智力，通过专题性的实践活动，进一步增强了他们的语文实践能力。

（三）视障学校小学语文综合性学习主题的选择和确定

在视障学校小学语文综合性学习中，选择和确定主题是一个关键环节，需要考虑视障儿童的特点、个别差异、特殊教育需求，还有他们的兴趣和爱好。这些兴趣和爱好可能受到他们视力障碍程度和类型的影响，因此在选定主题时，这些因素必须被充分考虑。

1.依据课文内容设计综合性学习主题

综合性学习活动可以结合语文课文的内容进行，如通过名家名篇引导视障儿童深入了解语文知识，体验语言的魅力。教师引导视障儿童围绕特定作家或文章开展活动，如以"走近老舍先生"为主题，探索老舍的生平和作品。

2.根据兴趣和生活状况确定主题

兴趣是良师，如果视障儿童对特定问题感兴趣，他们在研究中往往能取得更好的效果。生活中的问题大多是综合性的，因此选择主题需要考虑视障儿童的兴趣和感知状况。

3.考虑学习和生活环境确定主题

家乡风光、民俗风情、学校历史等都可以成为综合性学习的主题。例如，在中秋节期间，围绕"中秋"主题开展学习活动，如探索中秋节的起源、收集与月亮相关的文学作品等。

4.结合各学科联系选择主题

教师根据不同学科间的联系和视障儿童的爱好来确定主题，这样不仅可以激发视障儿童的学习兴趣，还可以让视障儿童跨学科进行综合性学习。例如，在数学课上学习了图形之后，让视障儿童运用这些知识进行创作。

5.根据自然景象和社会生活设计主题

让视障儿童接触大自然，体验四季变化。例如，春季让他们体验春天的气息，秋季组织他们探寻秋天的美景。

正确选择综合性学习的主题是实现成功学习的关键。教师结合视障儿童的年龄、认知能力和兴趣爱好，在广泛的生活空间和语文学习范围内挖掘探究资料，从而选择合适的综合性学习主题。

（四）视障学校小学语文综合性学习的实施过程

视障学校小学语文综合性学习实施过程包括几个关键阶段，每一个阶段都对视障儿童的学习有重要的影响，具体如图2-3所示。

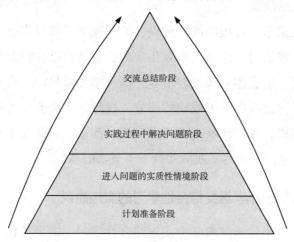

图2-3　视障学校小学语文综合性学习的实施过程

1.计划准备阶段

这一阶段是学习的起点，涉及主题的选择和确定工作。在这里，教师的指导至关重要。教师需要结合视障儿童的实际情况来进行指导，主要任务是引导视障儿童确定学习目标和内容，选择适宜的学习方式和方法，如阅读或其他多种活动形式，以及决定组织形式，包括班级、小组或其他组合。

2.进入问题的实质性情境阶段

这一阶段是学习的深入发展阶段。在此阶段，教师引导视障儿童从不同角度分析和解决问题，提供必要的帮助和启发。关键任务包括指导实践活动，利用多媒体或实际操作，使视障儿童获得及时、全面的信息和直接经验，并培养视障儿童协调和操作能力。

3.实践过程中解决问题阶段

这一阶段是综合性学习的核心阶段，要求视障儿童之间密切合作，共同寻找解决问题的途径和策略。在这个阶段，教师的作用是适时地提供引导和启发，同时强调提高视障儿童的主体性和积极性。

4.交流总结阶段

这一阶段是学习过程的收尾阶段，关注视障儿童对自己的策划、组织、协调和实践能力的总结。视障儿童需要总结自己在学习过程中的态度、投入程度、情感体验和兴趣培养，以及学习成果的综合运用。这一阶段是整个学习过程中不可或缺的部分，视障儿童需要对所有活动环节进行分析和反思，并在此基础上开展交流和沟通。视障儿童相互之间的评价和交流为他们未来的实践活动打下了坚实的基础。

三、视障学校小学语文综合性学习的实施建议

在视障学校小学语文教学中实施综合性学习，需要遵循一系列精心设计的步骤和原则，以适应视障儿童的特殊需求，同时充分发掘他们的潜能。

（一）主题发掘的多元途径

主题发掘应坚持"大语文观"，这一观点强调语文学科与日常生活

的紧密联系。教师在引导视障儿童进行语文学习时，不仅需要关注文字和语言方面的传统教学，还应当帮助视障儿童在日常生活、不同学科之间，在自然环境、社会背景之中寻找并整合适合的综合性学习主题。这种教学策略不仅能够将课堂学习内容与现实生活相联系，还能够显著提升学习的实用性和吸引力。通过这种方法，语文教学不再是孤立的学科教学，而成为一种全方位的知识体验。例如，当探讨到课本中的自然描写时，教师可以组织视障儿童通过触觉和听觉来感知自然，如通过触摸树皮、听风吹过树梢的声音，来深化视障儿童对文学作品中描绘的自然景象的理解和感受。此外，在讨论课文中的社会现象或历史事件时，教师可以引导视障儿童联系当前的社会背景，理解文学作品背后的社会文化意义。

综合性学习主题的设定还鼓励视障儿童将学科知识应用于日常生活中。比如，通过诗歌教学，教师可以引导视障儿童表达自己的情感和体验，将诗歌与个人的生活经历联系起来，使学习内容更加贴近生活，这样更能激发视障儿童的学习兴趣和情感共鸣。通过这样的学习方式，视障儿童能够更好地理解和运用语文知识，增强语言表达和创造性思维能力。教师的引导作用在此过程中至关重要。教师需要有意识地设计课程和活动，确保视障儿童能够在安全和支持的环境中探索和学习。同时，教师应当具备灵活运用多种感官的能力，以适应视障儿童的特殊需要，帮助他们通过非视觉方式接触和感知世界。

（二）主题开发的灵活方式

综合性学习的主题开发涵盖了结合型和专题型两种不同的方式。结合型方式通过将不同的知识点和能力训练融入精心设计的活动中，使学习过程变得更加生动和实际。这种方式的优势在于它允许教师将理论与实践结合起来，通过具体活动将抽象概念具体化。这不仅能够加深视障儿童对知识的理解，还能够提高他们的实际操作能力。专题型方式更加集中于特定的内容或主题。通过围绕一个核心话题设计一系列活动，视障儿童可以深入探索该领域的知识，从而对特定主题有更全面和深入的理解。这种方式适合深度学习，可以帮助视障儿童在特定领域探索和形成专业知识和技能。

这两种学习主题的开发方式表现出灵活性，教师可以根据视障儿童的具体需求和兴趣来制订教学计划。在结合型学习中，如果一名视障儿童对音乐特别感兴趣，教师可以设计一个活动，让这名视障儿童通过音乐来学习语文概念。这样不仅能够提高视障儿童的学习兴趣，还能帮助他们在实际中应用数学知识。在专题型学习中，如果视障儿童对自然科学感兴趣，教师可以围绕生态系统的构建和维护设计一系列活动，如通过实地考察和模拟实验让视障儿童学习不同生物之间的相互作用和环境影响。这种深入的探索不仅增强了视障儿童对科学的认知，还激发了他们探索自然世界的热情。

采用个性化和目标导向的教学策略，可以显著提高视障儿童的参与度和学习效果。这种教学策略尊重每一名视障儿童的个性差异和兴趣，能够更好地激发他们的学习潜力，同时为他们提供将学习应用于实际生活的机会。此外，结合型和专题型的教学方法还可以帮助视障儿童更好地理解复杂概念，使他们通过视觉之外的感官体验来获得知识，进而增强他们的自信心和自主学习能力。这种教学策略不仅适用于学校教育环境，也能在家庭和社会等其他环境中得到应用，为视障儿童的全面发展提供支持。

（三）与教材内容紧密联系的活动主题

综合性学习活动的主题通常与教材内容存在直接或间接的联系。在设计这类活动时，教师需确保学习内容与已学过的课文紧密结合，引导视障儿童利用课文中的知识来解决综合性学习活动中遇到的问题。这种教学设计旨在帮助视障儿童不仅加深对课文内容的理解，还能显著增强实际应用能力。综合性学习活动通过将教材中的理论知识与现实生活中的实际情境相结合，创造出一种互动性强、涉及多方面能力的学习经验。例如，如果课文讲述了生态环境保护，教师可以设计一个项目，让视障儿童计划一个小型的园艺项目，通过对这个项目的实际体验，理解生态保护的重要性。在这个过程中，视障儿童不仅重温了课文的内容，加深了对课文的理解，而且通过亲身经历，更加深入地理解了生态保护的概念和重要性。此外，综合性学习活动还鼓励视障儿童运用在其他课程中学到的知识和技能，如数学、科学或社会学知识，来解决跨学科的问题。这种跨学科的学习方法能够帮助视障儿童建立知识之间的联系，提高他们解决问题的能力。比如，在处理一个关于市场经济的项目时，视障儿童不仅需要理解经济学的基本概念，还需要运用数学技能来进行成本效益分析。

通过综合性学习活动，视障儿童能够在一个支持性的环境中，通过触觉和听觉等感官体验来学习和探索。教师的任务是设计这样的活动，确保活动既能满足视障儿童的学习需求，也能符合他们的感官特征。这样的设计考虑到了视障儿童对信息获取方式的特殊需求，确保了他们能够在活动中有效地利用已有的知识，并在实际情境中应用这些知识。

（四）加强活动的计划性

综合性学习紧密结合教材内容，同时保持一定的独立性。活动内容通常会以多种不同的形式反复呈现，每次呈现都在难度和深度上有所增加。为了有效地组织这些活动，教师需要在教学前对每一项活动内容进行全面了解，并对活动进行计划。这种方法能够帮助教师更有效地组织教学，确保活动既系统又连贯。综合性学习的设计通常要求教师在活动规划时考虑到知识的层级结构，确保视障儿童在掌握基础知识后，能够逐步过渡到更复杂的概念。这样的递进方式不仅有助于视障儿童巩固已学知识，还能激发他们探索更深层次问题的兴趣。例如，在一个科学实验项目中，视障儿童可能最初只是学习基本的实验操作，随后逐步介入实验设计和结果分析，最终能够独立进行实验并对数据进行综合性评价。此外，教师在设计综合性学习活动时，还应考虑活动内容的多样性和互动性，确保视障儿童从不同角度和方式接触和理解知识。这不仅可以增强视障儿童的学习动机，还能帮助他们在实际操作中更好地理解和应用所学知识。通过实践活动，视障儿童可以将理论与实践相结合，从而更全面地掌握知识。

综合性学习活动还应具备一定的灵活性，允许教师根据视障儿童的学习进度和反馈适时调整教学计划。这种灵活性是必要的，因为不同视障儿童的学习节奏和理解深度可能不同。通过对活动内容的及时调整，教师可以确保视障儿童都能在适宜的挑战中获得成长。

（五）明确的活动目标

综合性学习活动在语文教学中起到重要作用，每一项活动都旨在实现具体的教学目标。对于教师而言，明确每一项活动的目标是至关重要的，这有助于引导视障儿童达到预期的学习效果。例如，在语文教材中，"展示台"这类活动的主要目的是展示视障儿童的盲文阅读和写作技能，使视障儿童能够在实际操作中巩固和展示自己的语言运用能力。

在设计这类综合性学习活动时，教师应考虑活动如何与教学目标相匹配，以及如何通过这些活动有效地提高视障儿童的语文技能。例如，盲文阅读和写作活动不仅需要让视障儿童练习具体技能，还应鼓励他们理解和表达复杂的文本信息，从而提升他们的理解力和创造力。这种活动设计允许视障儿童在安全和支持的环境中尝试新技能，同时促进他们建立自信心。此外，教师在实施综合性学习活动时，还应该根据视障儿童的特定需求来调整教学方法和活动内容。例如，视障儿童在接收视觉信息方面存在困难，教师就应采用更多触觉和听觉的教学资源，采用盲文图书和有声读物等，以及通过触觉模型来帮助视障儿童更好地理解文本内容。

在整个教学过程中，持续评估视障儿童的学习进展和活动的有效性同样重要。通过定期评估，教师可以了解每一名视障儿童的学习状况，及时调整教学策略，确保每一名视障儿童都能在他们的学习旅程中取得进步。这种评估不仅包括学术成就的测量，还包括视障儿童的参与度、兴趣和自我表达能力的观察。进一步来说，教师应当激励视障儿童将学到的语文知识运用到更广泛的语境中，如参与学校的文学创作和公共演讲等活动。这样的实践机会能够让视障儿童在真实场景中测试和展示他们的语文能力，从而促进他们对语文知识的掌握，并增强他们运用语文进行有效沟通的能力。

（六）实用且具体的活动内容设计

综合性学习活动的设计必须考虑视障儿童的具体需求，避免陷入空洞和形式主义，以确保活动能够产生实际效果。在设计这类活动时，教师需要细致考虑视障儿童的年龄、身心特点及能力水平，确保活动内容既能符合视障儿童的实际情况，又能有效达到预定的教学目标。

视障儿童在学习过程中面临的挑战独特而多样，包括对视觉信息的获取受限。因此，教学活动的设计应充分利用其他感官，如听觉和触觉，来补充或替代视觉信息。例如，使用盲文材料和声音资源可以帮助视障儿童更好地接收信息和参与活动。同时，教师应创造一个支持性的学习环境，鼓励视障儿童通过实践来探索和学习，这种方法可以提高视障儿童的学习动机和参与度。活动的设计还应该是灵活的，允许教师根据视障儿童在活动中的表现进行适时调整。这种灵活性对于适应每一名视障儿童的独特学习节奏极为重要。在实际操作中，教师可以通过观察视障儿童的反应和进步，调整活动的难度和深度，确保每一名视障儿童都能在其能力范围内得到成长。此外，教师在设计综合性学习活动时，应该注重活动的实用价值和教育价值。这意味着活动能够帮助视障儿童学习对他们未来生活具有重要意义的技能。例如，通过参与团队项目，视障儿童不仅可以学习特定的学科知识，还可以培养团队合作和问题解决的能力。这些技能对于其他儿童的全面发展也是必不可少的，对视障儿童尤其重要。

在确保活动符合视障儿童实际的同时，教师还需确保活动具有趣味性和参与性。游戏和互动环节的融入，可以使学习过程更加引人入胜，同时帮助视障儿童在轻松愉快的氛围中学习。这种教学方法不仅增强了学习的趣味性，还能促进视障儿童之间的社交互动，帮助他们建立自信心和掌握社会技能。

（七）教师引导与学生实践相结合

综合性学习的根本目标是通过实践活动帮助学生巩固已有的知识并培养新的能力。在这个过程中，教师扮演着至关重要的引导角色。特别是对视障儿童，教师需要为他们提供丰富的实践机会以促进他们学习能力的发展。这需要教师在指导过程中不仅激发视障儿童的学习主动性，还要引导他们在各种活动中有效地运用所学知识，进一步拓展他们的思维。

综合性学习活动设计应既切合视障儿童的学习需求，也符合他们的个人特点。视障儿童的学习方式和需求与其他学生有所不同。教师需要通过具体而有意义的实践活动，如角色扮演、实地考察或实验操作等，使视障儿童能够在参与中学习。这种实践不仅能加深视障儿童对知识的理解，更重要的是促使视障儿童通过实际操作来验证和应用这些知识。这种经验是理论学习所无法替代的。教师在教学中设计综合性学习活动时，应确保活动具有适当的挑战性，以便视障儿童能够在完成任务的过程中遇到并解决问题。这种挑战既不应超出视障儿童的能力范围，以免造成视障儿童的挫败感，也不能过于简单，以免缺乏刺激视障儿童思考的机会。恰当的挑战可以激励视障儿童运用并扩展他们的思维能力，通过问题解决的过程，使他们的分析能力和创造能力得到锻炼和提升。此外，教师在组织这些活动时，还应注重培养视障儿童的社交技能和团队合作能力。视障儿童在社交和团队活动中可能会遇到更多的挑战，因此教师应特别注意设计能够促进包容性和合作性的活动。通过团队合作，视障儿童不仅能学习如何与他人交流和协作，还能在互动中学习如何尊重和理解不同的观点。

教师还应利用各种教学资源和辅助技术，对于视障儿童，使用如盲文图书、音频材料和触觉模型等辅助工具可以极大地增强他们的学习体验。这些工具和材料可以帮助视障儿童更好地访问和处理信息，从而使他们在综合性学习活动中更有效地运用所学知识。

（八）自主、合作、探究的学习方式

综合性学习强调自主式、合作式和探究式的学习方式。这种学习方式鼓励视障儿童基于个人兴趣积极参与，同时培养视障儿童的团队合作和创新精神。教师在设计综合性学习活动时，尤其需要关注视障儿童的个体差异，尊重他们的特殊需求，以确保活动对每一名视障儿童都具有包容性和可达性。

综合性学习活动的核心是提供一个环境，视障儿童可以根据自己的兴趣和进度探索知识。这种学习方式不仅提高了视障儿童对学习过程的控制感，还激发了他们对新知识的好奇心。例如，视障儿童可以选择自己感兴趣的项目主题，通过研究和实践来深入学习，这种方式使学习变得更具有意义和动力。活动设计还应促进视障儿童之间的合作，通过团队合作使视障儿童学会互相协助和共享资源。团队活动不仅能帮助视障儿童融入群体，还提供了学习如何在多样化环境中有效沟通和协作的机会。通过团队合作，视障儿童可以从不同的角度理解问题，共同探索解决方案，这种互动进一步增加了学习的深度和广度。同时，教师应设计活动来激发视障儿童的创新精神，鼓励他们尝试新的方法来解决问题。在实际操作中，教师可以引入问题解决任务，要求视障儿童运用所学知

识和技能创造性地解决问题。这种挑战不仅能够激发视障儿童的创造力，还能增强他们的批判性思维和问题解决能力。

对于视障儿童，教师在活动设计中应使用适合的辅助技术和资源，如盲文材料、有声图书和触觉工具。这些工具可以帮助视障儿童更好地访问信息，确保他们在学习过程中不受限制。此外，教师应确保所有学习材料和活动都可以无障碍地访问，以保证视障儿童能与其他学生一起参与所有教学活动。

第三章　视障学校小学语文教学数字化转型的必要性

数字化已成为教育改革的核心和关键突破点，在教育领域中扮演着至关重要的角色。信息技术在教育体系中的应用被视为推动教育全面变革的主要驱动力，这一现象在全球范围内已成为教育改革和发展的普遍趋势。自 20 世纪 70 年代以来，信息技术的迅速发展标志着世界各国数字教育的开端。特别是在特殊教育领域，信息技术的引入不仅是对传统教学方法的一次重大改革，还成为推动全球教育数字化的一个重要步骤。

在中国，特殊教育领域的专业人士逐渐意识到，信息技术对于推进特殊教育数字化改革的重要性。特殊教育的发展历程显示，每一次在教学方法上的重大进步都依赖信息技术的支持。特别是在视障教育中，信息技术的应用既响应特殊教育的改革，又顺应教育改革和发展的趋势。

信息技术的应用不仅改变了传统的教学模式，还为特殊教育带来了新的机遇。这种技术的应用使教育资源更加丰富，教育方法更加多样，同时提高了教育的可及性和质量。特别是对于特殊教育学生来说，信息技术提供了更加个性化和包容的教学环境，有助于激发他们的学习兴趣和潜能。

由此可以看出，信息技术在教育领域尤其是特殊教育中的应用，已成为不可逆转的趋势。它不仅是促进教育方法改革的关键因素，还是实现教育公平和提升教育质量的重要工具。随着信息技术的不断进步和创新，其将在特殊教育领域发挥越来越重要的作用，推动特殊教育的发展和进步。

第一节　政策支持视障学校小学语文教学数字化转型

一、教育数字化的政策支持

本书对中国教育数字化政策进行了全面的搜集和分析，依据的主要来源包括中国政府网、中华人民共和国教育部政府门户网站、中国法律信息网，以及专注教育信息化的中国教育信息化网、中国教育和科研计算机网。这些网站发布的政策文本为本书提供了宝贵的数据和信息来源。

在中国，教育政策文本通常以规划、意见、通知、纪要、决定和办法等不同形式出现。同时，领导的讲话、发展的概况、年度工作要点以及报告等文本类型能够展现出一定时期内的政策导向。本书在检索过程中，着重关注了与电化教育、信息技术相关的，反映国家层面教育信息化政策的文本，因为中国的教育数字化政策与这些领域有着密切的联系。

中国的教育数字化政策制定和监管主要以政府的决策为核心，从上到下逐步实施。国家教育数字化政策是一个总体的指导方针，在这个框架下，地方政府根据各自地区的特点和需求，制定出适应当地情况的教育数字化政策。

二、视障学校小学语文教学数字化转型与政策相统一

党的二十大报告强调，坚持以人民为中心发展教育，加快建设高质

量教育体系，推进教育数字化，建设全民终身学习的学习型社会和学习型大国。在当今教育领域，推动教育数字化变革已成为关键议题，技术的融入为教育的高质量发展带来了新的动能。[①]特殊教育在教育事业中扮演着重要的角色，它是构建高质量教育体系不可或缺的组成部分。

2019 年 2 月，中共中央、国务院印发《中国教育现代化 2035》，将加快信息化时代教育变革作为中国教育现代化战略任务的一部分。2021 年 7 月，教育部等六部门发布了《关于推进教育新型基础设施建设构建高质量教育支撑体系的指导意见》，明确提出要推动教育数字转型、智能升级和融合创新，以支持教育的高质量发展。因此，教学数字化转型已成为中国教育事业和特殊教育高质量发展的重要任务。

进入"十四五"时期，特殊教育面临新的挑战和任务。特殊教育学校的融合教育逐渐普及，高质量发展和现代化建设已成为新时代的迫切需求。要使特殊教育的发展与党和国家教育事业的要求相适应，与人民群众的期望相契合，就要建设高质量的特殊教育体系。在新的教育形势和政策推动下，各地政府纷纷制定了本地特殊教育高质量发展规划，详细内容如表 3-1 所示。

表3-1　信息技术推动特殊教育高质量发展省级"十四五"规划文件（部分）

序号	发文字号	省级层面	政策名称
1	冀教基〔2022〕10 号	河北	《河北省"十四五"特殊教育发展提升行动计划实施方案》
2	琼府办〔2022〕45 号	海南	《海南省"十四五"特殊教育发展提升行动计划实施方案》
3	晋政办发〔2022〕96 号	山西	《山西省"十四五"特殊教育发展提升行动实施方案》

---

① 张家华，胡惠芝，杨刚，等.智能技术赋能教育：教育高质量发展的新动能：第二十届教育技术国际论坛综述 [J].现代教育技术，2022，32（3）：5-13.

续　表

序号	发文字号	省级层面	政策名称
4	皖教基〔2022〕8号	安徽	《安徽省"十四五"特殊教育发展提升行动计划》
5	陕教〔2022〕42号	陕西	《陕西省"十四五"特殊教育发展提升行动计划》
…	…	…	…

在这一背景下，视障学校小学语文数字化教学具有重要的政策意义和社会意义。视障学校教学的核心任务之一是通过特制教材和教学方法来弥补视障学生视力的不足，同时最大限度地发挥他们的听觉和其他感官的潜力。信息技术因其直观性、生动性和互动性等特点，成为视障学校语文教学的理想辅助工具。这种技术的应用不仅能够满足视障学生身心发展的需求，还能激发他们的学习兴趣，弥补视力的不足。因此，信息技术在改善特殊教育状况和推动特殊教育数字化发展方面发挥着关键作用。

在中国，视障人群构成了一个较大的弱势群体，其中需要接受教育的人数也较多。这个群体的教育状况不仅关系到国家整体教育形象，还直接影响到国家教育信息化的整体进展。因此，视障人群教育数字化不仅是国家教育数字化战略的重要组成部分，也是成功实施该战略的关键因素之一。

对于视障学生来说，信息技术对他们的帮助比对普通学生的帮助更大。他们更加依赖信息技术提供的直观的信息呈现方式。因此，将信息技术引入视障学生教育不仅是必要的，也是展示信息技术价值的绝佳机会。因此，在视障学校小学语文教学中实行数字化教育，既符合政策要求，也顺应时代发展趋势。这一举措将有助于提高视障学校的教育质量，促进视障学生更好地融入社会，为构建更加包容和多元的教育体系贡献力量。

第二节　数字化教学在视障学校小学语文课堂中的优势体现

视障学生在视障学校面临着独特的学习挑战。他们的接受能力有限，表现为较为简单的思维模式和相对较弱的理解力。在某些情况下，可能因他们学习能力不足，导致传统的教学模式难以实现教学目标。解决这一问题的关键在于将信息技术融入学科课程中，这种整合不仅能够促进教学模式的转变和改革，还能突出视障学校小学语文数字化教学的优势，其优势具体如图 3-1 所示。

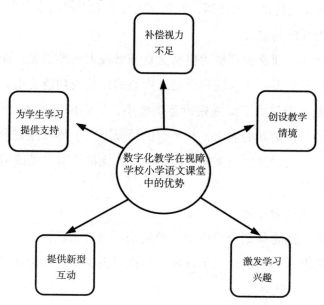

图 3-1　数字化教学在视障学校小学语文课堂中的优势

一、补偿视力不足

（一）关于视力不足的相关规定

1.有关的名词术语

目前，关于视力不足的表述尚未形成共识。国内相关的法律规定中采用的术语各不相同，学术界内部也出现了如"视力障碍""视力残疾"和"视力损伤"等多种不同的称呼。

"视力障碍""视力残疾""视力损伤"等词语在含义上存在细微差别，本书为了避免过分纠结于词语的选择而影响主题的讨论，将这些不同的术语视为指代同一类群体的不同表达。因此，在讨论中，这些术语被视为等价，旨在简化语言的使用，而非深究每个词语的具体含义。

2.视力残疾的定义

视力残疾，通常被理解为包括全盲和低视力两种情况，涉及由各种原因导致的视觉系统或大脑视觉处理中心的结构或功能受损。这种损伤可能会导致双眼视力下降或视野范围缩小，从而影响个体正常的工作、学习或其他日常活动的能力，在严重的情况下，个体可能完全失去视觉功能。简而言之，视力残疾描述的是一个人无法正常看见或清晰识别周围环境的状态。

3.视力残疾的分级

视力残疾通常被划分为两个主要类别：全盲和低视力。遵循国家标准确定的针对视力残疾的分类标准，与世界卫生组织所设立的分类标准对照，如表 3-2 所示。

表3-2　视力残疾对照表

最佳矫正视力值（a）	中国标准		世界卫生组织标准	
	类别	级别	类别	级别
无光感	盲	一级盲	盲	5
0.02>a ≥无光感或视野半径 <5 度				4
0.05>a ≥ 0.02 或视野半径 <10 度		二级盲		3
0.1>a ≥ 0.05	低视力	一级低视力	低视力	2
0.3>a ≥ 0.1		二级低视力		1

4. 视力残疾的分类

因人的视力及视力残疾的程度并非总导致学习障碍，故而基于教育需求的分类方法提出。

（1）盲。这指接受教育时无法或极难依靠视觉。这类人群主要通过听觉、触觉和嗅觉进行学习，因此，盲文和有声读物成为他们学习的必要工具。

（2）低视力。低视力的定义涉及那些即便经过手术、药物治疗或是常规的屈光矫正（如配戴眼镜）之后，其双眼中视力较好的一眼的最佳矫正视力仍低于 0.3 但高于 0.05 的个体。

与完全失明的个体不同，低视力人群能够看见物体，但看不清晰。他们依然可以依赖视觉来感知周围环境，尽管与正常视力人群相比，在获取和处理信息的深度和广度上有所差距，但在感性认识方面与正常视力人群存在较多相似之处。为了保护低视力人群的剩余视觉能力，促进他们更好地参与课堂学习，如看清黑板和进行近距离的阅读或写作，就需要配置适宜的辅助视觉设备、确保有适当的照明条件和创建一个对视力友好的学习环境。

在资源允许的情况下，学校可以安装多功能低视力辅助系统，通过在教室内建立多媒体网络服务终端，为每一名低视力学生配备数字显示器、视频展示台和信号转换器，从而实现教室内所有显示器的网络互联。这样的设施不仅能够让低视力学生清晰地接收教师通过大屏幕分享的视频信号和计算机信号、展示的清晰实物和图片，解决了低视力学生看不清晰的问题，还大幅提升了他们的学习信心和兴趣。此外，低视力学生还可以通过各自的视频展示台，根据个人的视力情况调整放大倍数和屏幕背景，以适应自己的学习需求，实现自主学习。

（3）有限视力。有限视力涉及低于常规水平或以非典型方式使用视觉能力，与正常视力的使用方式不同。[①]

（二）数字化教学补偿视力不足的表现

数字化教学在视障学校小学语文课堂中的应用，为视障学生提供了独特的学习体验，突破了传统教学模式的限制。信息技术的引入改变了语文教学的情境，为视障学生提供了新的感知和理解途径。

播放课文录音是信息技术应用的一个重要方面。视障学生通过听课文录音，能够有效地纠正读音并初步了解课文内容。这种方法在预习、课堂教学和课后复习等不同环节都能发挥作用。课堂上，教师播放的范读录音给视障学生提供了清晰的读音示范，帮助他们更好地理解课文。这种听觉学习方式对于视障学生尤为重要，使他们能够在缺乏视觉信息的情况下，通过听觉感知完整地接受和理解语文知识。

特殊音效的使用在教学中起着突出重难点的作用。教师在课件的制作和播放中通过在关键部分插入特殊音效来引起学生的注意。例如，在《五彩池》的教学中，结合图画和音效的使用可以帮助低视力学生通过视觉接收信息，同时使全盲学生通过听觉聚焦于教师的讲解。这种方法有

---

① 钱志亮.视力残疾儿童心理与教育［M］.大连：辽宁师范大学出版社，2002：8-10.

助于视障学生更加深入地理解课文内容。

合成视频的应用对于直观感知同样至关重要。视障学生无法通过视觉直接体验故事场景，因此在学习小说或记叙文时，他们往往难以理解相关情节。教师播放的合成视频，如描述飞机遇险的纪录片，能够通过音效和对白使视障学生仿佛身临其境，从而增强对课文内容的理解。

信息技术的应用还扩展到了个性化学习体验的提供。教师能够根据每一名视障学生的特定需求调整教学内容和方式，确保每一名视障学生都能以最适合自己的方式学习。此外，信息技术还促进了视障学生之间及师生之间的交流与互动。通过网络论坛、即时消息等方式，视障学生能够在学习语文的同时，提高交流和表达能力。

二、创设教学情境

数字化教学在视障学校小学语文课堂中的运用，为有特殊需要的视障学生提供了一种全新的学习方式。这种教学方法不仅丰富了信息传递的方式，还打破了学习的时空限制，促进了学习方式的全面变革。在视障学校的语文阅读教学中，应用信息技术不应只停留在初步层面，而应探索构建多元化的教学情境，让信息技术更好地服务于视障学生的学习。

音乐的播放在营造良好的教学情境中发挥着重要作用。通过选择与课文内容相符的背景音乐，教师能够帮助视障学生更快地进入课堂氛围，并更好地理解课文内容。例如，在讲解《听潮》这篇散文时，教师通过播放不同风格的音乐，如《命运交响曲》与《小夜曲》，可以帮助视障学生理解课文中涨潮、高潮、落潮的不同感觉，从而使视障学生深入理解作者所描写的内容。

另外，歌曲的应用也是一个有效的教学手段，这样能将课文学习融入轻松活泼的活动中。通过寻找与课文内容相关的歌曲并在适当时候播放，教师能帮助视障学生更好地理解课文内容。如在学习《雨霖铃》时，通过播放改编的歌曲，视障学生能更好地体会宋词的美。在学习《琵琶行》时，让视障学生搜索相关歌曲，能够使他们更轻松地背诵课文，并使学习氛围更加轻松活泼。

自制录音的应用也极大地激发了视障学生学习课文的创新热情。教师可以借助软件自制录音，优化课文分段朗读、配乐朗读、问题设置等环节。在讲授《父母的心》时，教师提前录制好课文的音频，加上适当的背景音乐，在课堂上播放，可以使视障学生听到熟悉的声音，增加学习的代入感。视障学生在听录音的同时，结合课堂上的讲解，能够更深入地理解课文内容。

通过这些方式，教师能够在教学设计的基础上深度选择教育教学材料。音乐、歌曲、真人录音在不同的教学阶段出现，辅助视障学生学习课文，同时辅助教师的讲解。这种层层推进的课堂教学设计，逐步引入的教学资料，能够使教学资源更好地发挥作用，在视障学校小学语文课堂上为学生提供丰富的学习体验。

三、激发学习兴趣

在小学教学领域，面对教学挑战，教师需采用创新手段以适应各式各样的学习需求。这一需求在视障学生中表现得尤为明显。视障学生对于视觉信息的接收能力受限，传统的教学方法往往不能满足他们的特殊需求。在这种背景下，信息技术的应用展现出了较大的价值。通过利用网络资源，教师可以借助声音、触觉辅助设备以及专为视障学生设计的互动软件，将学习内容变得更加可接触和可理解。

例如，对于视障学生而言，单纯依赖书本和黑板的传统授课方式显然无法满足他们的学习需求。使用有声图书和触觉图书等教学工具，可以极大地提高视障学生的学习兴趣和参与度。有声图书能够通过声音传递信息，而触觉图书则允许视障学生通过触摸来理解图形和空间关系，这样的多感官学习方法不仅能够帮助他们更好地理解课程内容，还能激发他们的好奇心和探索欲。

此外，信息技术还能够为视障学生提供个性化的学习体验。通过智能设备和专门设计的学习软件，教师可以根据每一名视障学生的具体情况调整教学内容和节奏，从而确保每一名视障学生都能在自己的学习路径上取得进步。这种个性化的教学方法有助于弥补视障学生在视觉信息处理上的不足，使他们能够和其他学生一样享受学习的乐趣并获得成就感。

在采用信息技术辅助教学的过程中，重要的是确保教学资源的丰富性和多样性。教师应积极探索和利用各种在线资源和教学工具，如电子白板、互动游戏和模拟软件等。这些工具不仅能够提高课堂的互动性和趣味性，还能够帮助视障学生通过非视觉方式深入理解和掌握知识点。

四、提供新型互动

在视障学校小学语文的数字化教学领域，信息技术的迅猛发展带来了革命性的变化，显著提升了教育的可及性和有效性。多元化的学习软件，融合了专业的学科知识与娱乐元素，不仅丰富了学习内容，还增加了学习的趣味性，让视障学生在享受的过程中学习，有效提高了视障学生的学习动力和效率。

数字化的学习软件为视障学生提供了一种全新的学习方式，这种方式通过声音、触觉反馈和特殊设计的交互界面，使得语文学习变得更为直观和互动。例如，有声读物和语音互动软件能够帮助视障学生更好地理解语文材料。同时，触觉图书和通过触摸屏操作的学习应用让视障学生能够通过触觉学习字形和文学作品的结构。

这种学习方式突破了传统教育的局限，促进了师生间的互动交流。在数字化教学环境中，教师能够通过软件实时监控视障学生的学习进度，及时调整教学策略和内容，确保每一名视障学生都能获得个性化的学习支持。此外，互动式学习平台鼓励视障学生提出问题，通过游戏和模拟等互动形式加深他们对知识的理解和记忆，这种主动探索的学习方式有助于他们对知识的长期记忆。

多媒体设备的使用在师生沟通中起到了桥梁的作用，特别是对于理解速度较慢、表达能力受限的视障学生而言，这些设备提供了一个表达疑问和深度思考的平台，使学习过程变得更加互动和愉悦。这种方式可以建立起积极的班级氛围，激励视障学生积极参与课堂活动，从而提升学习的整体效果。

五、为视障学生学习提供支持

在视障学校中，数字化教学对于小学语文课堂的影响是深远的。通过信息技术的运用，语文教师可以为视障学生提供一个更加多元化、现代化的学习环境，这对于视障学生来说尤其重要。在这样的课堂上，视障学生不仅能够接触到丰富的学习材料，而且能以多种方式进行学习，从而更好地理解和吸收课程内容。

制作专题网页是教师可以利用的一个有效手段。通过这种方式，教师能够为视障学生整合大量相关的学习材料，包括文本、图片、音频和视频等，使视障学生能够在课前预习、课上学习和课后复习时更加系统地掌握知识。例如，在讲授关于"叶"的专题时，通过创建包含古代诗歌、现代诗歌、散文等多种素材的专题网页，视障学生可以通过计算机自主探究学习。这种方法不仅提高了视障学生的阅读效率，而且解决了视障学生阅读盲文速度较慢的问题。

多元素结合使用是一个有效的教学策略。通过将音频、视频结合在一起，教师可以围绕课文内容设计多样化的教学活动。这种方法不仅满足了视障学生的特殊需求，还优化了教学环节的设计，提升了视障学生在课堂上的参与度和学习效果。例如，在教授"口语交际——应聘技巧"时，教师可以通过多种信息技术手段，如网页、文本、录音和视频，来优化教学设计，从而帮助视障学生提升口语交际能力。

智能手机的普及为数字化教学提供了新的可能。视障学生可以利用手机扫描课本上的二维码来获取与课文相关的材料，并通过阅读软件进行学习。这种方法不仅提高了视障学生的阅读效率，也提高了学习的便捷性。此外，教师还可以尝试开发小程序，将练习题等内容编入，通过手机做题的方式来丰富视障学生的练习内容，帮助他们更好地掌握学习材料。

信息技术与直观教具的结合使用也非常重要。在某些情况下，直观教具比单纯的信息技术更加有效。例如，在讲授《故都的秋》这篇课文时，教师可以制作与课文内容相对应的盲文和大字表格，让视障学生在课堂上填写。这种方法不仅帮助视障学生更快地理解课文内容，而且促进他们对文本深层意义的理解。

信息技术在视障学校的语文教学中展现了从简单应用向复合应用的显著转变。这种进步不仅为教师提供了强大的教学支持，也极大地促进了视障学生的主动探索和学习。通过利用多样化的信息技术工具，视障学生得以接触到更广泛的学习资源和媒介，这使得他们在知识掌握上更为高效和全面。

此外，信息技术的运用可以有效激发视障学生对学习的兴趣和动力，同时能够增加他们接触信息的频率。这不限于视觉上的刺激，还包括对其他感官的刺激，最大限度地利用视障学生的残余视觉能力以及其他感官功能，从而激发视障学生深层次的学习潜能。在这个过程中，信息技术的应用为学科教学注入了新的活力，其互动性特质为师生之间提供了即时的信息反馈渠道，提升了双向交流的可能性。

信息技术在视障教育中的应用，不仅显著提高了教学质量，也为视障学生的学习打开了新窗口，使他们能够以更高的效率和更广的视角探索知识世界。这种技术的综合运用，让视障学生在自我学习的过程中发展了解决问题的能力，提升了他们对复杂信息的处理能力，以及适应多样化学习环境的能力。

进一步来说，信息技术的融入，为视障学生提供了一个更加平等的学习平台，使得他们在学习过程中的差距有效缩小。这不仅体现在学习资源的获取上，还体现在学习方式和路径的个性化选择上。随着信息技术的不断进步和应用，视障学生的学习环境和学习方式将变得更加灵活多变，教育的个性化和定制化服务也将成为可能。

可以肯定的是，信息技术在视障教育中的应用，不仅为视障学生提供了更加丰富和多元的学习资源，也极大地提升了他们的自我学习能力和适应能力，这对于他们的长期发展具有深远的意义。①

第三节　视障学校小学语文教学改革新要求与教学现实状况

随着生产力的持续发展和科技的不断进步，传统的教育模式已不再适应当下的发展需求。因此，教育界采取了一系列的改革措施以适应这种变化。对视障学校来说，这既是一个挑战也是一个机遇。当前视障学校语文教学实践向数字化教学模式转变成为教学跟上时代发展步伐的必然选择。本节内容详细阐述了这一过程，如表3-3所示。

表3-3　视障学校小学语文数字化教学适应新课改的具体表现

表现方面	关键点
教学改革新要求	《义务教育课程方案和课程标准（2022年版）》发布的新课程方案和课程标准聚焦提升素养、优化课程内容、加强实践教学，重视课程设置与结构优化、学业质量标准，强化学科实践，以因材施教为改革核心

① 郭戈.信息技术与视障教学整合的探索［J］.中国特殊教育，2003（4）：32-36.

续　表

表现方面	关键点
视障学校小学语文教学现实状况	教学方式单一乏味，依赖口头讲解和记忆式学习，视障学生参与度不高，缺乏互动和体验式学习活动，学习兴趣和效果受限，需创新教学策略和实施个性化教学
视障学校小学语文教学数字化转型与新课改相契合	新课改强调全面推进素质教育，数字化教学为视障学校提供丰富的学习体验；课程目标创新、结构优化、内容多元化、实施现代化、评价多样化、管理信息化；信息技术应用于教学，支持视障学生多元需求，促进视障学生全面素质和综合能力培养

一、教学改革新要求

2022 年 4 月，中华人民共和国教育部正式发布了《义务教育课程方案和课程标准（2022 年版）》（以下分别简称"新课程方案"和"新课标"）。修订版的方案和标准在课程结构、学业质量评价标准等关键领域进行了调整，为义务教育的课程和教学改革设定了新的目标和方向，同时提出了深化课程与教学改革的新任务。[①]

修订课程方案和课程标准的原因在于新时代对基础教育发展提出的更高要求，特别是在义务教育阶段的改革与发展方面。这些新要求促使义务教育阶段的课程和教学进行更新，使得经过修订的课程方案和课程标准更加突出改革的属性。《义务教育课程方案和课程标准（2022 年版）》基于全球教育改革的最新动态，规划了中国未来十年甚至更久的义务教育育人蓝图。[②]此次改革着重于实施以提高素养为导向的教学方法、优化课程内容的结构安排，以及增加实践性教学的比重。要理解和掌握新的

---

① 张乐天.义务教育阶段深化课程与教学改革的新指向：2022 年版义务教育课程方案和课程标准解读［J］.教育视界，2022（19）：5-8.
② 张乐天.义务教育阶段深化课程与教学改革的新指向：2022 年版义务教育课程方案和课程标准解读［J］.教育视界，2022（19）：5-8.

课程方案与课程标准，就要对深化课程与教学改革的中心任务进行明确和深入的理解。

（一）明确强调坚持以提高素养为导向

遵循新课程方案和新课标的目标，对于课程改革而言，坚持以提高素养为导向具有极其重要的意义。此改革的核心在于优化育人方式，以育人为本的原则是课程与教学改革的基石。改革的目的在于培养适应新时代发展的人才，这就要求对课程和教学方法进行深入改革。新课程方案优化了培养目标设定，新课标则明确了各学科应培养的核心素养，让学生在学习过程中形成正确的价值观念、必要的品质和关键的技能。以道德与法治课程为例，该课程重点在于培养学生的政治认同、道德素质、法治意识、健全人格以及责任感。这些针对不同学科核心素养的明确要求体现了新课标的新特性。坚持以提高素养为导向不仅旨在解决学校教育中存在的应试教育问题，而且致力培育具备民族情感和国际视野的新一代青年。新一代青年应当兼具道德、智慧和能力，同时具备强烈的社会责任感、探索精神和创新能力。因此，坚持以提高素养为导向的做法涉及把立德树人定位为学校教育的优先任务，以保障这一核心目标在学校教育和教学活动中得到充分体现与执行。

（二）确保课程设置与课程结构优化

新课程方案与新课标把课程的结构性改革定位为改革的核心内容和主要任务，涵盖课程设置与课程结构调整。

课程设置方面的改革主要包括将小学阶段的品德与生活、品德与社会课程，以及初中阶段的思想品德课程合并为统一的道德与法治课程，实现了从小学到初中的九年一贯化设计。艺术教育的课程设置经过调整，一至七年级以音乐和美术为核心，同时融合舞蹈、戏剧、影视等元素，而八至九年级则提供了分项选择，确保了课程内容根据学生年龄和学习阶段的需要进行整合或分设，并注重不同学段之间的顺畅过渡。此外，科学与综合实践活动课程的起始年级提前,劳动和信息科技课程从综合实践活动中独立设置,提高了它们在课程体系中的独立性和重要性。[①]

课程结构调整方面的改革要依据核心素养的需求,仔细筛选和规划课程内容,包括关键的概念、主题、基本知识以及技能等,并且改善课程的组织方式。同时,对于跨学科的主题内容,要实现不同学科之间的有效整合与协调,保证各学科依据自身特点和教育价值共同促进育人目标的实现。此外,组织跨学科主题的学习活动,可以强化学科间的连接,推动课程实施的综合化,并促进实践学习。

课程设置和课程结构调整的改革,代表了新课程方案和新课标的突出特点,提出了深化课程与教学改革的新任务和新方向,目的是更有效地满足教育发展的需求,促使学生实现全面且均衡的发展。

(三)按学业质量标准进行课程教学

新课标的一项关键创新在于建立了学业质量标准。建立在核心素养发展水平之上的标准,结合了课程内容,向不同教育阶段的学生明确了学业成就的基本要求,为教师精确掌握教学的范围与深度,以及有效进行考试评估等活动提供了清晰的指导。为不同教育阶段的学科设定学业质量标准,不仅展现了新课标的创新特点,也带来了深化课程与教学改革的新挑战。对于义务教育阶段的教师而言,实施新课标意味着他们必须深入理解各学科及其对应学段的学业质量标准,并以这些标准为基础来进行课前准备、教学实施和学业评价。

教师需要认识到学业质量标准不仅体现知识或智力的发展,而且综合体现学科核心素养,旨在培养学生品格、科学知识和关键能力的全面发展。基于学业质量标准的教学不仅要求教师转向以学生为中心的教学模式,还要求教师培养学生对学业质量标准清晰认知,激励他们自主学

---

① 张乐天.义务教育阶段深化课程与教学改革的新指向:2022年版义务教育课程方案和课程标准解读[J].教育视界,2022(19):5-8.

习、探究和成长，从而有效提升学业成绩。①这种教学方法鼓励学生的自我发展，确保教育过程不仅传授知识，而且促进学生品格、能力和智力的全面成长。

（四）加强学科实践，促进综合学习的发展

新课程方案和新课标着重强调了学科实践的核心地位与综合学习的发展，这一点预示着课程与教学改革向更深层次发展的重要方向。加强学科实践，不仅增强了劳动教育在义务教育全阶段的影响力，还确保了学生在德育、智育、体育、美育和劳动教育等多个方面的均衡成长，进一步强调了将理论知识学习与学生个人经验、日常生活以及社会实际操作紧密联系的重要性。这种方法要求在课堂教学中广泛运用真实的生活场景，促使学生通过接触生动的实践体验来提升运用所学知识解决实际问题的技能。

综合学习的发展旨在激励学生全面掌握学习目标，力图突破传统教学模式，打破过分强调知识积累和智力发展的局限。在义务教育的各个阶段，积极开展以主题和项目为核心的综合学习格外关键。主题式教学通过围绕一个核心主题来构建既需要合作又充满挑战的学习环境，跨越了传统的学科边界，整合了跨学科的教学资源，让学生能够在多个领域内探究与主题紧密相关的知识。项目式学习则鼓励学生在教师的引导下，自行搜集资料、制订计划、执行项目并进行评价，旨在全面提升学生的综合素质。

综合学习与学科实践加强的策略彼此互补，它们共同的目标是深化教育内容与学生日常生活的联系，推进知识的综合运用，以促进学生的全方位成长。这种教学改革不仅为学生提供了一个更为丰富、动态的学习环境，而且有助于培养学生面对未来社会的适应能力和创新能力。

---

① 张乐天. 义务教育阶段深化课程与教学改革的新指向：2022 年版义务教育课程方案和课程标准解读 [J]. 教育视界，2022（19）：5-8.

（五）更有效地实施因材施教的策略

因材施教作为教育过程的基石和关键策略，在新课程方案和新课标中被赋予了更新的指导意义。这种更新的指导意义主要在两个关键方面得到体现。

一方面，建立一个以学生为核心的教育环境，确立学生在教学活动中的核心角色。个性化指导的本质意味着要根据学生各自的能力、性格、兴趣和特性来制订教育计划。因此，要实施个性化指导，关键在于创建一个环境，其中学生的天赋、性格、兴趣和特性可以得到充分体现。缺乏这样的环境，因材施教就无从谈起。这要求教师鼓励学生进行自主学习，促进学生独立探索和学习。

另一方面，个性化指导还涉及实施差异化和层次化教学，提供多样化的选修课程以适应不同学生的需求。此外，个性化指导还包括利用新兴技术的潜力，通过在线与离线资源的有效整合，推动学生的个性化学习进程。

二、视障学校小学语文教学现实状况

语文课程在小学阶段的教育中占据核心地位，尤其对视障学生而言，其重要性不言而喻。语文不仅是日常学习和生活中不可或缺的一部分，而且对其他学科的掌握也起到了重要的作用。随着新课程改革的深入，语文教育面临着转型的需要，如此才能更好地适应教育理念的更新，解决存在的问题，采用更有效的教学方法，促进视障学生个人素养的全面发展。

视障学校的小学语文教学面临的挑战尤为明显。教学改革旨在改变传统的教学模式，提高教学质量，但实践中仍存在不少障碍。教学方式的单一和乏味，过分强调学习成绩而忽略教学内容的丰富性和吸引力，导致视障学生在课堂上难以发挥主动性，学习兴趣和参与度不高。

首先，教学方式的单一和乏味。在视障学校，教师往往依赖于口头讲解和记忆式学习，缺乏创新的教学策略和手段来激发视障学生的兴趣。

在这种情况下，视障学生被动接受知识，难以进行有效的思维训练和能力培养。

其次，视障学生的参与度和积极性不高也是一个重要问题。由于缺乏适合视障学生的互动式和体验式学习活动，视障学生在课堂上往往处于被动学习的状态。即便教师尝试进行教学改革，但由于缺乏有效的策略和方法，改革往往难以达到预期效果，使得视障学生的思维能力和创造力发展受限。

最后，视障学生兴趣不足，学习效果有限也是视障学校小学语文教学面临的问题之一。由于缺乏针对视障学生设计的有趣的教学内容和活动，视障学生很难从学习中获得乐趣和满足感，这直接影响了他们的学习动力和效果。

为应对这些挑战，视障学校的小学语文教学需要采取一系列创新措施。这包括但不限于以下方面：开发和利用适合视障学生的教学资源，如有声图书、触觉资料等；设计互动式和体验式学习活动，提高视障学生的参与度和兴趣；加强师生之间的互动，鼓励视障学生表达自己的想法，从而促进他们的思维活动；采用个性化教学策略，根据视障学生的具体需要调整教学方法和内容。

三、视障学校小学语文教学数字化转型与新课改相契合

在新一轮基础教育课程改革（新课改）的背景下，结合特殊教育信息化的发展要求，探讨视障学校小学语文教学的数字化转型是当今教育改革的重要组成部分。新课改强调的是全面推进素质教育，其核心涵盖课程目标、结构、内容、实施、评价和管理的全面改革。对于视障学校而言，这意味着其在教学模式、教学内容及评价方式等方面要与时俱进，积极融入信息技术，为视障学生提供更加丰富、多元的学习体验。

以下是视障学校小学语文教学的数字化转型与新课改理念相契合的关键点。

（1）课程目标的创新。在新课改的引领之下，针对视障学生的语文教学需要进行根本性的转型，从以往的知识传递转向更为重视视障学生综合素养的培养。这种转型不仅仅是教学内容和方法的更新，更是对教育理念的深刻变革。具体而言，在教学过程中应当充分运用数字化资源和技术，全面提升视障学生的语言运用能力，包括但不限于口头和书面表达。同时，教学设计应当激发视障学生批判性思考，培养他们独立分析和解决问题的能力。此外，创造性思考能力的培养也不可忽视。各种数字化教学工具和平台可以鼓励视障学生发挥想象力，探索语文学习的新领域。这样的教学改革旨在为视障学生打造一个全面发展的学习环境，不仅仅让他们掌握语文知识，更重要的是将他们培育成为具有创新能力和批判性思维的个体。

（2）课程结构的优化。通过融合多样的数字资源，教学内容得以丰富多彩，语文学科的学习范畴得到了拓展，不再局限于传统的阅读与写作。这种教学模式引入了多媒体的内容解析，如视频讲解、音频资源等，以及在线互动式学习平台，使得视障学生可以通过更为直观和互动的方式参与学习过程。对于视障学生而言，这种教学模式的转变尤为重要，这为他们提供了更多元化的学习手段。例如，音频资源可以帮助他们更好地理解课文内容，而在线互动式学习平台则让他们能够在教师的引导下，与同学进行讨论和交流，从而深化理解并提高学习兴趣。这样的课程设计旨在打破传统教学模式的限制，通过技术手段满足视障学生不同的学习需求，促进他们全面而平衡发展。

（3）课程内容的多元化与个性化。结合视障学生的独特需求，信息技术的应用在教学中扮演了关键角色，为他们带来了更加多样化且与实际生活紧密联系的学习资源。例如，音频资源可以为视障学生提供课文朗读、讲解等听觉体验，这不仅丰富了他们的学习内容，还增强了学习的趣味性和实用性。又如，触觉辅助工具，如盲文图书和触觉图形，可以使视障学生通过触摸就能感知和理解语文课程中的字符和图像。这种直观的感知方式对于视障学生掌握语文知识至关重要。这些创新的教学手段通过提供更为直接和生动的学习体验，有效地帮助视障学生克服学习过程中的障碍，使他们能够更深入地理解语文知识，从而促进他们全面而均衡发展。此外，这种教学方法的采用也体现了教育的个性化和人性化，确保每一名视障学生都能在适合自己的方式中学习和成长。

（4）课程实施的现代化。在教学活动中，信息技术的应用显著提升了教学质量和学习体验。举例来说，通过引入语音识别和屏幕阅读软件等先进技术，教师能够为视障学生创造更加包容和可访问的学习环境。这些技术使得课堂内容对视障学生来说变得更加易于接触和理解，为他们提供了平等参与课堂学习的机会。语音识别软件允许视障学生口述作答和参与互动，而屏幕阅读软件则能将电子文本转换为有声读物，这样视障学生就能通过听觉来接收和处理信息，从而有效地参与到学习过程中。

此外，这些技术的应用还促进了视障学生的自主学习能力提升。利用这些技术，视障学生可以在课堂之外独立探索知识，扩展学习内容，实现自我教育。这不仅增强了他们的学习动力，也提高了他们的学习效率，使得视障学生能够根据自己的节奏和兴趣进行学习，进一步培养了他们的自主学习能力和问题解决能力。

（5）课程评价的多样化。通过采用数字化工具，教育评价体系得以扩展，实现了对视障学生能力的全面化和多元化评价。这种评价方式超越了传统的学业成绩单一评定模式，包含了对视障学生参与课堂和课外活动的积极性、创新思维的展现以及在团队协作中的表现等多维度的考量。数字化工具的运用使得教师能够更精准地捕捉到视障学生在学习过程中的互动与贡献。例如，教师通过在线平台记录和分析视障学生的课堂参与情况，评估他们对新知识的吸收和应用能力。

此外，创新能力的评估通过视障学生在项目学习、问题解决等任务中的表现来进行。数字化工具提供了记录和展示这些活动成果的平台。

合作精神的评估则通过团队项目、小组讨论等互动形式进行，其中团队成员之间的沟通和协作过程可通过数字化手段进行追踪和记录，从而为评估提供了丰富的数据支持。

（6）课程管理的信息化。通过创建专门的特殊教育资源库和信息管理系统，教学资源的组织和管理变得更为有序和高效。这种系统化的做法使得教学资源易于访问和应用，为视障学校提供了一个强大的支持系统。这样的资源库不仅包括教材、教学视频、音频资料等，还涵盖了针对视障学生设计的特殊工具和辅助设备，确保教学内容既丰富又具有可访问性。

信息管理系统的引入，进一步优化了教学活动的计划和执行过程，使得学校能够根据视障学生的学习进度、兴趣和特殊需求，灵活调整教学策略和资源分配。例如，通过分析视障学生的学习数据，教师可以识别出视障学生的强项和需要加强的部分，从而提供更加个性化的教学支持。

此外，信息管理系统还支持教学资源的动态更新和优化，确保教学内容与最新的教育理念和技术进步保持同步。这种动态的资源管理机制，不仅提高了教学资源的利用效率，还促进了教学方法的创新和改进。

由此可知，视障学校小学语文的数字化转型与新课改的理念是相契合的。通过引入信息技术和数字化教育，视障学校可以更好地满足视障学生的多元化需求，培养他们的全面素质和综合能力，使他们更好地适应信息化社会的要求。因此，将信息技术引入视障学校小学语文教学不仅是新课改背景下的必经之路，也为特殊教育的发展和进步提供了有力支持。这将为视障学生提供更多机会，培养他们的技能，增强他们的自信心，使他们更好地融入社会，充分激发自身潜力。

第四章　视障学校小学语文教学数字化转型的理论基础

第一节　布鲁纳发现学习理论

美国教育心理学家杰罗姆·布鲁纳（Jerome Bruner）提出的发现学习理论，突出了内在动机、直觉思维、信息提取及学习过程的重要性。这一理论鼓励人们在学习过程中积极地关联已掌握的知识，以构建知识体系，并强调激发内在动机以提高学习兴趣，同时注重对直觉思维的培养，并学习如何提取有效信息以提高阅读、写作技巧。[①] 这些观点为视障学校小学语文教学数字化转型提供了理论指导。本书以视障学校小学语文教学的数字化转型需求为出发点，深入分析布鲁纳发现学习理论在该领域的应用价值，并对该理论中的关键内容进行详细梳理，具体如图4-1所示。

---

① 杨朔.基于布鲁纳发现学习理论探究初中语文写作教学的改进策略［D］.济南：济南大学，2021.

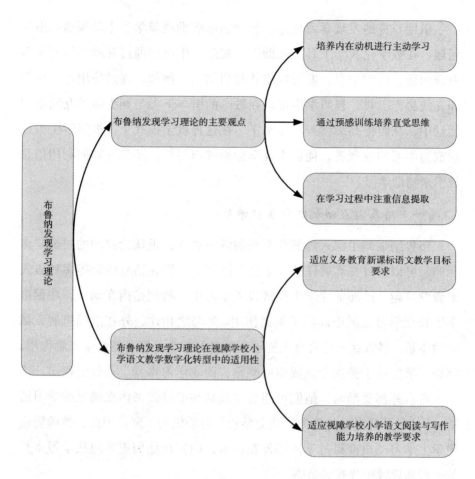

图 4-1　布鲁纳发现学习理论在视障学校小学语文教学数字化转型中的适用性概括

一、布鲁纳发现学习理论的主要观点

在视障学校的数字化教学环境中，教师的角色转变为指导者和协助者，他们引导视障学生通过学习科目的框架和基本原理来深化理解。通过运用数字化教学工具，如有声读物、触觉图书和屏幕阅读软件，教师可以帮助视障学生更好地组织信息，激发视障学生联想和想象能力。这些工具使视障学生能够将有用的素材运用于阅读与写作，提高他们的相关技能。

借助布鲁纳发现学习理论，教师能够鼓励视障学生主动探索和解决问题。在数字化教学工具的辅助下，视障学生可以通过互动式学习平台发现问题、搜索信息、发现规律并得出结论。例如，通过使用电子白板和在线协作工具，视障学生可以在教师的引导下参与到更多的互动学习活动中，从而提高阅读与写作水平。在这种教学模式下，视障学生被鼓励成为学习的发现者，他们不仅学会阅读与写作，还学会如何利用信息技术来辅助学习。

（一）培养内在动机进行主动学习

布鲁纳强调了深入理解儿童兴趣的重要性，他认为兴趣的根源是多元的，可以通过提高胜任感、丰富实际体验、增强情感体验等多种方式来激发兴趣，进而促使学生积极投入学习中。特别是内在动机，在促进学生长期学习发展中起到了关键作用。[①]与之相比，外在激励机制，如奖励体系，尽管在一定程度上能够影响学习行为，但可能会带来副作用。例如，学生过于关注考试成绩或奖励，而非学习本身。布鲁纳指出，当学生追求外部奖励时，他们可能会忽视那些能够带来内在满足的学习活动。[②]这种外部激励的消失往往会导致学习动机的下降。因此，教师需避免学生学习动机变得过于依赖外在因素，而应让他们更多地从学习本身的过程和理解中寻找满足感。

布鲁纳提倡，激发学生学习动机应基于唤醒学生对学习内容的兴趣，确保学习动机的展现既广泛又多样化。[③]为此，他建议采取几种策略以促进学生的主动认知学习和内在动机激发。

---

① 杨朔.基于布鲁纳发现学习理论探究初中语文写作教学的改进策略 [D].济南：济南大学，2021.

② 布鲁纳.布鲁纳教育论著选 [M].邵瑞珍，张渭城，王承绪，等译.2 版.北京：人民教育出版社，2018：330.

③ 奥尔森.杰罗姆·布鲁纳 [M].袁锡江，李慧明，译.哈尔滨：黑龙江教育出版社，2017：51.

（1）选择恰当的学习材料和激发学生内部的驱动力以促使学生主动学习。布鲁纳提到，教材的设计应挑战高成就学生，同时不应让其他学生感到挫败。[①]他鼓励所有学生对学习内容产生兴趣，进而激发内在动机。这种教学策略旨在让成绩优异的学生追求更高目标，同时激励成绩普通的学生提升自信心和兴趣，以便更好地学习。布鲁纳在《论教学的若干原则》中强调，教师需密切关注学生的心理状态和学习动力，指出学生内在的自我激励因素，如好奇心、胜任感和求知欲，这些比奖励和竞争等外部激励更为关键，因为内在动机能够支持学生持续更长时间的学习且带来更好的学习效果。[②]

为了充分发挥学生的内在动机，教师应积极发掘和利用学生因个人需求而产生的动机，通过设置明确的目标和方向，激活这些动机，并维持其稳定性。在准备适当的学习资料的基础上，教师应指导学生在阅读和写作学习过程中展现更主动的态度，让学生依靠自身的能力进行学习、收集材料，开展阅读与写作活动，从而在成功中获得激励。这在视障学校小学语文数字化教学中主要表现为教师利用数字化工具，如有声读物、触觉图书和屏幕阅读软件等，为视障学生提供更丰富的学习材料。这些材料不仅增强了视障学生对学习内容的理解，还激发了他们的内在动机。例如，有声图书可以让视障学生在阅读时感受到语言的韵律和情感，从而激发他们对文字的兴趣和想象。

（2）学习实践活动应以学生的实际经验为基础。在《布鲁纳导论：给早期儿童教育工作者和学习者的指南》中，桑德拉·斯米特（Sandra Smidt）强调了实践经验在学习过程中的不可或缺性，提出成年人能够通

---

① 布鲁纳.布鲁纳教育论著选［M］.邵瑞珍，张渭城，王承绪，等译.2版.北京：人民教育出版社，2018：67.

② 布鲁纳.布鲁纳教育论著选［M］.邵瑞珍，张渭城，王承绪，等译.2版.北京：人民教育出版社，2018：420.

过提供支持和框架来促进儿童的学习发展。①因此，将学生的日常经验融入学习活动成为一种重要的教学方法。讲故事、阅读以及鼓励学生分享个人经历的方式，可以使学生将学习体验与日常生活紧密联系起来。这种方法不仅让学生理解学习内容与生活的紧密联系，而且使他们能够更加轻松地投入学习过程。

教师所设计的学习活动需要对学生具有深刻的意义，并且与学生的兴趣紧密联系，以确保这些实践活动能够激发学生的学习动力。通过了解学生的兴趣和日常生活情况，教师可以精心策划相关的实践活动，使学生在参与过程中既能感受到学习的乐趣，又能自然而然地将学习内容与实际生活联系起来。

此方法同样适用于阅读与写作教学。将阅读、写作与生活紧密联系，可以极大地丰富学生的素材，让学生找到阅读与写作的灵感，从而克服对阅读与写作的畏惧感，逐步培养出对阅读与写作的热爱之情。通过这种方式，学生不仅能够在写作过程中表达个人的生活体验和情感，还能通过写作探索和理解周围的世界，进一步加深对生活的感悟和认知。在数字化教学环境中，教师可以通过创设虚拟现实或增强现实的学习场景，让学生在模拟环境中体验日常生活。例如，在虚拟现实技术模拟的市场购物场景中，学生可以学习与日常生活密切相关的语言用法。这种教学方法不仅让学生感受到学习与生活的紧密联系，还使他们更容易投入学习中。

（3）利用情感体验激发学生的阅读与写作动力。在《布鲁纳导论：给早期儿童教育工作者和学习者的指南》中，斯米特强调了情感体验在激发学生学习动力方面的重要性，指出学习过程是深植于文化背景之中

---

① 斯米特.布鲁纳导论：给早期儿童教育工作者和学习者的指南 [M].张永英，译.南京：南京师范大学出版社，2020：79-80.

的，而对符号系统的掌握需求构成了学习的主要驱动力。^①教育的任务是引导学生掌握如何利用各种工具为所学内容赋予意义并构建理解，从而适应不断变化的外部环境。为此，教师可以设计一系列的活动，让学生亲身体验和探索不同的事物，通过触觉、听觉、味觉和嗅觉，来丰富他们的学习体验。学生被鼓励运用他们的记忆力参与到活动中，将感受到的内容通过表演展现出来，通过扮演不同角色，探索不同情境下可能发生的事件。

这种方法允许学生将亲身经历和感受转化为具体的阅读与写作内容，从而在写作中更准确地描述和表达自己的观点和感受。通过这种深度的情感投入，学生的阅读与写作兴趣得以显著提升，因为他们不仅是在叙述事件，而且是在通过文字重现自己的体验和感悟。这种写作过程让学生能够更深刻地理解和表达自己对周围世界的看法，同时使写作成为一种探索和表达自我、理解世界的有力工具。在数字化教学中，教师可以通过多媒体呈现、互动式学习等方式，增强学生的感官体验。例如，教师可以使用音频、视频和图像材料来创设丰富多彩的学习背景，激发学生的情感和想象，从而促进他们在阅读与写作中尽可能多发挥创造力。

在视障学校小学语文教学的数字化转型中，布鲁纳发现学习理论具有较大的应用价值。数字化教学不仅为视障学生提供了更多样化的学习资源，也使得教学更加个性化。通过运用数字化辅助教学工具，教师可以更好地满足视障学生的学习需求，激发他们的学习兴趣，并促进他们在阅读与写作等方面技能的提升。

（二）通过预感训练培养直觉思维

布鲁纳阐述了直觉的概念，将其定义为一种直接的了解或认知过程，这一过程不依赖于显式的分析技巧，而使人能够直接把握问题或情境的

---

① 斯米特.布鲁纳导论：给早期儿童教育工作者和学习者的指南 [M].张永英，译.南京：南京师范大学出版社，2020：100.

意义、重要性和结构。①直觉思维的特点包括激活状态、自信、能够形成视觉化表象、往往难以解释、缺乏明确的步骤、能够实现对信息的部分理解。这种思维方式通常基于对某一知识领域及其结构的熟悉，从而使思考者能够实现思维上的跃进、跨越和采用捷径。②

直觉思维与发散思维有所不同，直觉思维更侧重于利用预感，预感是一种直觉感受，它基于灵感，能够对未来事件做出预知；而发散思维则是一种思考过程中的扩散状态，能够从一个点出发向多个方向扩展。对预感的培养和对发散思维的训练对于发展直觉思维能力极为有益。

布鲁纳还强调了直觉思维与分析思维之间的互补性，指出在某些情况下直觉思维是不可或缺的。两种思维方式的结合能够丰富学习和认知过程，使个体在面对复杂问题和情境时能够更加灵活和高效地进行思考。

斯米特在《布鲁纳导论：给早期儿童教育工作者和学习者的指南》中强调了创设情境的重要性。③教师与学生共同沉浸在特定的环境中，教师通过描述具有复杂情节的故事，促使学生在脑海中构建当前及未来可能发生的事件和场景的想象。如布鲁纳所述，采取此种做法旨在唤起学生的想象力与发散思维，从而促进其直觉思维的发展。在学生的学习活动中，教师的任务是鼓励学生运用个性化的方式来理解和解决问题，掌握学生当前的知识水平，以此为基础提供更多探索与深入理解的机遇。这对于学生直觉思维的培育是极为重要的。教师可以采取多种方式来丰富学生的学习经验，包括在课堂上介绍新概念、新知识和新体验，在课外组织参观活动，让学生探索新环境，或邀请艺术家等进校园与学生互

---

① 布鲁纳.布鲁纳教育论著选［M］.邵瑞珍，张渭城，王承绪，等译.2版.北京：人民教育出版社，2018：336.

② 布鲁纳.布鲁纳教育论著选［M］.邵瑞珍，张渭城，王承绪，等译.2版.北京：人民教育出版社，2018：59-60.

③ 斯米特.布鲁纳导论：给早期儿童教育工作者和学习者的指南［M］.张永英，译.南京：南京师范大学出版社，2020：135.

动，通过讲述真实或虚构的故事来拓宽学生的视野。

总体而言，教师要引导学生探索未知，鼓励他们尝试和体验新事物，正如斯米特所强调的，关键在于激励学生探索自己能做什么。

学生的直觉思维培养是通过对结构的深刻理解和预感训练来实现的。这一过程基于学生对已知知识领域及其结构的熟悉度，使学生在写作时能够更快地构思主题，轻松确定写作框架和素材。预感训练不只提升了学生的写作技巧，还是激发学生创新思维的重要步骤，鼓励学生通过实践来训练直觉思维。在阅读教学方面，一部分学生可能依据个人的直接体验准确理解题目含义，表现出创造力，另一部分学生可能需要更具体的引导来掌握阅读的方法和技巧。这种不同导致教师在教学中不能简单采用单一教学策略。培养直觉思维是一个漫长的过程，不仅仅依赖于教师的努力，也不是所有学生都能通过训练掌握该技能。为了促进学生的直觉思维发展，教师应在日常教学中避免过多强调固定的思维模式，要鼓励学生在生活中主动运用直觉思维思考，逐步探索和发现直觉思维的潜力。同时，数字化教学资源的使用也能解决这一问题，如选择"一生一师"的个性化教学方案。

除了教师的引导外，学生自身也应该努力加强对写作基础知识的掌握，并通过观察生活、积累情感体验来丰富自己的直觉思维。培养直觉思维，保持自信和勇气是极其重要的。在遇到挑战时持之以恒，敢于探索，并保有坚定的信仰，从挫折中学习，借助持续的预感训练，学生能够逐渐掌握直觉思维的核心要素。

（三）在学习过程中注重信息提取

在《杰罗姆·布鲁纳》一书中，大卫·R.奥尔森（David R. Olson）强调了教育目标的重要性，即促使学生积极参与学科学习过程，探索并重新发现该学科的基本理念，以及理解带来的激动人心的感受。这种教学方法鼓励学生主动探索学科的基本规律和特征，在教学中较为常见。

学习的行为包括获取知识、转换知识、评估知识三个方面。新知识可能与以往的知识相矛盾，也可能成为旧知识的替代品，一种对过去知识的重新提炼。因此，教师的任务是引导学生积极探索学习，通过同化和顺应，将新知识融入已有的知识体系中，适应新的学习任务。这样，学生在遇到问题时，可以及时地将这些知识转换和应用，解决实际问题，并思考这些转换后的知识是否适合新的学习任务。[①]

布鲁纳提出的学科基本结构教学理念，对于视障学校小学语文教学尤其重要。[②]为了使视障学生的有限接受能力得到充分发挥并在未来变得更有价值，教师需要重点关注教授每门学科的核心元素和框架。这种教学方法不仅涉及教材内容的优化，还涵盖如何将这些内容有效传授给视障学生。

视障学生理解学科基本结构是其运用知识的基础，这有助于他们在课堂外解决问题，也为他们今后的学习打下坚实基础。因此，在视障学校小学语文教学中，数字化转型显得尤为重要。数字化教学工具，如有声读物、触觉学习材料和语音互动软件，可以帮助视障学生更好地理解和吸收语文知识。通过这些工具，教师能够将教材内容以适合视障学生学习的形式提供给他们，使他们能够通过听觉和触觉等感官体验来学习语文知识。

在教学过程中，教师应整合课程内容，确保知识点讲解围绕学科的基本结构展开。数字化教学工具可以使学科的核心概念、原理和内容变得更加直观和易于理解。此外，教师还应鼓励视障学生通过多样化的感官体验来加深对语文知识的理解，如通过听觉体验故事的情节和语言的韵律，通过触觉感受文字的形状。

① 杨朔.基于布鲁纳发现学习理论探究初中语文写作教学的改进策略［D］.济南：济南大学，2021.

② 布鲁纳.布鲁纳教育论著选［M］.邵瑞珍，张渭城，王承绪，等译.2版.北京：人民教育出版社，2018：41—42.

此外，教师还应该鼓励视障学生运用他们的直觉思维和想象力，以促进他们对语文知识的深入理解。例如，在讲述故事时，教师可以引导视障学生运用听觉构建故事场景，激发想象力，从而加深对语言和文学的理解。

教育的要旨是促进学生参与到知识的构建中，领会知识结构及其内在的普遍联系，而不是局限于对零散体验、单一事项或知识点的理解。据此，学生得以从文本中抽取并运用关键信息。教师的角色在于协助学生反思其所采取的行动，并提供必要的资源以推动学生的学习进程。

在《教育的适合性》一书中，布鲁纳就如何引导学生有效使用材料提供了若干建议，这对视障学生来说格外重要。首先，是态度方面，强调学生应主动利用思维来解决问题，如通过已掌握的信息进行推理，或将表面上不相关的材料联系起来。其次，是一致性方面，即教师要帮助学生将学习的内容与个人的连接、区分、分类体系和参考框架结合，确保使用信息与已有知识保持一致。再次，是促进学生的积极参与，让他们运用自己的能力来解决问题并取得成绩，以此激励他们。此外，要鼓励学生在应用信息和解决问题方面进行实际操作。最后，灵活管理信息流，确保信息流能够被有效地用于解决问题。

这些原则在视障学校小学语文教学中尤其重要。数字化教学工具，如有声读物、语音互动软件等，可以帮助视障学生更好地接触和理解教材内容，促进他们的主动学习和知识构建。通过这些工具，视障学生能够更加深入地参与小组讨论、自主活动等，提高他们的参与感，增强他们的想象力和独立思考能力。

总而言之，发现学习对于视障学生的语文学习来说是一种重要的学习方式。它不仅减轻了视障学生在传统课堂中需要给出"正确"答案的压力，还通过小组讨论、自主活动等方式提高了视障学生的参与感。这种学习方式有助于锻炼视障学生的直觉思维，让他们在教师的引导下积极探索语文写作的奥秘，不仅学习获得知识的内容，更重要的是学习获得知识的过程。①

二、布鲁纳发现学习理论在视障学校小学语文教学数字化转型中的适用性

布鲁纳发现学习理论揭示了在视障学校小学语文教学过程中，通过数字化转型激发学生的兴趣、培育学生的想象力以及重视学生的学习过程对提高教学效果至关重要。这一理论为视障学校语文教师改善教学方法提供了理论上的指导和参考。

（一）适应义务教育新课标语文教学目标要求

在视障学校小学语文教学环境下，实施数字化教学需要考虑视障学生的特殊需求，确保每一名视障学生都能在平等和尊重的环境中学习和成长。布鲁纳发现学习理论提供了一种框架，通过这个框架，教育工作者能够设计和实施一套既符合课程标准，又贴合视障学生特点的教学策略。

教育工作者应深入分析课程标准中的语文教学目标要求，其中包括鼓励视障学生展现真情实感、从多角度观察生活、表达个人感受、独立写作、独立阅读、自主沟通、自我修订作品以及进行互评互改。这些要求强调了学习的自主性、合作性和探究性，与布鲁纳发现学习理论中关于内在动机和主动探索学习的观点不谋而合。通过应用这一理论，教师可以更好地激励视障学生从内心深处接受写作的挑战，促使他们通过自主学习和合作探究来发现阅读与写作知识，形成个人独特的写作风格和阅读技能。

教育工作者还应利用布鲁纳发现学习理论中直觉思维的有关概念，培养视障学生的想象力和创新思维。在语文阅读与写作教学中，视障学

---

① 杨朔.基于布鲁纳发现学习理论探究初中语文写作教学的改进策略 [D].济南：济南大学，2021.

生应被鼓励运用联想和想象丰富他们的阅读思维和写作内容,使学习过程充满生动的细节和创新的元素。这种方法不仅增强了视障学生的表达能力,也让学习过程变得更加有趣和有意义。

此外,教学活动应覆盖从搜集素材、构思立意到草稿编写和文章修订的全过程。布鲁纳发现学习理论强调了学习过程的重要性,提倡通过信息提取和过程性评价来培养学生的能力。对于视障学生而言,这意味着教师需要采取特别的方法来支持他们在阅读与写作前的准备工作,如使用触觉或听觉材料来帮助他们积累素材,确保他们能够全面参与到阅读与写作的每一个阶段。

通过结合布鲁纳发现学习理论和数字化教学工具,教育工作者可以为视障学生创建一个富有成效的学习环境。数字化教学工具,如屏幕阅读软件和音频资料,可以极大地提高视障学生获取信息和参与学习的能力。教师应设计互动性强和参与度高的课程,利用数字化资源来促进视障学生的自主学习、合作探究,发展他们的创造性思维。

(二)适应视障学校小学语文阅读与写作能力培养的教学要求

在视障学校小学语文教学中,布鲁纳发现学习理论与数字化转型的结合,为视障学生阅读与写作能力的培养提供了创新路径。该理论强调以学生为中心的探索式学习,促使学生通过自我发现和探究来获得知识,这一点在视障教育中尤为重要。运用数字化教学工具,如屏幕阅读软件、语音输入设备及触觉反馈设备,不仅能够弥补视障学生在获取信息和表达思想上的物理限制,还能够激发和扩展他们的学习潜能,从而更加有效地实现教学目标。

布鲁纳发现学习理论中的螺旋式课程设计理念,是在学习过程中循环回顾和深化之前的知识点,为视障学生构建知识体系提供了框架。在数字化教学环境中,教师可以设计多样化的互动学习活动,使视障学生能够在不同时间点,通过不同方式重复接触和练习阅读与写作技能,从而加深理解和记忆。

通过利用数字化资源，如在线有声书库和数字化写作平台，教师可以为视障学生提供丰富的阅读材料和写作实践机会。这种资源的多样性和可访问性，使视障学生能够根据自己的兴趣和需要，选择合适的学习内容，进而提高学习的主动性，实现个性化学习，这正符合布鲁纳发现学习理论提出的内在动机的重要性。

此外，数字化教学工具的互动性和反馈机制，为视障学生提供了即时的学习反馈，帮助他们及时调整学习策略，提高学习效率。例如，通过语音互动软件，视障学生可以即时听到自己的写作内容，从而更好地审视和修改文章结构和语言表达。这种听觉回顾的方式，对于视障学生来说，是一种有效的学习方法。

布鲁纳发现学习理论与数字化教学实践的结合，不仅能够使视障学生有效地应对在语文学习中遇到的特定挑战，还能够促进他们在阅读与写作方面的能力培养，实现更加个性化和高效率学习。这种教学模式的实施，为视障教育提供了新的视角和方法，确保每一名视障学生都能在数字时代享有平等的和高质量的受教育机会。

第二节　人的全面发展理论

人的全面发展理论构成了马克思主义理论体系的核心部分，也是视障学校小学语文教学追求的最终目标。马克思与恩格斯在《德意志意识形态》中阐述了人与动物的根本区别在于人的有意识的生命活动。书中首次提出了"人的全面发展"的概念，强调人应当以完整的方式拥有自己全面的本质。这一理论涵盖了人的需求满足、能力提升、社会关系的扩展、个性自由的实现以及主体性的完全展现，指向了人的全面、自由以及和谐发展。①

一、人的全面发展理论的内涵

目前，人的全面发展理论的内涵尚未明确。虽然马克思和恩格斯没有提供一个明确的定义，但是马克思曾经指出，人的全面发展涉及作为一个完整的人占有自己全面本质。②这一观点突出了人的全面发展理论的整体性、全面性以及系统性。以下从四个维度对马克思主义人的全面发展理论进行深入探讨。

（一）全面满足人类需求的发展

人类的需求与社会之间存在着不可分割的联系。社会本质上是由人构成的，缺少了人便不成为社会。马克思描述人类的进步为从一个较低的发展阶段向更高级的阶段迈进。在这一过程中，人类的需求随着时间的推移而发生变化。在原始社会时期，由于生产力水平较低，社会产品稀缺，人们主要依赖自然资源为生。工业革命后，生产力得到巨大提升，社会产品变得丰富，人们的物质生活需求基本得到满足，然而，人们精神文化方面的需求未能得到充分满足。在生产力高度发展的共产主义社会中，物质与精神需求才能达到完美的平衡与统一。人的需求展现出一种循环进步的发展模式。在这个模式中，人们通过自身的需求驱动参与到各类实践活动之中。在参与社会实践的过程中，人们将扮演多种角色，并在这些角色中体验到新的需求，这些新的需求又将促使人们投身于新的社会实践之中，形成一个不断循环的过程，从而推动社会与个人的共同进步。人类需求的发展主要涵盖需求的多样化以及层次化两个维度。

---

① 董诗明.“能行教育”的内涵及实践价值 [J].学校党建与思想教育，2011（27）：72–74.

② 马克思，恩格斯.马克思恩格斯全集：第四十二卷 [M].北京：人民出版社，1979：123.

需求层次理论将人类的需求从低到高分为五个层次：生理需求、安全需求、爱与归属的需求、尊重需求以及自我实现需求。每一个层次对应不同的社会需求。

由此可见，人的全面发展的理论核心与个人需求紧密联系。目前，国内生产力的进步还不足以全面覆盖个体在多个领域的需求。这表明社会亟须加快生产力的发展，加快社会进步，目的是促进个体的自由与全面成长。

（二）全面提升人类劳动能力的发展

人的全面发展的概念涵盖了个体以全面的方式掌握自身的本质特征，这种掌握是通过个体能力的发展实现的。自由自觉的创造性劳动构成了人的独特性，区分了人与动物，成为人的本质和存在的基础。[①] 劳动不仅是能力形成的途径，也是个体占有其全面本质并促进其自我发展的关键。因此，只有通过持续的劳动，个体才能增强自身能力并实现全面发展。

人的劳动能力是多方面的，涉及个体能力和集体能力两个层面。个体能力体现了满足个人需求的能力，而集体能力则源自个体能力的综合，个体能力的发展水平直接影响到集体能力的强度。[②]

从劳动能力的性质来看，它可以分为体力和智力两个方面。马克思将劳动力或劳动能力定义为人体中的体力和智力的总和，这是人在生产过程中不断运用的。[③]

从劳动起源的视角来看，劳动能力包含自然能力和社会能力两种形式。二者根本不同之处在于社会能力的发展和维持需依赖于确定的社会

---

① 赵家祥，李清昆，李士坤．历史唯物主义教程［M］.北京：北京大学出版社，1999：511.

② 雷静．论人的全面发展理论视阈下的中小学生创新教育［D］.合肥：安徽农业大学，2013.

③ 马克思．资本论：第一卷［M］.北京：人民出版社，1975：190.

联系。个体在社会中的活动与其所处的社会环境有着密切的联系，离开了这样的环境，个体就无法继续生存或成长。在与社会互动的过程中，个体会培养出一套特定的社交技能，这些技能的发展程度直接关系到个体的生存状况及其自由和全面发展的可能性。因此，随着社会的不断发展，人的社会能力显得越来越重要，不仅是个体生存的必要条件，也是促进个体全面发展的关键。

（三）人的个性的全面发展

个性展现了个体在社会交往中所形成的特有表现形式，反映了个体的唯一性、个别性及特异性。从心理学视角来看，个性导致社会关系中的多样心理现象，表明人们在某些个性特征上的差异，个体均展示出独到的属性。除了基本的生存需求，个体亦追求发展，涉及性格、能力、兴趣、习惯、价值观和价值取向等方面的稳定特征形成。社会中的每一位成员，通过完全自由地展现自己的才华和力量，终将成为社会和自然的主宰，进而达到自我主宰的自由状态。促进个性的发展，妥善协调个性与集体的关系，是充分激发人的主观能动性、想象力、创造性和创新性的关键。

个性的成长过程紧密依托于人所处的实际社会环境，个性不可能摆脱现实条件的制约。无论是形成特定生活习惯、培养独特人格还是发展各异的能力，都应以尊重并遵循普遍接受的基本价值规范为前提，同时遵从国家的法律规定。这与人的全面发展紧密相关，人的全面发展的基础在于普遍适用的发展标准。因此，全面发展本质上是一种普遍性发展。在这个框架内，个性发展不应偏离共性发展的基本范畴，如道德、智力、体质、美感和劳动等各个方面的成长，而应在全面发展的基础上进行个性化选择和增强。

（四）人的社会关系的全面发展

马克思强调，人的本质并非单个人所固有的抽象物，而是在其现实性上体现为一切社会关系的总和。① 这些社会关系包括支撑人类生存和发展所需的各种历史、现实、自然与社会因素，其中与劳动相关的生产关系、经济关系以及阶级社会的阶级关系奠定了基础。因此，个体的全面发展是其社会关系的广泛延伸。这些社会关系不仅塑造了人的本质和社会身份，而且随着社会关系的加强，个体的独特性更加显著，使其能够在与他人互动的过程中获得更多技能，并在不断发展中变得更加强大。社会关系的本质定义了个体在社会中的地位和角色，展现了人与社会的紧密联系。

综合考虑，人的需求的全面发展、劳动能力的提升、个性的完善以及社会关系的加深，这些方面的辩证统一与相互独立，共同推动了个体的全面且自由的发展。这不仅是人类发展的最高追求，也是马克思主义人的全面发展理念的核心，完整地阐释出这一理念的深刻内涵。②

二、视障学校小学语文教学数字化转型是实现人的全面发展的现实途径

（一）视障学校小学语文教学数字化转型能够满足人的需要

人的需求与社会之间的密切联系揭示了个体在物质和精神层面都寻求满足的本质。精神生活的充实同样重要，只有在生产力高度发达的共产主义社会中，物质与精神需求才可能实现真正的融合。与动物相比，人类不仅有着基本的生存需求，还展现出对社会性需求的渴望，这些需求在社会生活的实践中不断演化，形成了精神和社会层面的新需求。

在这个不断发展的社会背景下，人们追求的需求形态也在发生变化。随着社会的发展，无论是国家、社会还是个体，都处于一个持续的生存、成长、发展甚至竞争的过程中。在这个过程中，视障学校小学语文教学

---

① 马克思，恩格斯. 马克思恩格斯全集：第二卷 [M].2 版. 北京：人民出版社，1995：60.

② 雷静. 论人的全面发展理论视阈下的中小学生创新教育 [D]. 合肥：安徽农业大学，2013.

数字化转型成为满足视障学生发展需求的关键途径，这一创新举措能够有效满足视障学生在教育上的特殊需求。

视障学校小学语文教学实施数字化转型，不仅可以提供更加丰富的学习资源，满足视障学生在知识上的需求，同时能够通过数字化手段增强视障学生的社会互动能力，满足他们在精神文化层面的追求。这种创新的教学模式不仅有利于视障学生的全面发展，还能够为社会的整体进步贡献力量。视障学校小学语文教学的数字化转型不仅是教育创新的体现，也是推动社会向前发展的重要条件，为打开成功之门提供了关键助力。

（二）视障学校小学语文教学数字化转型能够提高人的能力

个体天生拥有未被充分挖掘的潜能，这些潜能的开发依赖于大脑思维的活跃运用。在特殊教育领域，进行数字化教育的核心目的在于培养和激发个体的创新意识、思维和独立思考精神，从而促进个体的全面发展。全面发展是个体展现自我本质和充分利用自身潜力的过程，强调了个体能力的重要性。没有相应的能力，个体便无法完全掌握全面本质，进而影响其全面发展。

在资本主义制度下，物质世界的增值往往以牺牲个体为代价，将人的全面发展简化为片面的能力发展。这一现象不仅限制了人的能力全面提升，也阻碍了人的全面本质发展。视障学校小学语文教学的数字化转型不仅可以为视障学生提供更为便捷和丰富的学习资源，还能通过具有互动性和个性化的学习方式，激发他们的学习兴趣，增强他们的创新意识和思维能力。

数字化教学工具的应用，如有声图书、语音识别软件以及定制化学习软件等，可以极大地提升视障学生的学习效率和质量。这些工具不仅帮助视障学生克服视觉障碍，还能够帮助他们提升自主学习的能力、解决问题的能力。此外，数字化平台上的社交互动功能能够促进学生之间的交流，拓宽他们的社会视野，进一步促进他们社会能力的发展。

因此，视障学校小学语文教学的数字化转型不仅是技术层面的革新，更是教育理念和教学方法的重大进步。这为视障学生的全面能力发展提供了强有力的支持，有助于实现教育公平和促进学生的全面发展。这一创新的教学模式的实施，符合马克思关于人的全面发展的理念，特别是在提升人的能力和展示个体全面本质方面，为视障学生开辟了一条成功的道路。

（三）视障学校小学语文教学数字化转型能够发展人的个性

个性发展的重要性在于其与教育方法紧密联系，尤其是在视障学校小学语文教学的数字化转型方面。个性的形成与教育方法的创新性密切相关，一名学生的个性与其接受的教育方法的创新性正相关。教育方法的创新性与学生个性之间存在着密切的联系。个性是驱动教育创新的关键，缺乏个性的发展空间，创新教育难以实施。所以，在视障学校小学语文教学数字化转型过程中，必须重视并尊重视障学生个性的自主发展。为视障学生创造自主发展的环境已成为实现人的全方位成长的重要部分。视障学生个性表达和成就水平依赖于他们获得的自由空间。

因此，只有促进视障学生独一无二的个性和创新能力的发展，才能保障语文教学数字化转型的顺利进行，推动每一名视障学生实现个性化学习，进而达到其个性全面发展和创造力提升的目标。

（四）视障学校小学语文教学数字化转型能够促进人的社会关系发展

人的社会关系发展历史进程可以划分为三个阶段。在这一框架内，视障学校小学语文教学的数字化转型对促进视障学生的社会关系发展具有重要影响。

在人类历史的早期阶段，社会群体间的依赖关系占据了主导地位。在这个时期，无论是原始社会还是封建社会，个体与社会共同体之间存在着密不可分的联系。尽管社会生产力有所发展，但人们仍旧受到社会结构的限制，难以实现个体的自由发展。

　　进入资本主义社会，随着产业革命的推进，生产力水平显著提高，人们的生活方式和社会交往范围发生了变化。在这一阶段，人们开始摆脱对传统社会群体的依赖，物质生产和商品经济的发展为个体提供了更大的自由空间。

　　共产主义社会的生产力和科技创新有了极大发展，人们在享受科技进步带来的便利的同时，也能够根据自己的兴趣和需求，自由地选择社会交往活动和职业路径，实现自己的全面发展。[①]

　　在这一发展过程中，视障学校小学语文教学的数字化转型为视障学生提供了更广阔的社会交往平台和学习资源。通过信息技术的支持，视障学生能够更便捷地接触到丰富的知识内容，与社会保持更紧密的联系。数字化教育不仅为视障学生提供了平等的学习机会，也极大地促进了他们的社会交往能力和个性的发展。

　　因此，视障学校小学语文教学的数字化转型不仅是一项教育创新措施，更是促进视障学生社会关系发展的重要途径。通过这种转型，视障学生能够更好地融入社会，实现自我价值，同时为社会的全面进步提供基本前提。在社会经济迅速发展的当下，坚持以人为本的教育理念，满足人们多方面的需求，不仅有利于个人的全面发展，也促进了社会和经济的整体进步。

三、人的全面发展对视障学校小学语文教学实施数字化转型的多角度规定

　　在进行视障学校小学语文教学的数字化转型时，必须考虑多方面的约束和规范以确保转型的成功实施。这包括遵循人的全面发展理论提出的各项规定，该理论为视障学校小学语文教学的数字化转型提供了一个多角度的框架指导，具体表现如图4-2所示。

---

① 雷静.论人的全面发展理论视阈下的中小学生创新教育［D］.合肥：安徽农业大学，2013.

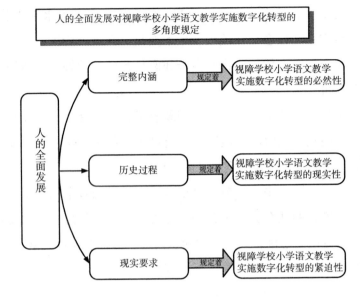

图 4-2　人的全面发展对视障学校小学语文教学实施数字化转型的多角度规定

（一）人的全面发展的完整内涵规定着视障学校小学语文教学实施数字化转型的必然性

在探讨人的全面发展的实现路径时，教育显得尤为重要，尤其是在促进视障学生的成长方面。视障学校小学语文教学的数字化转型正是这一教育创新过程中的关键一环，它不仅体现了对人的全面发展理论的深入理解，更是对该理论的现实探索。

人的全面发展涵盖了人的需求、劳动能力、个性以及社会关系的全面进步。这种发展不仅体现了人与动物的根本区别，即通过劳动实现自我发展的能力，也强调了人的社会性，即人的存在和发展是与社会形态紧密相关的。在这个过程中，社会关系的发展为人们提供了实现自我价值的平台。正是基于这种社会关系的框架，人们在满足物质需求的同时，产生了精神需求，并通过参与社会实践活动不断创造和满足这些需求，从而推动个性的发展和社会的进步。

对于视障学生而言，出于学习和社会交往的局限性，他们在实现自我价值和全面发展的道路上面临更多挑战。视障学校小学语文教学的数字化转型，通过引入先进的教学技术和教学方法，为视障学生打开了一个新的学习和交流世界。数字化教育提供了丰富多样的学习资源，使视障学生能够以更加便捷、直观的方式接触到语文知识。同时，数字化平台上的互动功能也大大促进了视障学生之间以及师生之间的沟通与交流，有助于他们建立更广泛的社会关系。

此外，数字化教育还能够针对视障学生的特殊需求进行个性化的教学设计。这种教学设计不仅满足了视障学生的学习需求，更重要的是激发了他们的学习兴趣和创新思维，为他们的个性发展提供了广阔的空间。通过参与数字化教育活动，视障学生能够在实践中发现问题、解决问题，不断提升自身的社会实践能力和创新能力，从而实现自我价值的最大化。

因此，视障学校小学语文教学的数字化转型不仅是教育创新的需要，更是实现视障学生全面发展的必然选择。通过不断探索和实践，以数字化教育为手段，真正做到以人的全面发展为最高价值目标，培养既具有社会责任感又能够自由发展的新时代公民，可以实现视障学生德、智、体、美、劳等方面的全面提升，推动社会全面进步。

（二）人的全面发展的历史过程规定着视障学校小学语文教学实施数字化转型的现实性

人是历史的产物，历史的发展从根本上展示和解放了人的本质力量。在此过程中，人的全面成长被看作一个缓慢而逐步实现的历史过程，与社会的发展紧密相关。通过创造性劳动，人类不仅塑造了社会和历史，而且在持续的历史变迁中促进了自身的全面成长。马克思在《1857—1858年经济学手稿》中明确指出，人的发展经历了从自然经济阶段的人际依赖，到商品经济阶段的物质依赖，最终达到产业经济阶段的自由全面发展。每一个阶段都是人与社会关系发展的体现，从而揭示了人的全面发展与社会发展的密切关系。

实施数字化转型在视障学校教育创新中占据了重要位置。这不仅是响应社会发展的需求，更是促进视障学生全面发展的必然选择。视障学校在传统教学模式下面临诸多挑战，如教学资源的获取困难、互动交流的限制等，这些挑战在一定程度上阻碍了视障学生的学习和发展。

数字化教育通过提供技术支持，如屏幕阅读器、语音合成设备和互动学习平台等，极大地拓宽了视障学生的学习途径和社交空间。这些技术不仅使学习内容更加易于访问，而且促进了视障学生之间以及师生之间的有效沟通，为视障学生建立更广泛的社会关系提供了可能。

此外，数字化教育还能够针对视障学生的特殊需求进行个性化教学设计，有助于激发视障学生的学习兴趣，促进其创新思维和个性特点的形成。在数字化的教学环境中，视障学生能够通过参与多样化的教学活动，不断探索和实践，从而在学习过程中实现自我发展。

因此，视障学校实施数字化转型不仅是对教育创新的响应，也是人的全面发展历史过程的现实要求。这一转型过程不仅关乎技术的应用，更关乎如何通过技术创新促进视障学生的学习、社会参与和个性发展，实现视障学生自由全面发展的最终目标。

在当今社会，教育创新是推动社会进步和科技发展的关键，对于实现人的全面发展具有重要意义。科学技术是现代化的关键，而教育是培养科学技术人才的基础。因此，大力推进教育创新，尤其是视障学校的数字化转型，不仅是实现视障学生全面发展的重要路径，也是实现知识经济、推进国家科教兴国战略的重要途径。通过不断探索和实践，积极推进视障学校的数字化转型，可以为视障学生创造更加公平、高效的学习环境，为他们的社会融入和个性发展提供坚实基础，进而为构建一个更加包容、进步的社会贡献力量。

（三）人的全面发展的现实要求规定着视障学校小学语文教学实施数字化转型的紧迫性

在《共产党宣言》中，马克思和恩格斯提出了一个构想，即在未来社会中，每个人的自由发展是一切人的自由发展的条件。这种理想社会的构想，强调了人的全面发展不仅是当前社会发展的重要目标，也是共产主义社会的重要标志。实现这一目标，需要一个长期且复杂的过程，而在当前社会，人的全面发展成为亟须解决的关键问题。

人的全面发展必须坚持以人为本，推动个体的全面且自由成长。在众多社会发展问题中，教育尤为关键。著名的"钱学森之问"引发了国家对于如何培育出具有国际视野、创新精神和能力的杰出人才的深刻反思。这不仅是高等教育面临的问题，更与基础教育密切相关。因此，深化教育改革，打破传统的人才培养模式，培育具备创新精神和能力的人才，成为推动国家和社会全面发展的关键。[①]

在这一背景下，视障学校实施数字化转型显得尤为迫切。视障学生作为社会的重要组成部分，他们的全面发展同样重要。数字化转型提供了一种全新的教育模式，能够有效地突破视障教育在资源获取、交流沟通等方面的限制，为视障学生提供更加丰富、多样化的学习资源和互动平台。通过技术手段，如屏幕阅读软件、语音合成设备、在线互动教学平台等，视障学生可以更方便地接触知识，提高学习效率，同时增强与外界的交流，促进社会融入。

数字化教育不仅关乎技术的应用，更是教育理念和教育模式的创新。它强调个性化学习，注重培养学生的创新能力和独立思考能力，这正符合人的全面发展的要求。视障学校数字化转型不仅能够为视障学生创造更加平等和自由的学习环境，更重要的是培养他们自信、独立的人格，

---

① 雷静.论人的全面发展理论视阈下的中小学生创新教育[D].合肥：安徽农业大学，2013.

激发他们的潜能，为他们的未来成长奠定坚实的基础。

因此，视障学校数字化转型不仅是对当前教育挑战的应对，更是对人的全面发展现实要求的积极响应。这一过程需要社会各界的共同努力，通过不断探索和实践，利用科技力量推动教育创新，确保个体都能在社会中找到属于自己的位置，实现自我价值，共同构建一个更加包容、公平、充满活力的社会。

第三节　教学最优化理论

教学最优化理论由巴班斯基（Бабанский）在其著作《教学教育过程最优化》一书中提出，是在深入分析罗斯托夫地区成功解决大规模留级问题的教学实践后形成的。该理论以唯物辩证法为核心，融合系统论和控制论的原理，对教学过程中的关键问题进行了全面而系统的探讨。巴班斯基的理论建立在充分利用以往研究成果及借鉴教育学、心理学等相关学科的最新发展成果之上。他强调以系统和完整的视角审视教学过程，通过对教学环节内部联系和矛盾的深入分析，揭示教学活动的规律性，进而提出了一套新的教学原则体系，并对教学方法及形式提出了创新性的见解。该理论具体内容和分析如表4-1所示。

表4-1　教学最优化理论具体内容和分析

类别	关键要素	描述	应用实例或分析
教学最优化理论的内涵	内涵	教学最优化理论强调在给定条件下寻找并实施最有效的教学策略，关注教学任务的有效完成和师生时间使用的合理性，每一个方案的最优化都是相对于其特定条件的	在视障学校小学语文教学中，教师综合考虑教学目标、学生特点及数字资源，采用个性化的教学设计

续　表

类别	关键要素	描述	应用实例或分析
教学最优化的标准	评价标准	教学最优化评价标准基于学生和教师的具体可能性，旨在实现尽可能好的教学效果和在最短的时间、最少的精力投入下达成这一效果	在视障学校小学语文教学中，评价标准体现为学生的潜能在规定时间内得到最大限度的发挥，同时遵循课堂教学及家庭作业时间标准
教学最优化的特点	综合性、完整性、联系性、矛盾性、动态性、具体性	教学最优化特点包括课堂目标的综合性覆盖、教学过程的完整性、教学元素间的联系性、教学中固有的矛盾性、教学系统的动态性以及教学策略的具体性	数字化教学工具和资源，如电子图书、有声读物和互动软件，被用于实现这些特点，特别是在视障学校小学语文课堂上，以满足学生的学习需求和提升教学效果
教学最优化的原则	教学与生活实际相联系、德育与智育相结合、教学的可接受性、为教学创造必要条件、教学的科学性和系统性、教学方法多样化	教学原则强调教学与生活实际的联系、德育与智育的结合、教学的可接受性、为教学创造必要条件、教学的科学性和系统性、根据不同的教学任务和教学内容选用不同的教学方法	视障学校小学语文数字化教学特别强调科学性和系统性原则，通过信息技术提供个性化和适应性强的学习资源，确保教学内容的连贯性和逻辑性，同时依据学生的学习需求灵活调整教学方法

一、教学最优化理论的内涵

巴班斯基深入探讨了教学最优化的概念，将其根源追溯至拉丁语的"optimus"，即"最佳"的意思。这个概念在教学领域的应用强调在给定条件下寻找并实施最有效的教学策略。教学最优化关注的是在确保教学任务的有效完成和师生时间使用的合理性方面，科学选择最合适的教学方案。[①] 此概念的实施依赖于明确的标准和特定的条件，强调没有通用的

---

① 巴班斯基.教育学［M］.北京：人民教育出版社，1986：274.

最优方案，每一个方案的最优化都是相对于其特定条件的。

教学最优化追求的不仅仅是良好的教学水平，而是在特定条件下实现教学效果的最大化。这一过程要求教师在选取和应用教学资源时必须精打细算，以最短的时间、最少的精力投入获取最大的教育成效。这一理论特别强调的是时间的投入与教学成果的关系，主张在保证教育质量的同时，注意师生的时间与精力投入不应超出规定标准。

巴班斯基认为，教学最优化的核心是，在教育、教学和学生发展各个方面尽可能达到最大成效的同时，保证师生的时间和精力投入在合理范围内。这意味着，教学最优化旨在平衡教学效果与投入的努力之间的关系，确保在有限的时间内实现最佳的学习成果。

教学最优化理论要求教师不断探索和实践，寻找适合当前教育条件的最佳教学方法。这不仅涉及教学内容的选择、教学方法的设计，还包括教学环境的优化，以及如何有效激发学生的学习动力，提高学生参与度。在这一过程中，教师需要综合考量学科知识、学生特点、学习环境和可用资源等多种因素，通过科学分析和合理规划，实现教学最优化。

根据以上对教学最优化理念的理解可知，在视障学校进行小学语文教学的最优化，是指在具体的课堂教学中，教师根据视障学校小学语文的教学目标和具体章节的教学任务要求，综合考虑教师、教学资源以及视障学生学习特点等因素，按照视障学校小学语文学科教学原则的要求，结合数字资源，完成一个最优化的教学设计。在实际课堂教学中，教师还要充分考虑学校和视障学生的实际情况，努力优化视障学校小学语文课堂教学，尽可能使所有视障学生都能取得语文课堂教学预期的教学效果，获得最大发展。

二、教学最优化的标准

最优化，并不总意味着达到了最佳或最理想的状态。它是基于既定条件，对于学生和教师的具体可能性，依据特定的标准所能实现的最佳结果。这意味着，在评估一个教学过程是否达到了最优化的状态时，必须有明确的衡量标准。没有明确的标准，关于教学过程优化的讨论就会失去基础。评价标准都是具体的，随着教师和学生的可能性改变而变化。这强调了在进行教育或教学措施评估前，首要任务是设定明确且具体的评价标准。

巴班斯基对"最优"的定义提供了清晰的解释，即"根据特定标准来看，能够实现的最佳状态"。对教学过程优化的效果来说，第一个评价标准是确保每一名学生在教养、教育和个人发展三个方面，能够在规定时间内发挥其最大的潜力。第二个标准涉及教师和学生应遵循的课堂教学及家庭作业时间标准，这些标准应符合学校的要求和相关指导原则。[①] 这些具体的评价标准，为衡量教育或教学措施的优化程度提供了基础。如果没有这些明确的标准，人们就无法确定是否实现了在给定条件下的最佳教学方案。

因此，最优化标准的设定关键在于两个方面：一方面，实现尽可能好的教学效果；另一方面，在最短的时间、最少的精力投入下达成这一效果。在课堂教学中，这两个标准应被视为教学活动的核心，所有教学策略和方法都应围绕它们展开。教学最优化的目标并非仅仅满足于提升单一方面的效果，而是在给定条件下实现综合教学效果。

这个观点强调了教育活动的目的性和效率性，指导人们在制订和执行教学计划时，不仅要关注教学内容的深度和广度，还要考虑教学方法的合理性和效率。精心设计的教学活动和合理分配的学习时间，旨在提升学生的学习成效，同时确保学生的身心健康。这种以最优化为目标的教学策略，要求教师不断反思和调整教学方法，以确保教学资源的有效利用，进而实现教育过程的最大价值。

---

① 巴班斯基.论教学过程最优化 [M].北京：教育科学出版社，1982：185.

三、教学最优化的特点

教学最优化的特点具体如图 4-3 所示。

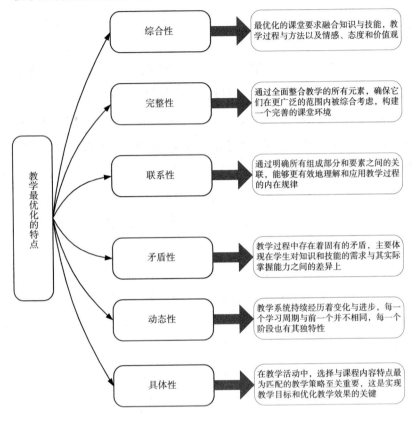

图 4-3　教学最优化的特点

（一）综合性

课堂教学的目标具有综合性，要求最优化的课堂全方位覆盖学生发展的需求。这不仅仅包括知识的传授，还包括能力的提升和思想品德的塑造，即遵循新课标所提出的三维目标体系：融合知识与技能，教学过程与方法，情感、态度和价值观。课堂上的每一项活动都应旨在实现这一综合性目标，而非仅仅集中于某单一方面。

在视障学校小学语文教学数字化转型过程中，课堂教学活动的设计和实施均要以一种全面和综合的视角进行，确保教学不是局限于单一维度的知识传递，而是覆盖知识与技能，教学过程与方法，情感、态度和价值观的三维教学目标。这意味着，教学活动应当旨在全方位地促进学生的成长和发展，包括但不限于提升学生的学科知识水平、培养学生解决问题的能力、引导学生探索学习过程和方法以及塑造学生积极的情感态度和健康的价值观。

数字化转型为实现这一目标提供了新的可能性和途径。通过引入和利用数字化教学工具和资源，如电子图书、在线课程、互动软件和模拟实验等，视障学校小学语文课程能够更有效地适应每一名学生的学习需求，提供个性化的学习方案。这些工具和资源不仅增加了学生获取知识的途径，更重要的是，促进了学生在学习过程中的主动参与和探究，从而增强了学生的实践能力和创新思维。

同时，数字化平台的应用还有助于构建一个包容和支持的学习环境，学生可以自由地表达自己的想法和情感，与同学和教师进行有效的沟通和交流。这种环境不仅有利于学生情感、态度和价值观的积极发展，还能够激发学生对学习和生活的热爱，从而成为有责任感和同情心的人。

因此，视障学校小学语文教学数字化转型的核心不仅是技术的引入和应用，更重要的是通过这些技术手段实现教学目标的全面性和综合性实施。在这一过程中，教师的角色也由传统的知识传递者转变为学生学习过程的引导者、合作者和支持者，共同探索和实践最适合视障学生全面发展的教学策略和方法。这种综合性的教育任务的完成，不仅符合新课标的要求，更是视障教育数字化转型努力的方向和目标。

（二）完整性

教学过程应被视为一个统一的整体，其中各环节需紧密联系，相互影响，形成一个不可分割的联合体。全面整合教学的所有元素，确保它们在更广泛的范围内被综合考虑，才能构建出一个完善的课堂环境。在这种课堂上所实施的教学任务远远超越了简单或零散的活动，展现了教育的完整性。

这一点在视障学校小学语文教学的数字化转型中表现尤为显著。各个教学环节——从课前准备、课堂互动到课后练习——都需要紧密联系、相互影响，才能确保教学过程的流畅与协调。在视障学校小学语文教学数字化转型中，这种完整性体现在通过技术手段整合教学资源，优化教学过程，并确保教学内容的全面性和连贯性上。

数字化转型为视障学生提供了多样化的学习工具和资源，如电子图书、有声读物和互动软件，这不仅丰富了教学内容，还增强了视障学生的学习体验。通过数字化平台，教师能够设计出更加个性化的学习路径，满足视障学生的特殊需求。同时，这种转型还促进了课堂与现实生活的紧密联系，使视障学生能够在实践中学习和应用所获得的知识。

进一步而言，数字化教学还强调了教学过程的互动性和参与感。让视障学生通过在线讨论、协作任务等方式积极参与教学活动，不仅促进了视障学生之间的交流，也增强了师生之间的互动。通过这些多元化的教学手段，视障学校小学语文的课堂教学不再是简单的知识传递，而成为综合性的教育过程，充分体现了知识与能力，过程与方法，情感、态度和价值观的三维教学目标。

（三）联系性

在教学过程中，各要素都是经过精心组织和有序排列的，彼此之间存在着内在的联系。明确这些要素之间的联系，能够使人们更有效地理解和应用教学过程的内在规律。

在视障学校小学语文的教学过程中，每一个环节和要素的安排都是经过精心设计的，旨在构建一个有机整体。这在数字化转型后的教学实践中得到了进一步的强调和体现。随着信息技术的引入，教学内容、方法、工具以及师生互动的方式都发生了变革，这些新的要素与传统的教学模式相结合，形成了更加丰富和动态的教学环境。

在进行数字化转型时，视障学校小学语文教学利用电子图书、语音识别软件、在线互动平台等，不仅扩大了教学资源的应用范围，也增强了教学的互动性和个性化。这些数字化工具和教学资源之间的相互关联，为视障学生提供了更加多样化的学习方式，使得知识传授、技能培养与情感态度的培育更加紧密地结合在一起。

例如，通过语音识别软件，视障学生能够更便捷地接触到丰富的语文学习材料，而在线互动平台则为视障学生提供了一个展示自我、交流思想的空间。这不仅促进了视障学生之间的沟通，也强化了师生之间的互动。此外，数字化教育还可以根据视障学生的学习进度和需求，为他们提供个性化的学习路径和资源，进一步强化教学内容的内在联系性和系统性。因此，视障学校小学语文教学进行数字化转型后，教学的各要素都更加紧密地相互关联，形成一个有序且富有内在联系的教学系统。

（四）矛盾性

教学过程中存在着固有的矛盾，这主要体现在学生对知识和技能的需求与学生实际掌握能力之间的差异上。即使教学目标明确，学生的基础知识掌握情况、兴趣偏好、年龄相关的生理特点以及性别差异也都会影响学习效果。为此，教师需要采用恰当的教学策略，帮助学生深入理解和掌握课程内容。

在视障学校小学语文教学过程中，固有的矛盾体现在视障学生对知识和技能掌握的需求与他们实际掌握的知识和技能上。这种矛盾进一步复杂化，因为视障学生学习受到视力等因素的制约而难度加大。随着数字化转型的推进，视障学校小学语文教学采用了更为先进的教学策略和工具，有效地解决了这些教学过程中的矛盾。

数字化转型引入的技术，如屏幕阅读软件、语音输入和输出设备，以及定制化的学习应用程序，为视障学生提供了个性化的学习路径。这些技术的应用允许教师针对视障学生的具体需求，调整教学内容和速度，从而确保每一名视障学生都能按照自己的节奏学习，不受生理条件的束缚。此外，数字化平台上的互动和协作工具也为视障学生提供了与同伴交流和合作的机会，这些交流在很大程度上促进了视障学生对学习材料的理解和掌握。

通过数字化转型，视障学校小学语文教学能够更有效地满足视障学生多样化的学习需求，包括对基础知识的掌握、对兴趣的培养，以及对情感、态度和价值观的塑造。个性化和灵活性的教学策略，有助于缩小视障学生之间的差距，使教育更加公平和包容。最终，数字化转型不仅提升了教学效率和质量，还促进了视障学生的全面发展，为他们长期学习和个人成长奠定坚实的基础。

（五）动态性

教学系统持续经历着变化与进步，每一个学习周期与前一个并不相同，每一个阶段也有其独特性。在认识到教学系统具备一定的稳定性的同时，探讨其发展和变化的路径、趋势成为关键，目的是明确推动这些变化形成的动力、原因以及背后的规律。这种动态性在新课程与复习课程的对比中表现尤为显著：尽管遵循同一套知识体系，新课程侧重于知识的理解与掌握，而复习课程则侧重于知识的归纳与提炼。

在视障学校小学语文数字化教学中，教学动态性的特点得到了充分体现和强化。数字化教学通过灵活运用各种电子资源和技术手段，使得每一个学习周期都能根据视障学生的具体需要进行个性化的调整和优化。这种教学模式能够紧跟教学理论和实践的发展变化，确保教学内容和方法的时效性和前瞻性。

在数字化环境下，教学内容的呈现不再是静态不变的，而是可以根据学生的掌握程度、兴趣爱好以及学习进度进行实时更新和调整的。例如，通过智能教学系统，教师能够实时跟踪视障学生的学习状态，针对性地提供新课程内容或进行复习强化，使得教学活动更加符合视障学生的实际需要。新课程的学习不仅注重视障学生对知识的理解和掌握，而且通过互动式学习平台等方法，增强视障学生对知识的应用能力。教师在复习阶段则利用数字化教学工具，如在线测评、智能推荐复习资料等，帮助视障学生归纳和提炼知识，加深理解。

此外，数字化教学还能够根据不同的学习阶段引入不同形式的教学活动，如视频讲解、在线讨论、虚拟实验等，使得学习过程更加生动有趣，更能激发视障学生的学习兴趣。这种多样化的教学手段不仅丰富了教学内容，也拓展了教学方式，为视障学生提供了更广阔的学习空间。

将数字化教学引入视障学校小学语文教学后，教学的动态性得到了显著提升。这不仅使教学更加贴近视障学生的实际情况，更有效地促进了视障学生对知识的理解、掌握与应用，也为视障学生创造了一个更加灵活、高效和个性化的学习环境。

（六）具体性

辩证唯物主义强调真理的具体性，认为真理总是具体存在的，而非抽象的。同样，教学过程和方法也需针对具体情况而定，各种教学内容均有其独特性。因此，在教学活动中，选择与课程内容特点最为匹配的教学策略至关重要，这是实现教学目标和优化教学效果的关键。

在视障学校小学语文数字化教学实践中，教学的具体性得到了充分的体现和应用。这种具体性体现在教师对教学内容、方法以及工具的精心选择上，确保每一个环节都紧密贴合视障学生的特殊需求和学习条件。数字化教学利用特定的软件和应用，为视障学生提供了更加直观、互动的学习体验，这些都是基于对视障学生学习特点的深入理解和科学分析的。

例如，数字化平台可以提供有声图书、音频解释，以及通过触觉反馈设备支持的互动学习活动，这些都是根据视障学生的实际感知能力定制的教学方法。这些技术不仅帮助视障学生克服了视觉信息获取方面的障碍，还使得学习内容更加生动、易于理解，从而提高了教学效果。

此外，数字化教学还能够根据每一名视障学生的学习进度和理解能力，提供个性化的学习路径和支持。这种个性化的教学策略，基于对视障学生具体学习情况的深刻理解，能够确保教学活动不是一种单向的知识传递，而是一种双向的、互动的过程，充分考虑了视障学生的具体需求。

在选择教学内容时，视障学校小学语文数字化教学同样展现出了高度的具体性。根据视障学生的认知特点和兴趣爱好，教师能够选择最合适的文学作品和语文活动，使得学习不限于书本知识，而扩展到丰富的文化体验和情感教育中。由此可知，视障学校小学语文数字化教学通过精确匹配教学策略、内容和工具于视障学生的具体情况，体现了教学过程的具体性。

四、教学最优化的原则

在当今社会，学校依旧扮演着教育实施的核心角色，其中课堂教学成为实现教育目标的关键途径。教学原则，作为教学目的与教学过程规律的综合体现，对教学活动提出了基本要求。俗语云："无规矩不成方圆。"这同样适用于教学活动，教学活动需要遵循特定的原则以保证其有效性。

苏联教育家巴班斯基在前人的基础上，提出了一套新的教学最优化原则，为教学原则体系注入了新的活力。借鉴巴班斯基的理念，结合社会主义教育的目标以及当前基础教育改革促进学生的全面发展的新理念，可以概括出教学最优化的几个主要原则，具体内容如图4-4所示。这些原则旨在提升教学效率和质量，确保每一名学生都能在优化的教学环境中获得全面发展。

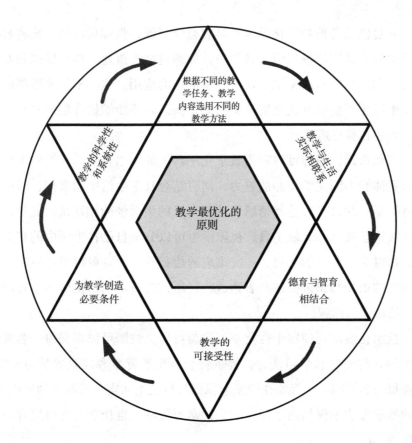

图 4-4　教学最优化的原则

（一）教学与生活实际相联系

教育与人类社会同时起源，并伴随社会的演进而发展。在日常生活的方方面面，语文无处不在，无论是在工作中还是在学习之余，与语文的互动和对语文的应用始终贯穿。

在视障学校小学语文数字化教学中，将教学内容与视障学生的实际生活紧密联系起来，是提高教学效果和视障学生学习积极性的有效策略。数字化教学为实现这一目标提供了更多可能性和灵活性，使得课堂更加生动和贴近视障学生的生活经验。

通过使用各种数字化教学工具和教学资源，教师可以轻松地将日常生活中的语言应用场景引入教学中，如通过故事讲述、情景模拟和互动游戏等形式，展示语文知识在实际生活中的应用。这样不仅能够帮助视障学生以更直观的方式理解抽象的语文概念，还能够提升他们对学习内容的兴趣和参与感。

举例来说，教师可以利用数字化平台上的图书音频，让视障学生通过听觉体验不同文学作品的魅力，同时结合日常生活中的实例，讨论如何将作品中的语言表达和情感表达与自己的生活经验相联系。此外，通过在线论坛或视频会议工具，视障学生可以分享自己在生活中的相关经历，如对某个节日的庆祝、一次难忘的旅行等。教师可以引导视障学生用所学的语文知识来描述和表达这些经历，进一步加深视障学生对语文学习的认同和理解。

数字化教学还使得个性化学习成为可能，教师可以根据每一名视障学生的兴趣爱好和学习能力，提供符合其生活背景和经验的学习材料，确保每一名视障学生都能在课堂上找到与自己生活实际相联系的知识点。这种教学方法不仅提高了视障学生的学习效率，也让学习变得更有意义和乐趣。

（二）德育与智育相结合

最优化的语文课堂教学着眼于学生多方面的成长，其中德育与智育的结合尤为关键，二者在教学过程中应实现高度融合。在语文教学中，教师需避免单一聚焦于对知识和技能的掌握，不能忽略情感和价值观的教育。教学目标应全面覆盖学生的成长需要，力求在每堂课上达到这些方面的和谐统一。虽然在短期内，对知识和技能的掌握看似更为紧迫，但从长远发展来看，培养学生的品德和价值观更重要。因此，教师应当平衡德育与智育，注重学生全面发展。

教学方法选择应旨在最短时间内全面解决教育和教学的各项问题。

对教学效果的评价也应体现综合性，即不仅涵盖学生对知识和技能的掌握情况，更包括学生在思想方面的提升。这意味着，教师在传授知识的同时，还需重视思想品德教育，包括正确的世界观、人生观和价值观的塑造，提升学生的思想水平，确保知识学习与个人成长的有机结合，为培养社会主义现代化建设者而努力。

在视障学校小学语文数字化教学中，德育与智育的结合表现得更为突出。数字化平台提供了丰富多样的教学资源，如电子图书、在线讨论平台、互动软件等，不仅使知识传授更加生动有趣，而且为德育提供了更广阔的空间。通过数字化内容，视障学生可以接触到更多关于品德养成、文化理解及社会责任感的知识，这些内容旨在培养视障学生的综合素质。例如，通过故事讲述、角色扮演等互动活动，视障学生能够在情感上产生共鸣，进而深化对课程内容的理解和对价值观的认同。此外，数字化教学使得个性化学习成为可能，教师可以根据每一名学生的特点，提供适合不同学生德育和智育发展的教学内容，从而实现教学的最优化。这种教学模式不仅促进了视障学生对知识和技能的掌握，更重要的是，它强化了视障学生的品德教育，为培养全面发展的社会主义现代化建设者打下了坚实基础。

（三）教学的可接受性

教学的可接受性原则着重于调整教学内容、方法、难度和进度，使之与学生的身心发展阶段相匹配。这意味着教学内容既不应超出学生的理解范围，让他们感到难以驾驭，也不应太过简单，以至于学生不需努力即可掌握。教学内容应略超出学生当前能力，以引导和激励他们向更高水平发展。此原则要求教师深入了解学生的具体年龄、兴趣、已有知识和智力水平等，以形成最适宜的教学计划和策略。

在视障学校小学语文数字化教学中，可接受性原则的应用尤为重要。数字化教学利用多媒体和互联网资源，为视障学生提供多样化的学习材料和互动方式，有助于提升其学习兴趣和效率。教师在设计数字化课程时，应充分考虑视障学生的特殊需求，选择适合的教学软件和辅助工具，确保教学内容既符合视障学生的认知能力，又能充分激发他们的学习潜力。

通过学习教师精心设计的数字化教学内容，视障学生可以在一个更为包容和充满支持的学习环境中接受教育，这不仅有助于他们更好地掌握知识和技能，还能够促进他们社会适应能力和自我价值感的提升。数字化教学的灵活性和可调整性使其成为实现教学可接受性原则的有效途径，尤其是在满足视障学生多样化学习需求方面，数字化教学显示出独特的优势。因此，视障学校小学语文教学的数字化转型不仅是技术上的升级，更是对教育理念和教学方法的深刻变革，旨在为每一名视障学生提供更加公平、有效的教育机会。

（四）为教学创造必要条件

在当代教育领域，创造适宜的教学环境成为一项基本任务，这不仅涉及物质设施的建设，更关乎如何在现有条件下不断探索和增添新的教学元素。现代教学条件主要包括硬件设施，这在很大程度上受到了科技进步的影响，尤其是电子教学设备的广泛应用。计算机、多媒体等先进设备的普及，为教学活动提供了更为丰富和多样的手段。

在充分利用这些现代化教学工具的同时，教师还需关注教学环境的其他方面，创建一个积极的学习氛围，激发学生的学习热情，是教学成功的关键。此外，通过多种方法，如语言表达、角色扮演等，构建适宜的学习情境，能够让学生更深入地理解和体验学习内容。

因此，教学过程的优化不仅仅依赖于物质条件的改善，还需要在硬件设施的基础上，创造一个健康的学习环境和积极向上的学习氛围。这包括但不限于环境的卫生、教室的布局、教学方法的创新等方面。这些因素共同构成了提升课堂教学效率的重要前提。

　　特别是在视障学校小学语文教学中，教师面临的挑战更为复杂。他们不仅需要关注通用的教学条件，还要考虑到视障学生的特殊需求。这就要求教师不断探索和实践，将信息技术与特殊教育需求相结合，创造出适宜的教学环境。例如，利用听觉和触觉等方面的多媒体工具，可以极大地丰富视障学生的学习体验，帮助他们更好地理解和吸收课程内容。

　　此外，教师还应致力创造一个包容、互助的学习社区，鼓励视障学生之间的交流和合作。通过团队协作和项目学习等方式，视障学生不仅能够学习知识，还能够培养社交技能和解决问题的能力。这种教学环境的创设，旨在提供一个全面的学习体验，让视障学生在获取知识的同时，也能发展个人的综合素质。

（五）教学的科学性和系统性

　　科学实践强调在活动中遵循客观规律，并以此为基础进行决策和操作。教学作为一种实践活动，自然也必须遵循这一原则。在教学过程中，科学性体现在教师对所教授知识的深刻理解以及依据学生的心理和生理发展规律进行的课堂管理上。新课程理念提倡促进每一名学生的全面发展，并将此视为教学活动的起始点和落脚点，以学科的固有特征及学生的认知规律为基础，旨在规定时间内达成教育的综合目标，这包括知识与技能的掌握，学习过程与方法的应用，以及情感、态度和价值观的培养。

　　系统性要求教学过程有序、系统、条理清晰且连贯。宋代朱熹的观点强调了学习的渐进性和深入思考的重要性，"未得乎前，则不敢求乎后，未通乎此，则不敢志乎彼"[①]。这指出未理解基础知识之前不应急于追求更高层次的知识，反映了教学活动中科学知识传授和学习的内在逻辑关系。现代教学理论也认同这一观点，强调教学的顺序性和系统性不仅因为科学知识本身具有逻辑结构，而且与学生认知活动的自然发展顺

---

① 李琳琦.徽州教育［M］.合肥：安徽人民出版社：43-44.

序和智力成长顺序密切相关。

在视障学校小学语文教学中，数字化教学的应用展现了科学性和系统性的教学原则。通过采用信息技术，教师能够提供更加个性化和适应性强的教学资源，以符合视障学生的特殊需要。这种教学方式不仅考虑到了视障学生身心发展的规律，而且通过有序和连贯的数字内容呈现，确保了学习活动的系统性。

数字化教学在视障学校中的应用在多个方面体现了科学性。首先，信息技术使得课程内容可以通过听觉、触觉等多种感官形式呈现，从而更好地符合视障学生的学习习惯和认知特点。其次，信息技术使得教学内容和进度可以灵活调整，以适应每一名视障学生的学习速度和能力，这种个性化的教学策略正是遵循视障学生心理和生理发展规律的科学性的教学实践。最后，数字化教学工具和资源的系统性布局，如结构化的电子教材、互动学习平台和模拟教学软件，都是按照学科知识和学生认知发展的内在逻辑精心设计的，确保了教学内容的连贯性和逻辑性。

系统性在视障学校数字化教学中同样重要。教学内容的编排和呈现顺序遵循了从简单到复杂、从已知到未知的教学原则，保证了学习活动的有序进行。数字化平台上的教学资源和活动设计，以及对学习进度的跟踪和评估，都体现了人们对教学过程系统性的重视，有助于形成连贯的、互相补充的学习经验，从而促进视障学生的全面发展。

（六）根据不同的教学任务、教学内容选用不同的教学方法

在探索教学活动的复杂性和多样性时，理解到矛盾的普遍存在及其特殊性是至关重要的。每一个教学场景都拥有不同的特征，这些特征要求教育工作者采用与之相适应的方法和策略。在这种理解的基础上，强调理论与实践的结合变得尤为重要。具体到教学方法的选择，这促使教师根据不同的教学任务、教学内容以及学生的具体情况，采取最适合的策略。这种方法的核心在于"具体问题具体分析"，避免了"一刀切"

的教学策略，鼓励针对性和差异性的策略。

在视障学校小学语文教学实践中，这一原则的应用尤为显著。不同年级、班级、课程章节和具体课时对教学目标的要求各不相同，这种多样性要求教师在教学方法的选择上具有高度的灵活性和创新性。在视障学校教学中，教师面临的挑战更加复杂，需要考虑到视障学生在学习过程中的特殊需要。

在数字化教学的背景下，视障学校小学语文教学可以通过多种方式来满足不同教学任务和内容的要求。数字化教学提供了多媒体教学资源、交互式学习平台和个性化学习路径等。这些工具和资源的灵活性使得教师能够根据不同的教学内容和视障学生的具体需求，选择最适合的教学方法。

数字化教学使教师可以更容易地根据教学任务的具体性质选择合适的教学方法。例如，对于需要强化记忆和理解的课程内容，教师可以利用互动式的学习软件，通过游戏和模拟活动激发视障学生的学习兴趣；对于需要深度思考和分析的内容，教师则可以通过在线论坛，激励视障学生发表意见和进行批判性思考。此外，教师还可以通过定制化的学习路径，为每一名视障学生提供个性化的学习体验，确保教学方法与视障学生的能力和学习习惯相匹配。

数字化教学的另一个优势在于其能够提供丰富的教学资源，教师可以根据不同的教学任务和内容有选择地使用这些资源。教师可以根据课程的具体要求，从大量的数字化教材和在线资源中挑选最适合的材料，使得教学内容更加贴近视障学生的生活实际和兴趣所在。通过这种方式，教师不仅能够提高教学的有效性，还能够提高视障学生的参与度和学习动力。

第五章　视障学校小学语文教学数字化转型的实践路径

　　在教育领域，特别是在小学语文教学中，人们对信息技术的理解和应用已经经历了深刻的演变。长期以来，有的小学语文教师可能仅限于将信息技术理解为多媒体设备等基础应用。然而，自 20 世纪 80 年代起，信息技术在教育环境中的发展和变革实际上已经经历了三个显著的阶段。①

　　20 世纪 80 年代至 90 年代，是信息技术在教育环境中的发展和变革的第一个阶段，即数字化阶段。这一阶段以计算机和多媒体技术为代表，标志着在教育环境中开始融入数字技术。

　　21 世纪的前 20 年，信息技术在教育环境中的发展和变革步入了第二个阶段，即网络化阶段。在这一时期，互联网和移动互联网成为主流，催生了在线教育平台和移动学习工具。这些新兴的技术极大地扩展了教育的边界、丰富了教育的形式，为学习提供了更广泛的渠道和更灵活的方式。

　　当前，信息技术在教育环境中的发展和变革正处于第三个阶段，即

---

① 余胜泉 . 教育数字化转型的层次 [J]. 中国电化教育，2023（2）：55-59，66.

智能化阶段。人工智能和大数据作为这一阶段的主要代表，正在推动教育全面迈向智慧教育的新时期。这一时期的信息技术不再局限于基础设施建设和功能应用，而是结合智能化技术的特点，更加深入地融合教育生态，影响着教育的各个方面。

在这种背景下，人们对于信息技术的内涵需要进行更为广泛的理解。信息技术不仅是一种工具或手段，还在不断演进的教育领域起到了关键的促进和变革作用。特别是在视障学校小学语文教学中，信息技术的赋能意义显得尤为重要。

利用信息技术赋能视障学校小学语文教学，意味着需要开拓大格局、大视野的思考和探索路径。这包括但不限于利用人工智能、大数据等，为视障学生创造更加丰富、互动和个性化的学习环境。同时，这意味着教学策略和方法要更加灵活多样，以适应不断变化的技术要求和教育需求。

第一节 数字化赋能，构建跨时空立体化智慧语文学习环境

在当今教育界，尤其是视障学校小学语文教学中，应用信息技术逐渐成为教学过程中不可或缺的一部分。教育要培育具有全面能力的学生。这不仅涉及知识的传递，更重要的是重视对学生核心能力的培养。在此背景下，引入信息技术为达成这一教育目标开辟了前所未有的新途径。

在视障学校小学语文教学实践中，采用单元整体教学策略已成为推进视障学生核心素养发展的有效手段。这一教学策略不但对特定时间内的教学内容进行全面规划，而且融合了课堂内外的教学活动、课后辅导、视障学生在学校及家中的自学。单元整体教学策略特别强调了以特定学习单元的核心素养为目标，要求教学活动不应局限于课堂教学，而应通

过线上与线下学习的有效结合，构建一个跨越时间和空间的混合式学习环境。

这种教学模式的推广，使得教学活动不再只围绕传统的课堂教学进行，而是通过信息技术的支持，将视障学生在校园内外的学习经历整合起来，形成一个连续不断的学习过程。这样的学习环境使得视障学生可以在任何时间、任何地点进行学习，大大增强了视障学生学习的灵活性和有效性。通过这种方式，视障学生不仅能够更好地适应个人的学习节奏和兴趣，而且能够在教师的引导下，更加深入地理解和掌握语文知识，从而全面提升自身的核心素养。要实现这种融合式学习环境，首要任务是构建一个数字化的校园环境。

一、数字校园的建设

（一）数字校园建设的行动策略

1. 建设数字资源

数字资源构成了数字化教学的根本。教育机构正努力在各个领域建设数字资源，包括思想政治理论课、通识教育课、专业技术课、实践操作课以及素质拓展课等，通过音频、视频等多媒体形式制作数字化教材，以此推进教材的现代化改革。遵循"责任到人"的原则，确保数字资源准确无误；通过专业同行的评审，确保数字资源的科学性和合理性。

2. 打造高效课堂

视障学生面临自主完成在线学习任务的挑战。国家推进对教育新型基础设施建设的政策，视障学校推动校园内"5G+光纤网络＋边缘云"的技术建设，将传统的智慧教室或实训室转变为5G智能教学环境，创建了一个更高效的学习空间以促进教学模式的革新。通过与企业的合作开发，视障学校引入同步互动的在线教学平台。该平台利用5G技术将传统的线下交互课堂转移到线上。在这个平台上，教师和视障学生可以进行课堂问答、分组讨论和头脑风暴等活动，全部在云端实现。这充分利用了在线教学，打破了地理限制，确保了视障学生在家学习期间教学计划的连续性、教学内容的完整性和教学质量的稳定性。

3.解决实践操作难题

为了提高视障学生的实践技能，视障学校常常需要模拟真实的生活场景进行教学。然而，这种做法面临着多项挑战。首先，设备和布景的成本高，难以为每一名视障学生提供独立的实训场景；其次，一些模拟场景存在潜在的安全风险，使得视障学校难以实施真实条件下的实践教学；最后，某些实训需要的空间布局复杂，限制了教学活动的开展。

为了解决这些问题，一些视障学校开始探索利用5G技术实现远程操控和真实执行的实训模式。例如，通过5G网络，视障学生可以在远程操作平台上编写控制指令，实时操控学校实训中心的设备进行特定任务，而不必直接接触高价值或存在潜在危险的实训设备。这种方式不仅降低了成本和风险，还提高了实训的灵活性。

假设在一次厨艺课程中，视障学生需要学习如何安全使用厨房设备准备食物。传统的实训方法要求每一名视障学生都在真实的厨房环境中操作，这不仅成本高昂，而且存在安全风险。采用5G技术后，视障学校可以设置一个中央控制的厨房实训平台，视障学生通过平板电脑或计算机远程控制厨房设备，如电磁炉、食物处理机等，完成烹饪任务。通过实时视频反馈，教师可以监控每一名视障学生的操作过程，及时给予指导，同时保证了实训的安全性和有效性。此外，这种方法还能确保每一名视障学生都有机会在相同的条件下进行实训，从而公平地评估他们的学习成果。

4.完善基础设施

数字校园的构建着重于实用性，将基础设施建设作为首要条件。在教育资源有限的前提下，视障学校需合理规划，明确发展重点，逐步完善基础设施。

视障学校可以配备先进的网络资源，建设全面的有线及无线网络，实现校区内各类设备的智能连接，如门禁、电子计量表等，以及教学与生活区域的全面安防监控，保障网络的独立和互联运作。此外，视障学校可以构建一套基于实名制的智慧生活服务系统，集成校园卡、二维码、智能识别等多种认证方式。

在智慧教学环境的打造上，视障学校应全面部署智能化教室与实训室，确保教学点的智能化覆盖。同时，建设能适应各类教学风格、满足广泛课程需求的智慧教学平台，促进教师快速融入数字化教学生态。通过构建教学资源共享中心，视障学校可以实现课程资源的开放共享，提高教学效果评估的精准性与便捷性，进一步建设线上与线下教学监督系统，确保教学活动的质量可控、可追溯。

此外，视障学校可依托数据资源，建设包括教育教学、管理服务在内的综合业务平台，支持视障学校运营的数字化转型。通过建设数据中心和大数据仓库，视障学校可以积累与教育教学、管理决策相关的大量数据资源，为数据分析与应用提供强有力的服务支持。同时，通过综合校园情况的可视化平台，视障学校可以实时展示其运行状态，为提升管理服务质量提供有力支撑。

（二）数字校园建设的实践路径

1. 做出合理的建设规划

数字校园的建设是一个涉及众多环节的复杂项目，其中精心的规划起着决定性的作用。遵循教育部的指导方针，学校应做出合理的数字校园发展规划，并确保规划与实际操作的紧密结合。

目标设定是建设的初始步骤，学校要着眼于立德树人的核心使命，以提升教育教学与管理服务质量为核心目标，从服务需求出发，将数字校园作为提升教育质量的手段。通过实现教育活动、教师发展、学生成长的可视化管理以及精确化服务，确立清晰、可实施的建设目标。

在数字校园建设过程中，学校应遵循以需求为导向、重视应用的推动力、强调服务发展的原则，保持自身主导地位，倡导创新与合作，确保建设的开放性和包容性。学校可通过分步实施和持续优化的策略，紧密结合核心业务进行基础设施的建设，创建涵盖教育全领域的支撑平台，推动信息技术与教学管理的深度整合，逐步稳健地推动项目进程。

在数字校园实施的过程中，学校应聚焦于数据管理和应用，利用人工智能、物联网、云计算等前沿技术，构建一个全面的数据采集与分析体系。这一体系不仅要覆盖教师教学活动、学生学习成果与行为，还要涉及人才培养、校企合作等多个方面。进行全面的数据收集，实施深度的数据治理，建立和运用适应教学与管理需求的计算模型，才能促进教学质量和管理水平的全面提升。

2. 发动全员参与数字校园建设

数字校园的建设不仅仅是一个技术更新的过程，还涉及全校范围内各个部门和个体的协同工作。这种工作方式要求学校领导亲自参与，各部门紧密合作，共同推动数字校园的建设。

为了明确学校未来的发展方向，进行广泛而深入的调研成为首要任务。这项调研旨在深刻理解学校的当前发展状况及需求，为明确学校发展方向提供依据。基于这样的调研，可以确定信息技术在促进学校高质量发展中的关键作用，从而使得信息技术成为推动教育创新和学校发展的重要力量。

为实现学校未来发展目标，构建一个由全体成员参与的建设框架至关重要。这意味着，不仅技术人员和管理人员需要参与其中，所有教职员工也应积极参与到数字校园的建设中来。为了确保项目的有效执行，学校应成立专门的领导小组和信息管理中心，负责统筹和监督数字校园建设的全过程。同时，建立明确的管理体系和绩效考核机制，确保每一名参与者都能在其岗位上为数字校园发展做出贡献。

提升全校师生的参与能力也是一个重要环节。学校通过提供培训、研修机会和实践平台，可以不断提高师生的信息素养和信息应用能力。例如，通过参与国际研修项目，教师可以学习国外的信息化教育理念和实践经验。又如，学校通过内部的帮扶计划和竞赛活动，可以鼓励教师探索和实践数字化教学方法，从而提升教学效果和学校整体的数字化教学水平。

3. 强化评价与管理，优化学校治理结构

在构建新时代数字化教学新生态与推动数字校园建设的进程中，学校可以在教学、学习、管理和评价各个环节实现全面的变革，从而促进学校治理的现代化。这一过程涉及多个方面，每个方面都应采取创新的方法和措施。下面从评价和管理角度说明学校治理结构优化的举措。

在学生评价方面，学校可以采取"一生一像"的策略，这一举措旨在提供更为精准和全面的学生成长评价。长期来看，学生的成长状态往往难以被准确捕捉和展现，这导致人才培养缺乏明确的目标。通过建立学生成长管理平台，学校能够记录学生参与各类活动的细节，并将这些参与细节作为学生成长数据的重要组成部分。此外，学校可以为每一名学生构建个性化的成长轨迹和评价指标体系，从而有效促进学生的全面成长。

在教师评价方面，学校可以依据教师成长和发展的自然规律进行综合评价。教师作为教育的关键力量，其能力与素质直接影响到人才培养的质量。学校应根据不同教师的发展阶段，设定具体的评价指标和发展模型，旨在为每一位教师提供清晰的职业发展路径和评价标准，从而支持教师的专业化和个性化成长。

在课程评价方面，学校可以通过数据驱动的方式对课程进行评价，旨在提升课堂教学效果。通过构建网络教学平台和智慧教室，学校能够实时捕捉和分析教师教学和学生学习的相关数据，从而为教师提供有价值的反馈和建议，进一步提升教学效果。

在学校管理方面，数字化转型会大幅提升管理效率。通过简化管理流程和依据数据进行决策，学校的日常管理会变得更加高效和透明。此外，学校通过数字校园建设，优化师生的办事流程，使得师生能够更便捷地享受到学校提供的各项服务，有利于提升学校管理和服务的质量。

二、数字校园技术在视障学校小学语文教学中的应用

通过数字融合服务，整合线上与线下学习资源，打造一个数字校园，可以形成以学习者为中心的新型学习环境。在这样的环境中，教师可以更好地实现课前、课中及课后对学情的持续关注。例如，课前，教师可以利用可视化学情报告来了解视障学生的学习状态和需求，从而精准地设计教学计划；课中，教师能够灵活调用各类数字资源，创设符合视障学生特殊需求的学习情境，开展多样化的课堂互动；课后，教师则通过系统收集的全方位数据，生成包含作业时长、知识点掌握情况、学科核心素养发展等方面的多维度学情报告，以此提升视障学生的学习质量和效率。

此外，借助数字校园建设，视障学生的语文学习过程能够被更加全面地记录和分析，实现课前预习、课上共学、课后延伸学习的有机融合。随着数字化转型的加速，教师可以充分利用网络平台和数字化教学工具，支持视障学生进行自主、合作和探究性学习。例如，在小学阶段构建现实课堂与虚拟教室相结合的"双课堂"教学模式，特别适用于整本书阅读学习任务的实施。在这种模式下，虚拟教室的设置有利于保障视障学生整本书阅读过程的持续性，并便于视障学生对阶段性阅读成果的收集与分享。

数字校园技术的应用还可以大大提高视障学生参与课堂学习的积极性和探究意识。例如，在一节关于自然现象的阅读课上，教师利用数字化阅读平台，使视障学生通过互动体验来深入理解月相变化的原理。此外，教师还可以邀请天文馆的专家和儿童文学作家在线交流，为视障学生提供多角度的知识和灵感，激发视障学生的创造力。

在这样的数字化教学环境下，视障学生的语文学习不再局限于传统的课堂教学模式，而变得更加灵活和多元化。教师可以根据视障学生的

实际需求和兴趣，设计更加个性化和富有创意的学习活动。例如，教师可以通过设置一系列与日常生活紧密相关的语文实践活动，如编写购物清单、策划一次旅行、参与社区活动等，让视障学生在实际的语言运用情境中学习和应用语文知识。

此外，数字校园技术还使得视障学生能够更加灵活地进行学习。通过在线学习平台和移动学习应用，视障学生可以在任何时间、任何地点进行学习。这种学习方式不仅为视障学生提供了方便，也为他们提供了更多的学习机会。

在教学过程中，教师还需要关注视障学生的情感和心理发展。数字校园技术可以帮助教师更好地了解视障学生的情感状态和学习动机，从而使教师能提供更加贴心和有效的教学支持。例如，教师可以通过在线心理咨询平台和视障学生进行沟通，了解他们的心理需求和学习障碍，从而为他们提供更加个性化的指导和支持。

第二节　推进数字评估，实现尊重差异的深度语文学习互动

课堂教学是学校教育的核心环节，课堂教学的数字化转型在提升教育质量和效率方面起着至关重要的作用。数字化转型的核心目标是激活课堂数据的潜能，这涉及借助终端设备、网络和支持平台来实时采集各种教学数据，如师生互动、学生作答和同伴交流研讨等。教师对这些数据进行分析和可视化展示，可以更精准地了解学生的实际学习状况，并据此对教学方法进行动态调整和优化。这一过程标志着语文课堂教学从传统的"基于经验"模式转变为"人机共教"的未来教育常态。①

---

① 杨韵莹，罗泽兰，董艳.未来教师的工作创新、跨界与重塑［J］.开放教育研究，2022，28（1）：43-50.

一、数字评估的技术支持

随着信息技术的迅猛发展，教育领域的数字化转型日益加快，相关设备和基础设施的不断完善及智能化升级，为激活课堂数据的潜能提供了强有力的支持。在这一过程中，教师的数字化素养成为关键因素。这要求教师不仅要掌握信息技术资源的使用方式，优化教学流程，开展针对性的指导，而且要深入理解和利用课堂数据智能分析报告，以数据驱动教学决策，解决教学过程中的问题。

数字评估的技术支持在此背景下显得尤为重要。它通过各种智能化工具和平台实现了对课堂数据的实时采集、处理和分析，涵盖了师生互动、学生反馈、学习成果等多维度信息。这些技术的应用使得教师能够基于大数据和人工智能算法，对学生的学习行为、知识掌握情况以及课堂互动情况进行深入分析，从而发现学生在学习过程中的不足，采取更加精准的教学策略。

数字评估技术支持的关键点包括以下几个方面。

（一）实时数据采集

智能设备，包括学生操作的平板电脑、智能笔和互动白板，再加上教室配置的摄像头和麦克风，构成了一个全方位的数据采集系统。这些设备的综合运用，允许教师以前所未有的方式捕捉到丰富的与学习相关的数据。

平板电脑能够记录学生在学习过程中的操作轨迹，从而分析出学生的学习偏好、知识掌握水平以及遇到的难点。智能笔追踪学生的书写轨迹，实现对学生书写习惯和思维过程的洞察。互动白板捕捉师生互动的每一个细节，从问题的提出到解决方案的讨论，全面记录教学互动的过程。

此外，摄像头和麦克风的部署为课堂动态提供了视觉和听觉的全面捕捉，这样不仅可以分析学生的参与度和互动情况，还可以通过表情和语音识别软件，理解学生的情绪反应和参与热情。这些数据经过综合分析后，可以为教师提供学生学习行为的全景视图，揭示学习过程的各种模式和趋势。

这种实时的、多维度的数据采集和分析，使得教师能够更加精确地了解每一名学生在课堂上的学习状态，评估教学方法的有效性，从而做出更加有针对性的教学调整和优化。这不仅提升了教学的个性化水平，还增强了课堂教学的互动性和动态性，为实现更加高效和深入的学习互动提供了技术支持。

（二）数据处理与分析

用大数据分析技术和机器学习算法，处理经由智能设备采集的庞杂数据集成为教育领域的一项重要技术进步。

首先，这一过程涉及数据的清洗工作，即去除不相关的或错误的数据，确保后续分析的准确性。

其次，数据被细致分类，根据学习行为、互动模式、成绩变化等多个维度进行组织，以便进行更深入的分析。

最后，通过机器学习算法对这些分类后的数据进行系统分析。算法能够从大量的教学互动和学习成果中，识别出学生学习过程的共性模式和独特问题。这些问题可能涵盖了学习的热点内容，即学生普遍感兴趣或投入较多时间的领域；学习的难点，即大多数学生在学习过程中遇到困难的概念或知识点；个体之间在学习方式、进度、效果上的差异。

通过这种高度自动化的数据分析，教师能够获得对学生学习行为和成果的深刻洞察。例如，哪些教学内容吸引了学生的兴趣，哪些部分需要改进教学策略以促进学生理解，哪些学生需要特别关注和辅导。这样，教师不仅能够在宏观层面上优化课程设计和教学方法，还能够在微观层面上实现对每一名学生学习路径的个性化调整和优化，极大地提升教育质量和效率。

（三）智能反馈系统

依据数据分析的成果，系统能够自动生成针对每一名学生的个性化学习报告及反馈。这些报告深入挖掘每一名学生的学习模式、优势领域以及需要加强的方面，从而为教师的教学活动提供精准的决策支持。通过这些报告，教师能够更科学地规划教学策略，如调整课堂内容的难易度、采取差异化的教学方法、为学生制订符合其能力和兴趣的学习计划。

这种个性化的学习报告和反馈也能够直接指导学生学习过程。报告中不仅有学生的学习成绩和进展，还详细列出了学生掌握良好的知识点和尚需改进的领域。同时，报告会提供针对性的学习建议，如推荐适合学生当前学习阶段的资源、提供针对性的学习策略和练习，甚至包括时间管理和学习方法的建议，帮助学生更有效地规划学习时间和方法。

此外，根据学生的具体需求而设计的个性化的辅导方案，能够对学生在学习中遇到的问题提供针对性的解决方案，促进学生在困难领域的进步。这种基于数据分析的个性化学习报告和反馈机制，使得学习目标变得更加明确，学习过程变得更加高效，同时为教师的教学工作提供了强大的数据支撑，实现了教学和学习的双向优化。

（四）可视化展示

通过图表等可视化工具，教师能够直观地展示学生的学习状态和课堂互动的具体情况。这些可视化工具将复杂的数据转换为易于理解的视觉格式，使教师能够迅速捕捉到全班学生的整体学习趋势，以及单个学生的学习行为和互动模式。

表格可以详细显示学生在不同学科或不同知识点上的掌握程度，可以直观地反映学生的学习进度和成绩变化。这使得教师能够立即识别哪些学生或哪些知识点需要额外关注。

热力图则能够展示课堂互动的热点区域。例如，哪些话题或活动引发了学生最多的讨论和参与，或者在哪个时间段学生的参与度最高。通过热力图，教师可以了解课堂活动的吸引力和学生参与的热情，从而对教学活动进行调整，以提高课堂的互动性和学生的参与度。

此外，可视化工具还可以帮助教师追踪个别学生在课堂上的互动频率和质量，如学生提问的次数、参与小组讨论的活跃度等，从而使教师对学生的学习态度和课堂表现有更深入的了解。

这些可视化工具提供的学习数据不仅使教师直观、快速地把握学生的学习情况，还为教师选取更有效的教学策略和制订个性化的教学计划提供了有力的数据支持。通过这种方式，教师能够更加精准地满足学生的学习需求，促进学生的全面发展。

（五）个性化学习路径设计和资源推荐

通过深入分析每一名学生的学习能力和兴趣，信息技术可以为学生量身定制个性化学习路径，同时推荐与其学习水平和需求相匹配的资源。这种方法依托于对大量学习数据的精细分析，涵盖了学生的学习成绩、参与度、偏好主题以及历史反馈等多个维度。

个性化学习路径的设计旨在识别学生的强项和弱项，通过定制化的学习材料和活动来支持他们的成长。例如，对于掌握某一知识点存在困难的学生，系统会推荐更多练习和详细解释该知识点的资源，而对于在某一领域表现出高度兴趣和能力的学生，系统则会推荐更高级别的学习材料和具有挑战性学习任务，以促进其深入学习和探索。

此外，个性化学习路径还包括对学习资源的精选，确保这些资源能够切实满足学生的学习需求。这些资源不仅包括教科书、习题集、视频讲解，还可能包括互动软件、虚拟实验室和在线讨论平台等，以丰富学生的学习体验和互动机会。

这种个性化学习路径的设计和资源推荐，不仅基于学生当前的学习状态，还考虑到他们的长期学习目标和潜在兴趣，旨在鼓励学生自主学习，同时提供必要的支持和引导。

（六）情感和心理支持

应用数据分析技术，可以实时监控学生的情绪和心理状态，从而为教师的情感支持和心理干预提供有力依据。这种方法涉及采集学生在学习过程中的行为数据，如参与度、互动频率以及学习材料的使用情况，同时可能包括通过智能设备捕获的生理指标，如心率和皮肤电反应，这些指标能够间接反映学生的情绪状态。

在分析这些数据后，系统可以识别出学生可能面临的心理压力或情绪波动，如持续的低参与度可能表明学生对学习内容感到无聊或挫败，而异常的生理指标可能暗示学生感到有压力或焦虑情绪。基于这些分析结果，教师可以采取适当的干预措施，如调整教学策略，提供个性化的鼓励和支持，或者在必要时引入专业的心理辅导资源。

这一过程还有助于创造一个具有支持性和包容性的学习环境，使所有学生都能感受到被理解和被尊重。例如，教师可以基于数据分析结果设计更具包容性的教学活动，确保教学内容和方式能够满足不同学生的需求。同时，通过关注学生的情感和心理健康，学校可以营造一个积极健康的学习氛围，鼓励学生之间的相互理解和支持。

二、数字评估技术在视障学校小学语文教学中的应用

应用数字评估技术可以使视障学校小学语文课堂教学中的师生互动和生生互动变得更加频繁和深入。这有利于促使每一名视障学生根据其个别差异获得相应的发展，使得增值评价在课堂教学中成为可能。

随着学习任务群理念的普及，视障学校小学语文教师在设计课堂学习任务时可参考这一理念，可视化的任务成果展示成为课堂教学的重要组成部分。传统课堂往往无法迅速且直观地展示视障学生的学习成果，导致教师只能随机点评部分视障学生的作品，从而限制了视障学生的参

与度。而在数字化的智慧课堂中，这个问题得到了有效解决。视障学生的学习成果通过小组评议后上传，便于全体师生即时点评。教师还能将点评信息快速传送至视障学生的移动终端，简化了互动过程，提高了课堂活跃度。

通过这种方式，视障学生在小组合作学习中相互学习、相互帮助，将小组评议的结果带入班级研讨，继续深入学习。在充分的师生互动和生生互动后，视障学生将从小组和班级合作学习中获得的知识和智慧融入个人学习中，实现了显著的成长。在这一过程中，明确而清晰的任务成果评价标准至关重要，教师需要指导视障学生内化这些评价标准，学会在评价中成长。

第三节　运用信息技术，获得多元化语文学习情境中的真实体验

一、学校多元化学习情境的教学资源认知及其质量要求

（一）学校多元化学习情境与教学资源的认知

1.学习情境的场域资源

学习情境的复杂性和多样性提供了丰富的场域资源，这些资源在数量和质量上，在时间和空间分布上，乃至在技术和管理的应用上，共同构筑了一个多元化的学习情境框架。这种情境不仅仅是学习的背景或条件，更是教育质量提升的关键因素，尤其是在培养学生能力方面发挥着至关重要的作用。在这一认知下，教育实践需要深入探索如何更有效地利用这些资源，促进学生的全面发展。

在设计教学模式时，将学习、实践、生产等多种场域的情境融入教

学过程成为一种重要的趋势。[①]这种情境教学模式强调通过真实的或模拟的场域实践活动，让学生在参与中学习，在实践中成长，从而使学生更好地将理论知识与实际应用相结合。通过精心设计的场域实践教学活动，学生可以在具体的情境中体验学习内容，加深对知识的理解，提高知识应用能力。

课程教学设计也越来越注重情境参与模式，即通过教学资源的整合与创新应用，创造出包含内容、时间、空间、技术等多维度的学习情境。这种多元化学习情境的创建，旨在为学生提供一个更真实、更具互动性和参与感的学习环境。例如，利用虚拟现实技术，可以构建出接近真实的学习场景，让学生在虚拟场景中进行探索、实验和交流。这不仅能够提升学生的学习兴趣，还能够促进学生的批判性思维和创新能力的发展。

2. 学习情境的感知需求

学生对学习情境的感知需求不仅包括对当前学习情境的直观体验和深入分析，还涉及对教学资源未来发展方向的预期和要求。这种需求从学习资源的实用性、有效性以及易用性等多个角度出发，反映了学生对教学环境和资源的期待。通过关注学生对学习情境的认知，可以有效提升学生的综合素养，进而促进其全面发展。

学生的感知需求强调了学习资源要有吸引力，包括资源的有用性和易用性，这对于设计高效且吸引人的学习情境至关重要。根据学生的个性化特点，如学习兴趣、学习偏好以及与人、物、环境、活动相关的情境感知能力，教师可以更精准地调整和优化教学资源和策略，从而更好地满足学生的学习需求。[②]

在实际教学设计中，满足学生的感知需求就意味着要构建一个能够

---

① 吴振谦. 多场域情境化工程实践教学模式构建 [J]. 高等工程教育研究，2022（2）：63–68.

② 王一岩，郑永和. 基于情境感知的学习者建模：内涵、特征模型与实践框架 [J]. 远程教育杂志，2022，40（2）：66–74.

激发学生积极参与、促进学生深度学习的环境。例如，引入基于情境的学习活动，让学生在接近真实世界的情境中应用所学知识，可以大大提高学习的实用性和有效性。同时，采用科技辅助教学工具，如交互式白板、在线学习平台等，可以提高学习资源的可访问性和易用性，使学习过程更加便捷和高效。

此外，深入了解学生的个性化需求，如通过问卷调查、访谈或数据分析等方式获取学生的反馈和建议，有助于教师精准定位学生的感知需求。据此，教师可以不断优化教学设计，如调整课程内容、教学方法和评估策略，以确保教学活动既能激发学生的学习兴趣，又能有效促进学生技能的发展和知识水平的提高。

3. 学习情境的教学资源

教学资源的多样化展示和应用是构建多元化学习情境的关键。这涉及教学资源的表现形式、使用方式、对时间和空间的具体需求等方面，这些共同奠定了多元化学习情境的基础。在这样的背景下，对学习情境中的情感元素进行深入分析显得尤为重要，这不仅能够激发学生对多样化学习情境的兴趣，同时能使教师进一步提升在这些学习情境中的教学质量和教学效果。①

多元化学习情境的构建和优化需要依托于大量的教学资源。这要求教师不仅要收集和分析教学活动中产生的数据，还要有效地管理和利用这些数据来支持教学决策和改进。②在这一点上，大数据技术的应用提供了强大的支持。通过对大量教学数据的分析，教师可以更深入地理解学生的学习需求、兴趣点以及在学习过程中可能遇到的挑战，进而设计更加符合学生需求的多元化学习活动。

---

① 王松丽，李琼.教师情感素养评估的新趋势：情境判断测验的开发构想 [J].教师教育研究，2021，33（6）：9-15.

② 陈松蹊，毛晓军，王聪.大数据情境下的数据完备化：挑战与对策 [J].管理世界，2022，38（1）：196-207.

　　例如，通过对学生在不同学习情境中的互动行为、学习成果和反馈信息的分析，教师可以识别哪些学习资源和活动最能吸引学生的注意力，哪些教学策略最有效，以及学生在学习过程中的情感状态如何。这些洞察使得教师能够更加精准地调整教学方法和教学内容，从而提升教学效率和学生的学习体验。

　　大数据管理不仅涉及对教学数据的收集和分析，还包括对这些数据的有效整合和应用。通过构建一个集中的教学资源数据库，教师可以轻松地访问和共享各种教学资源，包括视频、图表等多种形式的内容，从而为学生提供更加丰富和个性化的学习资源。同时，利用大数据技术，教师还可以实时跟踪学生的学习进度和成效，及时提供个性化的反馈和支持。

　　4. 学习情境的形式方法

　　多元化学习情境的构建是教学创新的核心，反映了教学资源的多样形式与实践方法。多元化学习情境不仅支持教学内容的多样化展示，还使学生学习体验更为全面和深入。通过综合运用各种教育技术，教师能够设计出不同的学习场景，促进学生群体感知和协作学习。[①]

　　随着教育技术的不断发展，多元化学习情境的表现形式和应用方法变得更加灵活和多样。这些技术的应用不限于传统的教学资源，如文本、图像、视频，还扩展到了模拟互动、虚拟现实等更为动态的内容形式，极大地丰富了学习情境的构成。此外，技术支持还使得教学资源的时间和空间分布更为灵活，学生可以根据自己的学习节奏和空间偏好，选择最适合自己的学习方式和学习地点。

　　这种多样化的学习情境对于促进学生的交流和互动具有重要意义。在这样的情境中，学生不仅可以接触到丰富多样的学习资源，还能通过

---

① 欧阳嘉煜，汪琼. CSCL 情境中的群体感知工具：设计类型与效果评估 [J]. 现代远距离教育，2022（1）：14—23.

群体讨论、项目合作等形式，与同学进行深入的交流和互动。这种协作学习模式不仅有助于提高学生的学习效率，还有助于促进学生的社会技能和团队协作能力的发展。例如，利用虚拟现实技术创造的历史场景可以让学生身临其境地体验历史事件，角色扮演和模拟互动让学生加深对历史知识的理解和记忆。又如，线上协作平台可以让学生在不同地点共同参与到同一个项目中，通过共享文档、实时讨论和互动反馈，共同完成学习任务。这不仅提高了学习的效率，还增加了学习的乐趣。

5. 学习情境的技术运用

在当前教育领域，将先进技术应用于在线教学成为教学改革的关键环节。这要求教师不仅要深入分析和评估技术在在线教学中的应用效果，还要将学习情境与教学设计紧密结合，致力创新学习情境的设计。这种方式可以促进多元化学习情境与课程教学内容的深度融合，创建出既合理又具有创新空间的学习情境。

技术的合理运用在这一过程中起到了至关重要的作用。依托智能技术的支持，教师可以生成包含丰富信息的多模态数据，这些数据不仅包括文本、图像、视频等传统形式，还包括交互式和实时反馈等新型数据。这些多元化的数据类型为课堂教学提供了新的视角和方法，使得教学内容更加丰富、互动性更强，从而增强了学生的学习体验。

此外，先进技术的应用还为教学研究带来了革命性的变化。通过对多模态数据的分析，教师能够更准确地捕捉学生的学习需求、偏好和问题，实现教学内容和方法的个性化定制。这种基于数据的教学决策不仅提高了教学的精准度，还促进了教学资源的合理分配和利用。[1] 举例来说，通过分析学生在虚拟实验室中的操作数据，教师可以发现学生在实验过程中的难点和错误，据此调整教学策略，采取更有针对性的辅导方

---

[1] 王超，顾小清，郑隆威. 多模态数据赋能精准教研：情境、路径与解释 [J]. 电化教育研究，2021，42（11）：114–120.

式。同样，通过跟踪学生在线学习平台的活动记录，教师可以发现学生对某些教学内容的兴趣和需求，进而提供更加贴合学生需求的学习资源和任务。

（二）多元化学习情境的质量要求

多元化学习情境对教学内容、时间安排、空间布局、资源配置以及学习体验等方面都提出了更高的质量要求，具体如图5-1所示。

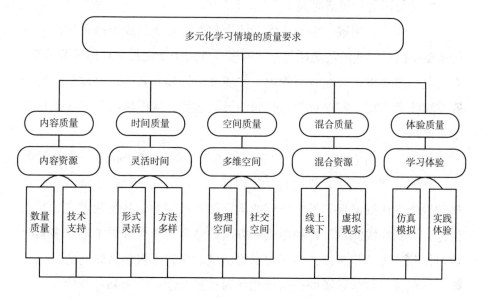

图5-1　多元化学习情境的质量要求

1.学习情境的内容资源

在构建多样化的学习情境过程中，教学内容的丰富性和高质量是至关重要的。这意味着，教学内容的设计需避免单调和刻板，确保有足够的灵活性来满足不同学习需求。从提升学生知识和技能水平的角度出发，教学资源的数量、质量以及教学内容的技术呈现方式都应达到一定的标准。优质的教学内容是多元化学习情境展现出吸引力和应用效果的关键，能够促进学生的深入学习和理解。

为了使教学内容更加生动和具体，教师应当结合实践教学的需求，不断提升教学技巧和技能。这不仅包括传统的教学方法，还包括如何有效地运用数字化教学工具来支持教学活动，使教学内容更加符合学生的学习习惯和兴趣。通过技术的支持，教师可以获得更丰富、更高质量的教学资源，并且能够增强教学内容的感知度，使学生能够在多元化学习情境中获得更好的学习体验。

2. 学习情境的灵活时间

在当今教育领域，多元化学习情境和教学方法已成为提高教育质量的重要手段。形式的灵活性与方法的多样性对于实现教学目标至关重要。多元化学习情境强调在时间管理上实现灵活性和高效性，通过创新教学资源和技术支持，实现对学习时间的灵活运用，从而提高学习效率和教学效果。

例如，在引入 MOOC 作为学习资源时，时间管理成为一个关键因素。MOOC 平台的灵活性允许学生根据自己的时间安排自主学习，而多样的教学方法则确保了教学内容的丰富性和吸引力。从视频讲座到互动讨论，再到在线测试，各种形式和方法的结合为学生提供了丰富多彩的学习体验。进一步来说，多元化学习情境的构建不仅包括时间的灵活安排，还包括对教学资源的创新运用。通过结合学习需求和最新的教育技术，如虚拟现实、增强现实等，教师可以设计出既符合学习目标又能激发学生兴趣的教学活动。这种方法的多样性不仅有助于学生更好地掌握知识，也有助于学生批判性思维和创新能力的发展。

3. 学习情境的多维空间

在构建多元化学习情境时，物理空间与社交空间的有机结合对于营造一个富有成效的学习情境至关重要。物理空间不仅涉及教室和硬件资源等传统的学习场所，还包括通过技术创新而得以扩展的虚拟空间，如在线学习平台和虚拟实验室等。这些空间为学生提供了丰富多样的学习资源，满足了不同学生的学习需求。社交空间则强调了学习的交互性和合作性，包括学生之间的讨论、教师与学生之间的互动以及更广泛的学术社区的参与。这种社交互动不仅增加了学习的深度，还促进了知识的共创和共享。

为了充分发挥物理空间和社交空间在教育中的作用，教育技术的应用至关重要。融入互联网技术、人工智能和大数据等，可以使学习情境变得更加灵活和动态，不仅提高了教学资源的可接入性和多样性，还增强了学习过程的互动性。例如，通过在线论坛和社交媒体平台，学生可以在任何时间和地点参与到学习交流中，打破物理空间的限制；而智能教学系统能够根据学生的学习行为和表现，提供个性化的学习建议和资源，实现知识的精准推送。

教育技术的支持使得学习情境的构建不再受限于传统的领域，而是向着更加开放、互动和个性化的方向发展。教师可以利用大数据来分析、评估和优化学习情境，确保教学资源的有效配置和利用，同时通过人工智能技术加强学习过程的监控和引导，提高学习效率和质量。此外，互联网技术的应用还促进了跨学科和跨文化的学习交流，拓宽了学生的视野，培养了他们的国际竞争力。

4.学习情境的混合资源

混合教学模式，通过线上线下与虚拟现实的结合，为学生提供了一个内容丰富、形式多样的学习情境。这种情境能够更好地满足学生的学习需求，提升学习效率和质量。在这一模式中，线上资源的灵活性与线下教学的互动性相互融合，通过虚拟现实技术的加持，创造出接近真实的学习体验，使得学生能够在沉浸式的环境中进行学习，从而加深对知识的理解。

教育技术的应用是混合教学资源优化的关键，不仅能够将传统的教学资源数字化，提高教学资源的可访问性和多样性，还能够通过虚拟现实、增强现实等技术手段，为学生创造出近似真实的学习情境。例如，通过虚拟现实技术模拟化学实验室，学生可以在没有危险的情况下进行实验操作练习，这不仅提高了学习的安全性，还增加了学习的趣味性和实践性。

技术赋能下的多元化学习情境，使得混合教学资源能够更好地与情境创设和情境实践相结合。这种多角度、多层次的学习情境设计，不仅能够为学生提供更加全面的知识视角，还能够激发学生的学习兴趣，促进学生的主动学习和深入思考。此外，混合教学资源优化还需要教师对教育技术熟练掌握和创新应用。教师不仅要灵活运用线上线下的教学资源，还要根据教学目标和学生的学习需求，合理设计和调整教学活动。这要求教师不断提升自己的数字化素养，积极探索和实践新的教学方法和技术，以更好地适应数字时代的教育需求。

5.学习情境的学习体验

在设计多元化学习情境时，仿真模拟技术和学生实践体验成为关键考量。这种学习情境不仅追求内容的多样性和形式的创新性，更注重如何通过仿真模拟技术为学生提供接近真实的学习体验，进而增强个性化学习的效果。通过高质量的仿真模拟，学生可以在安全的环境中探索和实践，如同置身于真实情境中一样。这种体验极大地提升了学生学习的积极性和有效性。

为了满足学生对于多元化学习情境的个性化需求，教师需要深入了解学生对不同学习情境的实践体验和反馈。这不仅包括学生在仿真模拟环境中的操作体验，还包括他们对这种学习方式的感受和认知。通过收集和分析学习体验数据，教师能够更准确地把握学生的学习状态和需求，进一步优化和调整教学资源，使其更贴合学生的个性化学习路径。同时，为了确保多元化学习情境能够高效地促进学生的个性化学习体验，必须对仿真模拟和实践体验的质量进行严格监测。这包括评估仿真模拟技术的真实度、互动性、易用性以及实践体验的丰富性、参与度等多维度指标。通过建立一套全面的质量监测机制，教师不仅可以及时发现并改进教学资源和方法中的不足，还可以更好地满足学生对多样化学习体验的追求，从而提升学习效果。

二、信息技术在视障学校小学语文情境教学中的应用

在语文实践活动中积累和建构核心素养十分重要，特别是在真实的语言运用情境中。对于视障学校小学语文教学来说，这就意味着需要特别重视学习情境的创设。这些情境不同于传统语文课堂教学环节，而基于真实语言运用情境，即学生综合运用所学的语文知识、技能和情感态度来有效解决典型问题。这样的学习情境应源于生活中对语言文字运用的真实需求，并服务于解决现实生活中的真实问题。

在视障学校小学语文教学中，教师需要适时关注互联网时代日常生活中语言文字运用的新现象和新特点。这要求教师深刻理解信息技术对视障学生阅读和表达交流的影响，并将这些变化与影响转化为创设多元化语文学习情境的资源。同时，教师需要积极提升自己的数字化素养，熟练运用互联网、大数据及适合的教学软件等，以优化课堂学习情境，增强视障学生的真实体验。

教师在利用信息技术优化课堂学习情境时，应将信息技术作为视障学生自主学习的工具，也是情感激励的工具。①在教育数字化转型的背景下，教学模式正在向"人机共教"的方向发展，即一种人机融合的新型双师模式。在这个过程中，始终坚持以人为本的基本立场，服务于视障学生语文学习至关重要。

在这样的时代背景下，视障学校小学语文教师需要不断提升自身的数字化素养，更加主动和大胆地尝试，开发并积累丰富的实践案例。例如，教师可以运用数字化教学工具创设一系列基于实际生活场景的学习任务，让视障学生通过模拟真实的购物、旅行或社交场景，来学习和实

---

① 余胜泉.教育数字化转型的关键路径［J］.华东师范大学学报（教育科学版），2023，41（3）：62-71.

践语文知识。这样不仅提升了视障学生的语言运用能力，还促进了他们对所学知识的理解和应用。

另外，教师可以利用数字化平台加强视障学生之间的交流和合作，如通过线上讨论板或协作写作软件，使视障学生能够在虚拟空间中共同完成语文项目。这种方式不仅促进了视障学生之间的社交互动，还提高了他们的创造力和批判性思维能力。

在视障学校中，教师还可以利用特殊的辅助技术，如语音识别和屏幕阅读软件，帮助视障学生更好地接触和理解文本内容。通过结合这些技术与传统的教学方法，教师可以创造一个更加包容和有效的学习环境，使视障学生也能够充分参与并受益于语文学习。

第六章 视障学校数字化转型成功案例 与实践成果

第一节 广州市某盲人学校开展信息技术赋能的新时代 语文课

2019 年 2 月，《中国教育现代化 2035》发布，加快信息化时代教育变革成为国家教育现代化战略任务的一部分。2021 年 7 月，《教育部等六部门关于推进教育新型基础设施建设构建高质量教育支撑体系的指导意见》发布，明确了推动教育数字化转型的目标。广州市某盲人学校积极响应政策号召，将信息技术融入教学中，特别是在小学语文课程中推行数字化教学，取得了显著的成效。

由于学校教育对象的特殊性，教师应将信息技术融入语文教学的全过程，包括课前准备、课堂讲授、课外活动、课后评定，具体实施过程如表 6-1 所示。教学过程充分应用了信息技术。通过这一系列的措施，广州市某盲人学校在全国的特殊教育领域树立了典范，为视障学生提供了更加丰富和高效的学习体验。

表6-1　广州市某盲人学校将信息技术融入语文教学的具体实施过程

阶段	内容	目的
课前准备	教案设计、学习单元规划、教材编写、资源搜集整理。应用Word、PowerPoint 等软件，提高准备效率和质量。重视听觉元素的运用，确保教学设计的无障碍性和包容性	为学生创造丰富、有趣且易于接受的学习环境，促进学生的全面发展
课堂讲授	利用多媒体和网络资源进行教学，如词汇和诗歌教学。通过声画同步的多媒体教学方法，提高学生的学习兴趣和互动性	使学生在轻松愉悦的氛围中掌握知识，深化理解。激发学生的想象力和创造力
课外活动	设计多样化的课外活动，如游戏竞赛、分组合作学习、专题研究等，融入信息技术，提高学生的自主探索和团队合作能力	促进学生通过多种途径主动探索知识，培养学生的自学能力和团队合作精神
课后评定	使用 PowerPoint、Excel 等软件进行学生学习成果的评估和分析，根据评定结果进行教学调整和个性化教学	针对学生进行个性化教学，提升教学质量。加强家校沟通，共同促进学生全面发展

一、课前准备——以人为本，活用资源

课前准备是教学活动开始之前进行的一系列准备工作，这不仅包括教案的设计、学习单元的规划、教学活动的安排与时间规划，还涉及课程内容参考资料的搜集、编排和教材的编写。这一阶段是高效课堂的基础，确保教学内容既丰富又有序，能够满足学生的学习需求。

在这一过程中，信息技术的应用极大地提升了课前准备的效率和质量。例如，教师利用 Word 软件可以便捷地制作教案、教学流程图、讲义以及测验题目。Word 软件的高效编辑和排版功能使得教学材料更加规范、易读，使教师能够快速调整和优化教学内容。

此外，PowerPoint 软件是制作视障学校小学语文教学内容幻灯片的

理想工具，可以辅助教学，为视障学生提供学习支持。尽管视障学生无法直接从视觉上获得信息，但巧妙设计的声音和动画效果，可以有效地引起视障学生的兴趣，增加视障学生学习的互动性和趣味性。

网络资源的搜索和整理也是课前准备的重要组成部分。教师利用互联网搜集与教学主题相关的资源，并进行分类整理，形成个人的教学材料资源库。这不仅丰富了教学内容，还为教学提供了更多样的视角和案例。使用 FrontPage 等网页设计软件制作教学主题网站，可以更系统地整理和展示教学资源，便于视障学生在课前或课后访问，增加学习的连续性和深入度。

在进行这些课前准备工作时，教师在充分考虑学科特点及视障学生的具体需求后，在教学设计上要着重于听觉元素的运用，如声音解说、音乐背景和语音讲解等，以确保视障学生能获得有效的学习体验。同时，教师在色彩搭配、动画和声音的运用方面也需要充分考虑低视力学生的视觉需求，确保教学设计的无障碍性和包容性。

通过精心的课前准备，教师可以为视障学生创造一个更加丰富、有趣且易于接受的学习环境，促进视障学生的全面发展。

二、课堂讲授——创设情境，融入教学

在现代教学实践中，课堂讲授已经从传统的单向传播模式转变为更加互动、多维的模式。这种变化得益于信息技术的广泛应用。信息技术为教学提供了丰富的资源和工具，极大地提高了教学效率和学生的学习兴趣。广州市某盲人学校的教师在充分认识到这一点后，积极应用信息技术。特别是在语文教学中，教师利用多媒体和互联网的特性，将抽象的教学内容变得生动、具体，使视障学生在轻松愉悦的氛围中掌握知识，深化理解。

例如，在词汇教学中，特别是涉及不常见的鸟类，如"黄鹂""白头翁"和"夜莺"等词语时，传统的教学方法往往难以准确传达这些鸟类

的形象和特征，尤其是对视障学生而言。借助信息技术，教师可以引导视障学生使用互联网搜集这些鸟类的图像和叫声，通过视听结合的方式，让视障学生更加直观、深刻地理解和记忆这些词语，从而使这些词语在视障学生心中建立起鲜明的形象记忆，为视障学生日后的学习奠定坚实的基础。

又如，针对诗歌教学，教师可以通过声画同步的多媒体教学方法为视障学生创设丰富的情境体验。以《秋思》为例，教师展示一幅配有《流浪歌》背景音乐的深秋景象，可以使视障学生在声画融合的环境中沉浸于诗歌所描绘的意境。这种教学方式不仅激发了视障学生的想象力和创造力，还让视障学生在情感上产生共鸣，深刻体会诗歌的情感和意境，使得诗歌学习变得更加生动和有效。

在教学具体实施方面，信息技术的融入手段多样化。通过 PowerPoint 软件制作课件、运用教育软件、整理网络资料，甚至直接在课堂上浏览相关网站，教师能够为视障学生展示更加丰富、多元的教学内容。对视障学生而言，多媒体技术可以提供听觉、触觉等多种感官体验，帮助他们在非视觉层面上接触和理解语文知识。

此外，信息技术的引入还促进了视障学生自主学习和探究学习的能力发展。通过上网搜集资料、制作课件和参与互动讨论，视障学生能够主动参与学习过程，培养解决问题的能力和创新思维。这种教学模式不仅使视障学生在知识掌握上更加主动、深入，还为他们的全面发展提供了广阔的空间。

三、课外活动——拓展空间，丰富知识

在广州市某盲人学校的语文教学中，课外活动的设计不仅是对课堂讲授的有效补充，更是提高视障学生综合素质、激发视障学生学习兴趣的重要手段。这些活动穿插于课前、课中及课后，形式多样，包括游戏竞赛、分组合作学习、专题研究等，旨在促进视障学生通过多种途径主

动探索知识，培养自学能力和团队合作精神。

值得一提的是，将信息技术融入课外活动的设计中，极大地丰富了教学内容和形式。例如，通过网络专题式学习，视障学生可以进行小组分工，利用互联网资源自主寻找问题答案。这不仅让视障学生在解决问题的过程中学会独立思考，还促使他们学会如何利用信息技术收集和处理信息，提高了信息素养。

课前预习作业的布置，特别强调对视障学生动手操作能力的培养。利用网络资源进行预习，不仅可以让视障学生对即将学习的内容有一个初步的了解，还能激发视障学生的学习兴趣，为课堂讲授打下良好的基础。在此过程中，教师可以指导视障学生如何高效利用网络资源，教授他们筛选信息的方法，从而提升他们的自主学习能力。

在课外活动设计中应用信息技术，对于促进语文学科的个性化教学具有重要意义。通过利用信息技术，教师可以根据视障学生的不同需求和学习进度，提供更加个性化的学习资源和指导。例如，利用在线教育平台，教师可以为视障学生提供不同难度的学习材料，通过线上测评了解视障学生的学习情况，进而为每一名视障学生量身定制学习计划。此外，信息技术还能促进学生之间以及师生之间的互动交流，无论是通过学习管理系统的讨论区，还是利用社交媒体进行知识分享，都能有效提高学习的互动性和趣味性。

四、课后评定——查缺补漏，改进调整

课后评定在教学过程中扮演着至关重要的角色，它不仅是对学生学习成果的一种回顾和总结，更是对教学方法和策略进行调整的重要依据。特别是在广州市某盲人学校这样的特殊教育机构中，如何有效地运用信息技术进行课后评定，针对视障学生进行个性化教学，显得尤为重要。

通过 PowerPoint 软件，教师可以制作丰富多彩、形式多样的评定材料，不仅能够吸引视障学生的注意力，还能够根据视障学生的具体需要

调整题目的难易程度和内容，使评定活动更加贴合视障学生的实际水平。此外，教师引导视障学生利用网络资源完成作业并展示，不仅能够激发视障学生的学习兴趣，还能够培养他们的信息搜集和处理能力，为他们今后的自主学习打下良好的基础。

使用 Excel 软件统计数据，制作分析图表，教师可以直观地了解视障学生的学习情况，如成绩分布、知识掌握的薄弱环节等，从而根据分析结果进行针对性的教学调整。① 例如，如果发现大部分视障学生在某一篇课文的理解上存在困难，教师可以在接下来的教学中增加该篇课文的讲解和讨论，或者通过分组合作学习的方式，让视障学生之间相互帮助，共同解决学习难题。

在课后评定的基础上，应用信息技术进行个性化教学显得尤为关键。通过建立视障学生学习档案，记录每一名视障学生的学习进展、成绩变化和兴趣偏好，教师可以利用信息技术对这些数据进行深入分析，从而为每一名视障学生制订更加个性化的学习计划。例如，对于学习速度较快的视障学生，教师可以通过在线学习平台向其推送更多的拓展学习资料和具有挑战性的任务；对于需要更多辅导的视障学生，教师可以对其安排适当的复习和加强练习，甚至利用线上辅导资源对其进行一对一的指导。

此外，信息技术还使得家校之间的沟通更加便捷高效。通过电子通信工具，教师可以及时将视障学生的学习情况反馈给家长，与家长共同探讨视障学生的学习计划和教育方法，形成家校合力，共同促进视障学生的全面发展。

---

① 余胜泉，马宁，何克抗. 信息技术与语文教学整合的具体方式 [J]. 语文建设，2002（11）：44-46.

第二节 乌鲁木齐市某盲人学校"数字化赋能＋实践教学"语文课堂新模式

《"十四五"特殊教育发展提升行动计划》要求，到2025年初步建立高质量的特殊教育体系，其中课程和教材体系的进一步完善是重要组成部分。课程作为教育和教学活动的基础框架，其建设对于提升学校整体教育质量至关重要。核心素养涵盖了学生知识、技能、情感、态度、价值观等多方面的综合表现，代表了学生应具备的、能够适应终身发展和社会需求的基本品格和关键能力。

近年来，乌鲁木齐市某盲人学校在借鉴普通学校《义务教育课程设置实验方案》基础上，针对视障学生的特殊身心发展需求，进行了课程设置。课程设置旨在实现教育的核心目标：培养视障学生掌握未来发展所需的知识与能力，以便他们能够适应社会。学校推行了一系列课程改革措施，如激发视障学生潜能、将学习与生活紧密联系、进行综合康复以及医教结合，并开展开放式教育，从而确立了一个既源于社会，又适应社会，更服务于社会的全面课程观。

该校以多民族学生群体、多学段、多教育类型为主要特色，积极整合学科课程，通过数字化赋能和实践教学相结合的方式进行教学，旨在构建一个既符合视障学生成长需求，又遵循学科学习规律，既适应社会发展需要，又具有边疆地域文化特色的视障学校课程体系，以满足视障学生多元化的发展需求。通过这些努力，学校不仅在自主课程改革中发挥了关键作用，而且确保了教育改革和课程建设朝着正确的方向推进，为视障学生提供了一个全面且富有成效的学习环境。

一、以数字化为导向的视障学校课程体系建构

在《盲校义务教育语文课程标准》的指导下，学校针对视障学生的身心发展特征，依照中国学生发展核心素养所概括的三个方面、六大素养及十八个基本要点，设定了全面发展的教育目标。这一目标在以数字化为导向的课程整合中得到体现，涵盖了课程设计和内容的多个方面。学校对国家课程、地方课程及校本课程进行了整合，形成了一个多元化的课程体系。其中包括人文型、科学型、信息型、适应型、德育型和创新型课程，旨在为视障学生提供全方位的教育和培养。

（一）以展现人文底蕴核心素养为主线的人文型课程

人文型课程在视障学生的教育中占据了核心位置，旨在为视障学生提供一个坚实的共同发展基础，同时促进视障学生基本素质的形成与发展。视障学校的课程设置与普通学校的课程设置大体相同，主要包括语文、英语、历史和地理等，都是旨在培养视障学生的综合人文素养的必修课程。视障教育，尤其是语文学科，不仅重视知识的传授，更重视通过数字化教学手段展现语文学科的人文底蕴。

语文学科作为人文型课程的重要组成部分，其教学内容不仅是语言文字的学习，更是文化、历史、哲学等人文知识的综合体现。通过数字化教学资源，如电子图书、有声读物和在线文化课程，视障学生可以更深入地接触和理解博大精深的中华传统文化。数字化教学工具，如屏幕阅读软件和语音合成设备，使得视障学生能够有效地接触到丰富的语文学习内容，包括经典文学作品的诵读、文化背景的解析以及语言艺术的欣赏，从而深化他们对语言和文化的理解和感悟。

此外，学校为了提升视障学生的盲文读写能力，特别开设了一系列校本课程，如语音训练、经典诵读、盲文打字等。这些课程不仅强化了视障学生的基础学习技能，更加入了丰富的人文元素。通过经典文学作

品的诵读，视障学生在提升语言技能的同时，能感受到文学作品的魅力和深层意义。

在语文学科的数字化教学中，人文底蕴的体现不限于知识传授，更重要的是培养视障学生的文化自觉和人文关怀。通过对经典文学、历史文化的学习和探讨，视障学生能够建立起对中华文化的深厚感情，增强文化自信。同时，数字化教学的便利性和互动性也为视障学生提供了平等参与人文学科学习的机会，使他们在人文素养的培养上不受限制，能够与普通学生享受同等的教育资源和学习体验。

（二）以开发科学精神核心素养为主线的科学型课程

科学型课程作为基础教育的重要组成部分，涵盖了数学、物理、化学、生物等多个领域。这些课程不仅传授科学知识，还培养视障学生的科学思维和方法。为了更好地适应视障学生的特殊学习需求，学校开设了盲人科技等校本课程。这些课程经过特别设计以帮助视障学生克服在感性认知和抽象思维方面的困难，采取以视障学生为中心的异步教学模式，强调利用网络课程资源，促进视障学生自主学习。

在语文学科的数字化教学中，体现科学精神的内容不限于对传统科学课程的学习。通过数字化平台，语文教学能够整合跨学科的知识，将科学精神与人文素养相结合。例如，通过学习科技发展史、阅读名人传记，以及探索科学背后的哲学思考，视障学生不仅能学习语言知识，还能深入理解科学探索的过程和精神。数字化教学资源，如在线课程、电子图书、科普视频等，能够提供丰富的学习资料，让视障学生通过听觉和触觉等感官体验科学的魅力和深度。

此外，语文学科的数字化教学也鼓励视障学生探究科学与语言、文学之间的联系，如科学术语的来源和演变、科学概念在文学作品中的应用等。这种跨学科的学习方式不仅增加了学习的趣味性，也促进了视障学生抽象思维的发展和科学素养的提高。

通过网络课程资源的开发和利用，学校能够为视障学生提供个性化、多样化的学习内容，包括但不限于互动式学习软件、有声读物，以及通过触觉反馈设备体验的科学实验等。这些资源使得视障学生能够在无法获取视觉信息的情况下，通过其他感官深入理解和掌握科学知识，展现了数字化教学在促进视障学生科学精神培养方面的巨大潜力。

（三）以显现学会学习核心素养为主线的信息型课程

在当前的教育体系中，信息型课程扮演着至关重要的角色，特别是在引领视障学生步入新知识领域、理解新概念及掌握新技能方面。这一课程类别主要涵盖信息技术和科学研究等领域，着重于视障学生对知识的学习和对技能的掌握。视障学生学习信息技术具有特殊的挑战，因此学校特别开设了适合他们的校本课程——盲用信息技术。该课程旨在教导视障学生了解信息技术在学习上的支持和促进作用，使视障学生掌握如盲文刻印机、盲文打印机、盲用装订设备、盲文制图设备等盲用现代信息辅助设备的规范操作流程，并熟练利用国家网络资源平台等。

对于语文学科而言，数字化教学不仅是新知识和新概念的传递渠道，也是视障学生学习应用信息技术的实践途径。通过数字化教学，视障学生可以接触到丰富多样的语文教学资源，如电子图书、在线文库、有声读物等。这些资源不仅丰富了视障学生的学习内容，也提高了视障学生的学习效率。此外，通过学习使用各种信息检索工具和学习管理系统，视障学生可以更加主动地获取知识，进行自我学习和探索。这种学习方式有效地提升了视障学生的信息技术应用能力，使他们能够在日后的学习和生活中更好地利用信息技术解决问题。

数字化教学在语文学科中的应用也体现在提高视障学生信息素养上。通过对信息技术的学习和应用，视障学生不仅能够掌握基础的信息处理技能，还能够批判性地评价和选择信息，有效地利用信息技术进行沟通和创造。例如，视障学生可以通过网络平台参与在线讨论，共同完成项目作业。这不仅提高了他们的语文学习能力，也锻炼了他们的协作和沟通技能。

（四）以呈现健康生活核心素养为主线的适应型课程

适应型课程旨在促进视障学生在身体和心理等方面的健康、协调和持续发展，特别强调社会适应性的重要性。在语文数字化教学中，这一概念被扩展以包含营造视障学生的健康生活方式。适应型课程如体育与健康、综合康复、音乐、美工、定向行走和社会适应，以及地方课程如心理健康教育，都是为了满足视障学生的终身发展需求。学校针对视障学生开设的校本课程，如适应性体育、声乐、器乐、手工艺品制作、低视力康复和中医文化等，进一步促进了视障学生的多元化发展。

在语文数字化教学的框架下，营造视障学生健康生活方式的教学内容不仅应包括传统的语文知识，还应融入与健康生活相关的素材和主题。这包括使用数字化平台和资源来介绍健康饮食、日常锻炼、心理疏导以及社会交往技巧等方面的知识。通过讲述相关的文学作品、健康生活小故事或提供互动式健康生活指导课程，语文数字化教学可以帮助视障学生更好地理解和实践健康生活的各个方面。

此外，利用数字化教学工具，如有声读物、电子图书和在线互动平台，语文数字化教学可以为视障学生提供更加丰富多彩的学习体验。例如，通过听觉和触觉辅助设备，视障学生可以更加方便地接触到与健康生活相关的内容，如瑜伽、冥想以及其他放松技巧。这些都是促进心理健康的重要工具。数字化教学平台还可以提供定制化的健康管理和康复训练计划，帮助视障学生根据自己的具体情况进行学习和练习。

通过整合适应型课程和语文数字化教学资源，学校可以为视障学生创造一个支持他们健康生活的学习环境。这不仅促进了视障学生对于语文学科的学习，也为他们的身心健康和社会适应能力的提升打下了坚实的基础。这样的教学模式强调了健康生活习惯的重要性，并通过教育的力量，为视障学生的全面发展铺平了道路。

（五）以展现责任担当核心素养为主线的德育型课程

德育型课程着眼于视障学生在政治思想、道德修养等方面的全面发展，通过有目的和有计划的教育活动，培养视障学生的社会责任感和国际视野，并进行深入的道德教育和责任担当的培养。在这一教育领域中，语文数字化教学扮演了重要角色，将传统的德育内容与信息技术相结合，创新德育教学方法，丰富德育教学资源，提高德育教学效果。

此外，学校开设的具有边疆民族特色的校本课程，如民族团结一家亲和安全教育，通过数字化教学手段，如互动软件和情景模拟，使视障学生在享受现代教育技术带来的便利的同时，能够深刻体验和充分理解思想政治教育的核心内容。语文数字化教学手段的运用，不仅使德育型课程内容更加多样化，也使教育形式更加灵活多变，有助于提升视障学生的道德素养，增强其社会责任感。

语文数字化教学在德育型课程中的应用，使视障学生能够在互动和反思中学习道德规范，理解社会责任的重要性，培养责任担当的意识。这不仅有助于视障学生对德育知识的吸收和内化，而且有助于视障学生将学到的德育知识应用于实际生活中，实现从知识到行动的转化，从而促进视障学生全面发展，为其成为具有良好道德修养、强烈社会责任感和广阔国际视野的现代公民打下坚实基础。

（六）以彰显实践创新核心素养为主线的创新型课程

创新型课程聚焦于实践创新和面对挑战的过程，为视障学生提供丰富的社会体验，增强他们的动手能力。这类课程在国家、地方和学校三个层面上推行，目的是培育视障学生的创新精神和实践技能。国家层面的综合实践活动、地方层面的劳动课程以及学校特设的研学课程等，共同构成了培养视障学生综合能力的教学体系。

在语文数字化教学的实施过程中，实践创新的内容体现不限于传统的语言文字学习，而扩展到了如何运用数字化教学工具来探索语文知识、表达创意思维以及解决实际问题。例如，通过数字化平台，视障学生可以参与到线上的诗歌朗诵会、戏剧表演、故事创作等活动中。这些活动不仅使视障学生能够深入理解文学作品的内涵，还激发了他们对语文学科的兴趣，培养了他们的创新思维和表达能力。

此外，语文数字化教学还可以引导视障学生参与到更多的跨学科项目中，如结合历史、地理知识创作地方文化小说、制作电子杂志等。这些活动提高了视障学生的实践操作能力，同时锻炼了他们的信息技术应用技能。通过这样的实践创新活动，视障学生不仅能够获得知识和技能，还能够体验到创造和实践带来的成就感。

语文数字化教学在促进实践创新方面的一个重要之处是，为视障学生提供了平等参与各类活动的机会。通过听觉、触觉等多种感官的数字化学习资源，视障学生能够有效地参与到学习过程中，无论是进行文学作品的深度解析，还是参与创新性的实践项目，都能够确保他们与其他学生享有同等的学习机会。

二、以实践为导向的视障学校课程实施

学校在遵循课程标准的基础上，致力视障学生的全面发展，并采取综合措施推进各级课程的有效实施。国家课程，作为视障学生必须完成的部分，通过班级授课的方式组织教学，确保视障学生能够获得均衡的基础教育。而地方课程和校本课程，则更多地以兴趣为导向，以选修课的形式，提供给视障学生更为丰富和多样化的学习选择。这种课程设置旨在满足视障学生不同的学习需求和兴趣，促进其个性化发展。

在课程实施方面，学校特别强调以实践活动为核心，将学习内容与实际操作、体验相结合，主要分为五大类活动，如图6-1所示。以实践为导向的课程实施，旨在让视障学生通过动手实践和体验学习，深化对知识的理解和应用。例如，在语文教学中，以实践为导向的课程实施不

仅包括传统的读写训练，还涵盖了文学作品的表演、创意写作工作坊、诗歌朗诵会、古代文化探索活动等。这些活动既能激发视障学生对语文知识的兴趣，又能培养他们的创新思维和表达能力。

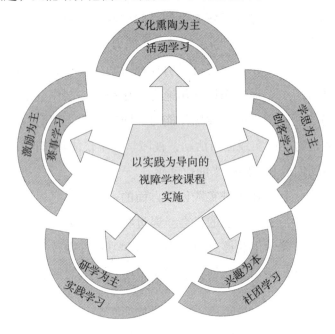

图 6-1　以实践为导向的视障学校课程实施

　　通过将语文学科与实践活动相结合，学校能够激发视障学生的学习动力，提高他们的参与感和满足感。实践活动的设计旨在让视障学生在实际操作中遇到挑战、寻找解决方案、进行合作交流，从而在问题解决的过程中学习新知识、培养新技能。此外，这种方式还能帮助视障学生将在语文课程中学到的知识应用于日常生活和社会实践，增强他们的社会责任感和公民意识。以下从语文学科角度对学校组织的五大类活动进行具体分析。

（一）以激励为主的赛事学习

　　赛事学习作为一种通过竞技来促进视障学生智力、体能及技术技能等方面发展的学习形式，已经被广泛应用于教育实践中。学校对于小学高年级的视障学生提出了明确要求，即必须掌握至少两种运动技能，以确保视障学生的全面发展。此外，为了使教师和视障学生加强体育锻炼，学校规定每一位教师和视障学生都必须参与至少一项校运会运动项目，如专为视障学生设计的盲人门球、盲人跳绳和盲人乒乓球等适应性体育项目。这样的规定不仅为视障学生提供了丰富的体育锻炼机会，而且通过竞技活动激发了他们的学习兴趣，促进了他们学以致用。

在此基础上，将语文学习内容融入赛事学习中，可以进一步拓宽视障学生的学习视野，提升他们的综合素质。例如，组织语文知识竞赛、古诗文背诵比赛、故事讲述大赛等。这些赛事不仅涵盖了语文学习的核心内容，还充分激发了视障学生对语文学习的热情。通过组织和实施这些赛事，视障学生不仅能够加深对语文知识的理解和记忆，还能在实践中培养思维能力、语言表达能力，提升文化素养。

此外，学校所设置的以语文学习内容为主的赛事还包含跨学科竞赛，如结合语文和历史知识的故事创作比赛，或是结合语文和美术知识的古诗词书法比赛。这种跨学科的赛事设计不仅能够促进视障学生对于语文知识的深入学习，还能够激发他们对其他学科的兴趣，促进他们综合素质的全面发展。

通过组织这些赛事，学校不仅能够营造一个积极向上的学习氛围，还能促进视障学生身心的健康发展。视障学生在参与这些赛事的过程中，不仅能学习到知识，还能在竞技中培养团队合作精神、公平竞争意识。

（二）以研学为主的实践学习

实践学习在帮助视障学生深入了解社会、认识国情、培养高尚品格以及增强社会责任感方面扮演着至关重要的角色。此类学习通常包含两个主要方面：校内的研究性学习和校外的游历学习。在校内的研究性学习过程中，视障学生在教师的引导下，通过小组合作的方式，围绕教师提出的研究问题进行深入讨论，之后进行成果的总结和汇报。在教师的点评和进一步提问之后，视障学生携带着新的问题和思考，参与到校外的游历学习中，以获得更加丰富的实践经验。

学校将语文学习内容融入实践学习中，为视障学生设计一系列以语文知识和文化体验为核心的研学活动。

在校内的研究性学习中，教师可以组织视障学生围绕经典文学作品、中华传统文化或者地方特色文化进行研究。视障学生可以通过小组讨论、文献查阅和创意表达等多种方式，深入探索语文知识的研究主题，最终形成研究报告或项目展示。这样的活动不仅加深了视障学生对语文知识的理解，还能够激发他们对语文学习的兴趣，培养他们的研究能力和团队合作精神。

在校外的游历学习中，以语文学习内容为主的研学活动主要设计为文学地标的考察、名人故居的参访和地方文化的体验。例如，视障学生可以前往古诗文中提到的地点，实地感受古诗文背后的文化和历史背景，或者参访著名文学家的故居，了解他们的生平和创作经历，亲身体验地方戏剧、传统手工艺等文化活动。这种校外的游历学习不仅能够让视障学生直观地接触和感受中国丰富的文化遗产，还能够增强他们的文化自信和民族认同感。

（三）以兴趣为本的社团学习

社团活动整合校内外的教育资源，旨在提升视障学生的综合素质，通过创新的活动形式来满足视障学生多样化的发展需求。视障学生可以根据自己的兴趣爱好和特长自愿选择参加不同的社团，学校为此提供了一系列丰富多彩的社团选项，如兴趣英语、盲文打字、美工、音乐（包括声乐和器乐）、盲人门球、盲人乒乓球、盲人跳绳、中医八段锦、中医太极和经典诵读等。这些社团活动通常安排在每周三下午进行，以确保视障学生有足够的时间参与。

以语文学习内容为主的社团活动，如经典诵读社团，不仅强化了视障学生对传统文化和文学知识的学习，还为视障学生提供了一个培养和展示语言表达能力的平台。在社团中，视障学生可以深入学习和诵读中国古典文学作品，通过集体讨论和演绎，加深对文学作品背后文化和历史的理解。此外，创意写作社团鼓励视障学生将个人感悟和创意思维转化为文字，不仅锻炼了他们的写作技巧，也激发了他们的创新意识和批判性思维。

这些以语文学习内容为主的社团活动，通过提供一个互动性强、富有创意的学习环境，促进了视障学生个性的全面发展。视障学生在社团活动中的参与和实践，不仅能够提升他们的语文能力，还能增强他们的社交技能、团队协作能力和公共演讲能力。通过这样的活动，视障学生能够更好地理解语文知识的价值，将学习内容与现实生活紧密联系，实现知识到能力的转化。

（四）以学思为主的创客学习

创客学习作为一种将探究、设计、创造和合作融合在一起的学习方式，特别强调了学与思的结合。这种学习方式不仅适用于传统的实践科目，如美术，也同样适用于语文学习，并为视障学生提供了一个创新和自我表达的平台。创客学习引入语文课程可以通过多种方式体现。例如，组织视障学生参与剧本创作、故事编撰、诗歌创作等活动，不仅营造了充满创意的文化氛围，而且激发了视障学生的创造意识和动机，进而培养了他们的创造性思维。

学校设置的以语文课本内容为主的创客学习，围绕视障学生对文学、历史、文化的探究，设计了一系列的研究和创作项目。视障学生可以在教师的指导下，选择一个文学主题或文化现象进行深入研究，之后设计并实施一个相关的创作项目，如制作一本电子杂志、创作一部以特定历史事件为背景的小说或编写一部短剧。在这个过程中，视障学生不仅需要运用他们在语文课程中学到的知识，还需要运用他们的创造力、批判性思维以及合作能力，这正是学思结合的体现。

此外，结合信息技术的校本课程，如盲人信息技术课程，为视障学生提供了现代化的学习工具和资源，使他们也能够参与到创客学习中来。通过使用语音识别软件、盲文打印机等辅助设备，视障学生可以自主完成文学创作，在线发布作品，实现了创造性学习。这不仅提升了教育教学的质量，更重要的是为视障学生提供了平等参与创新和创造的机会。

通过将创客学习理念融入语文学习中，学校可以有效地促进视障学生的全面发展，不仅提升视障学生的语文素养，更重要的是培育视障学生的创新精神和实践能力。这种以语文学习内容为主的创客活动，充分体现了学思结合的理念，使视障学生在探究文化知识的同时，还能学会如何将知识转化为实践，如何在创造中实现自我表达和成长。

（五）以文化熏陶为主的活动学习

活动学习作为一种旨在培养和提升师生的文化品位、艺术修养以及科技创新精神的教学方式，通过围绕一个或多个节日的主题学习，为视障学生提供一个充满活力和创意的学习环境。在学期开始之前，学校通过集体讨论和策划，精心设计不同主题的校园节日活动，旨在通过多姿多彩的活动吸引视障学生的参与。例如，每年一月以历史为主题的迎新活动、三月以地理为主题的"走进自然"活动、四月以语文阅读为主题的读书月活动等。这些活动不仅丰富了视障学生的校园生活，更提升了他们的学习热情和参与度。

尤其是以语文学习内容为主的文化熏陶活动，如读书月活动，学校可以通过组织一系列的语文相关活动，如古诗词背诵比赛、经典文学作品讨论会、名著阅读分享会等，深化视障学生对中华优秀传统文化的理解和感悟。这些活动不仅使视障学生在浸润中华传统文化的过程中增长知识，还能激发他们对中华传统文化的热爱，增强他们的文化自信。

在具体组织这些活动时，学校应鼓励视障学生主动参与到活动的设计、策划、实施和评价中，从而使视障学生在实践中学习和成长。视障学生通过自己动手操作，不仅能够锻炼组织协调能力、创新思维，加强团队合作精神，还能够深刻理解和领会语文知识和文化精髓。

此外，学校可以将传统节日如春节、中秋节等融入校园活动中，设计相关的语文学习内容，如书写春联、赏析有关月亮的古诗词等，进一步加深视障学生对传统文化的理解和体验。这样的学习方式，不仅让视障学生在参与过程中感受到中华传统文化的魅力，还能够让视障学生在享受节日氛围的同时，提高语文素养和文化修养。

第三节 北京市某盲人学校以教育数字化赋能语文课程建设

北京市某盲人学校遵循教育部和北京市教育委员会关于特殊教育的指导，根据视障学生的身心发展特点，采取有特色的教育教学方法，力求科学发展和以人为本。学校的艺术团和体育队在各类比赛中屡获奖项，盲人计算机辅助技术和按摩专业的成绩，以及钢琴调律专业的独特贡献，都展示了学校在特殊教育领域的创新和成就。

学校还非常重视视障学生的德育，通过加强思想道德建设，鼓励视障学生利用知识改变命运，培养了一代又一代富有求知欲、仁爱心和自强不息精神的视障学生，使他们成为对社会有用的人。这一切努力都是为了保持和发展学校的文化传承，不断提升教育质量，为社会培养更多有用之才。

一、辅助设备的准备

（一）教学辅助设备

在提供教学服务时，特别是针对有视觉障碍的学生，学校采用了一种细致入微的分班教学方法。这种方法考虑到了视障学生的障碍程度和个体的学习特点，确保每一名视障学生都能接受到最适合他们的教育。为了达到这个目的，学校为视障学生提供了专门设计的教材和一系列教学辅助设备，旨在帮助他们克服在学习过程中可能遇到的障碍。

对于完全失明的学生，考虑到他们不能通过视觉接收信息的特殊情况，学校特别强调听觉和触觉的使用。在这种情况下，教室配备了能够发声的图画设备和各种模型，这些工具能够帮助视障学生通过听觉和触觉来理解和掌握课程内容，使得抽象的知识变得具体化、形象化。此外，为了让低视力学生也能够像正常视力的学生一样学习，学校提供了视觉辅助设备。这些设备，如画面放大器和大屏幕显示器，使得低视力学生能够更清晰地看到教材内容，从而在学习上与其他学生保持同步。

学校还特别重视视障学生对信息技术的掌握。视障学生入学后，将接受有关信息技术的集中培训，并根据个人的交流需求自主选择最适合的媒介。教师则负责指导视障学生如何熟练使用各种教学辅助设备，确保每一名视障学生都能够熟练掌握这些工具的使用方法。对于那些尚未掌握信息技术的视障学生，学校会根据他们的残疾情况提供个性化的技术培训，以便他们尽快掌握必要的操作技能。

在教学过程中，教师会指导失明学生通过环境认知手段或触摸屏幕等多种途径来获取信息，同时会教导低视力学生利用他们残留的视力和画面放大器来获得所需信息。通过这种方式，视障学生与教师之间的信息交流能够顺畅进行，确保了教学活动的有效性和视障学生学习成效的最大化。这种针对视障学生个别差异的教学方法展现了学校对于有特殊教育需求学生的深刻理解和专业支持，旨在为他们提供一个无障碍的学习环境，让每一名视障学生都能在教育的道路上平等地前进。

（二）生活辅助设施

为确保视障学生安全地在校园内自由活动，学校在整个校园以及教学楼的地板上铺设了专为盲人和低视力人士设计的盲道。这些盲道不仅指引方向，还为视障学生提供了一条安全的通道，帮助他们独立地在校园中活动。为使视障学生进一步熟悉校园环境，学校配备了专业的教学和养护教师。这些教师承担了向视障学生介绍校园环境的重要任务，包括如何有效地利用盲道，如何通过触觉和听觉感知与墙壁之间的距离，以及如何避免撞击到墙面上的任何突出物。

在校园设施的设计上，学校采取了特别措施以增强体育活动中的安全性。例如，在体育馆和游泳池中，学校采取了创新的设计理念以保障视障学生的安全。学校在游泳池的一端安装了与排水口类似的装置，这种装置能够通过触觉信号，让游泳中的视障学生感知到终点的临近，避免意外发生。同样，在篮球场上，篮球筐装有能够发出声音的装置，而体育馆的四角则以喇叭标记，通过声音诱导系统，这些装置共同作用，为视障学生提供了一个能够安全参与运动的环境。这些声音信号不仅帮助他们定位自身与运动设施的相对位置，还使得他们能够与视力健全的同学共同参与体育活动，体现团队精神，享受运动的乐趣。

通过这些周到的安排和技术创新，学校为视障学生创造了一个既安全又包容的学习和活动环境。这种环境不仅有助于提升视障学生的自我效能感，还强化了他们的社交互动，保障了他们的身体健康。学校对于安全措施的严格要求和对于培养视障学生独立性的支持，展现了学校对每一名视障学生个体需求的深刻理解和尊重，确保所有视障学生都能在一个充满关怀和支持的环境中成长和发展。

二、资源的活用

（一）教学资源

特殊教育研究者致力为视障学生提供全面的教学资源，这包括将教科书和参考书转换成盲文版本，开发教材的录音版和数字化信息，以满足视障学生的基本学习需求。这种转换不限于文本内容，还扩展到了对教学资源的广泛利用，包括指导视障学生通过网络进行学习，并为其他学校的视障学生提供远程教学服务。在这些服务中，文字被转换成可听的音频，极大地丰富了学习资源，使视障学生能够通过听觉来获取信息。

针对小学语文教学，学校采用了信息技术，开发了综合信息支援系统，旨在总结教育过程中积累的宝贵经验，并通过这个平台为教师和视障学生提供教学和学习咨询服务。在这个框架下，语文教学不仅包括传统的盲文教材，还包括通过自动盲文转换系统翻译的数字盲文教材，以及特别设计的教材。此外，学校还开发了一套将学科所需图片转换成盲文描述的教材，这对于帮助视障学生理解复杂的文学作品和诗歌非常有益。

一个具体的实例是，在小学语文教学中，学校利用信息技术开发了一套教学系统，该系统能够将课文内容转换为盲文和声音文件，使视障学生可以通过触觉和听觉双重方式学习。此外，学校还利用网络平台上传了一系列的远程语文课程。这些课程不仅包括标准的课程内容，还有为视障学生特别设计的互动练习和游戏，旨在增强视障学生的语言表达能力，提升他们的文学素养。

通过这种多元化的教学资源和方法，视障学生能够根据自己的特定需求，自主选择最适合自己学习方式的数字化教材。无论是通过盲文教材还是通过音频资源，视障学生都能够有效地学习语文课程，从而保证了他们在学习上的平等机会。这种创新的教学方法不仅促进了视障学生的个性化发展，还为视障学生提供了一种更加灵活和有效的学习途径，使他们能够在平等、包容的教育环境中充分发挥自己的潜能。

（二）学习咨询室

在教学方法研修中心内设有专门的学习咨询室，旨在为视障学生提供全方位的支持，以便他们能够迅速适应学校生活。入学指导服务既涵盖了对新入学视障学生的全面指导，也涉及为遇到特定学习挑战的视障学生提供个性化的辅导。对视障学生而言，学习咨询室能根据他们的具体需求，提供一系列教育支持服务，如为需要使用盲文进行学习的视障学生，专门教授盲文的书写和阅读技巧等。

学习咨询室的职能远超过基本学习技能的传授，还包括辅助视障学生采取高效的学习策略、提升学习效率以及激发学习动机等多方面。这样的服务使学习咨询室成为特殊教育体系中不可或缺的一环。学习咨询室不仅协助视障学生跨越学习障碍，还为他们的个人成长和全面发展提供了有力支持。

此外，学习咨询室还致力培养视障学生的自主学习能力和问题解决能力，采用"一对一"或小组辅导的形式，激励视障学生积极参与学习，勇于提问和探索，以期实现视障学生的自主学习和持续成长。这种具有针对性的指导不仅涵盖学术问题，也覆盖了情感、社交等领域，确保视障学生能够在多样化的学习环境中找到最适合自己的学习道路。

学习咨询室在特殊教育领域的设立，不仅体现了教育工作者对满足视障学生个性化需求的深切承诺，也显示了学校对教育全面性和包容性的重视。通过提供一个资源充足、支持全面的环境，学习咨询室不仅助力视障学生适应学校生活、提高学习效率，还促进了他们在学业和生活各方面的全面发展，确保每一名视障学生都能在学习旅程和生活历程中取得成就。

在这一过程中，学习咨询室的作用不可小觑，它通过细致入微的关怀和全面的支持，为视障学生提供了一个广阔的学习平台。不仅如此，学习咨询室还为视障学生提供了一个探索自我、认识世界的窗口，使他们能够在充满挑战的学习旅程中感受到成长的喜悦和自我价值的实现。通过这种全面而深入的教育支持，学习咨询室为特殊教育领域注入了新的活力，为视障学生的全面发展奠定了坚实基础。

三、教师团队信息技术应用能力的提升

教师在特殊教育体系中扮演着不可或缺的角色，作为教育活动的组织者和引导者，他们对于特殊教育的发展具有深远的影响。认识到这一点，教育部将视觉障碍教育者的信息技术应用培训纳入了师资培养计划，旨在提升这些教师的专业能力，进一步提高教育质量。教师应积极参与由教育部组织的年度研讨会，这些研讨会成为他们交流学习、提高与视障学生交流的能力、掌握视觉障碍教育教学方法以及学会应用教育辅助技术的宝贵机会。这种持续的专业发展活动强化了师资队伍建设，为视觉障碍教育信息化的发展提供了坚实的人才支撑。

为了推动特殊教育的进步，提高特殊教育教师的专业水平成为一个必要的任务。学校组织教师参加校内外的相关研修活动，而相关机构则对从事特殊教育的教师进行专业培训，颁发如视觉障碍教育教师资格认证等专门的特殊教育教师资格认证。随着特殊教育领域的不断发展，教师资格认证逐渐覆盖了更多类别，如视听觉障碍教育教师资格认证，反映了特殊教育领域对教师专业能力要求的提升和多元化。

在教育实践中，学校致力为视障学生提供个性化的教学服务，确保每一名视障学生都能够在社会上立足。学校不仅获得了其他学校相关学科教师的协助，在开发适合视障学生的新教育方法的同时，还帮助他们克服学习困难。学校编制了适合视障学生需求的教学资料、音频系统教材，开发了教育辅助设备和适合视障学生接受的教学资源，并确保信息交流的环境得到有效完善。此外，学校通过指导视障学生交流、进行职业扩展教育、开设教育方法开发中心等措施，与各学科带头人共同研究改善适合不同学科的教学方法，以适应不断变化的教育需求。

国家对开发教育资源提供了财政支持，确保了科学研究补助金、教育方法开发中心的运营费用的供应。这种支持不仅促进了教学资源的创新和完善，也为特殊教育教师的岗位培训提供了保障，帮助教师增进与

视障学生的交流沟通，使教师掌握盲文等教学资源的使用方法，确保教学活动的有效性。

学校和相关机构的这些举措体现了对特殊教育教师专业发展的重视，以及对提高教育质量和促进视障学生个人成长的承诺。通过不断的专业培训、认证和教学资源的创新，特殊教育领域正朝着更加包容、高效和个性化的方向发展，为视障学生提供了更广阔的学习和成长空间。这些努力不仅促进了视障学生的社会融合，也为特殊教育的未来发展奠定了坚实的基础。

第七章　数字时代视障学校小学语文教学的未来发展

随着数字时代的到来，教育领域正经历着一场深刻的数字化转型，这在全球范围内都是一个关键的发展方向。对于视障学校小学语文教学来说，这种转型通常包含三个阶段：转换、转型及转慧。目前，国内外的视障学校主要集中在前两个阶段。展望未来，特殊教育将朝着更为智慧化、个性化以及人性化的素质教育方向发展。这一转型过程主要涉及几个核心理念，即特殊教育的成才理念、服务理念、数据理念以及价值理念。这些理念对于理解和指导视障学校小学语文教学的数字化发展方向至关重要。

第一节　以成才理念创新数字育人新范式

在特殊教育领域，尤其是在视障学校小学语文教学的数字化转型中，紧紧把握"以人为本"的根本导向成为教育改革的首要原则。这一转型不仅遵循了数字时代人才成长的发展规律，更体现了对教育发展理念的深刻革新，旨在重构教学模式、教学方法和教学空间，以数据要素的深度赋能来优化人才培养。这种转型强调从传统的"以教促学"向"以学促教"转变，从主观经验式教学转向数智驱动式教学，以及从结果性评价向增值性评价和综合性评价演进，充分展现了育人的主体性、全面性、发展性。[①]

在视障学校小学语文教学中，数字化转型体现在几个关键方面。首先，教学内容和方法的创新，采用信息技术支持的个性化学习路径，使得每一名视障学生都能按照自己的节奏和兴趣进行学习，从而充分体现"以人为本"的教学理念。其次，教学评价方式的创新，引入信息技术来进行视障学生学习过程和成果的多维度评价，强调视障学生能力的提升和全面发展，而非单一地评价视障学生对知识的掌握程度。

在以培养人才为核心的创新发展途径中，视障学校小学语文教学正在不断尝试基础学科人才培养、多学科人才培养、交叉/综合人才培养及特殊领域人才培养的新策略。这一策略着重在人工智能等尖端技术范畴中构建学科联盟，利用技术革新实现教育效能的新突破。同时，视障学校小学语文教学遵循以知识为基础、以能力发展为核心、以德育为首要任务的教育原则，全方位评价师生的数字化能力，构建完善的数字素养培训体系，激励师生积极适应数字时代的变革。

此外，通过提升师生对数字化的认知，强化他们的数字知识及技能，可推动数字化教学的创新与实践。视障学校小学语文教学致力促进视障学生的整体成长和提高顶尖创新人才的培养效果。引进信息技术不仅增强了视障学生的能力，还通过对人才和应用环境的正向反馈激发了技术创新，形成了一个教育和技术互相促进的智能教育新范式。在这一过程中，视障学校小学语文教学的实践展示了几个关键的创新点。

---

① 夏立新，杨宗凯，黄荣怀，等.教育数字化与新时代教育变革（笔谈）[J].华中师范大学学报（人文社会科学版），2023，62（5）：1-22.

一、更新和改进教育教学工具，汇聚高质量的科技资源

随着互联网技术的持续进步，小学语文教学正在经历前所未有的变革，这一变革不仅体现在教学手段的更新和拓展上，也体现在教学资源质量的显著提升以及资源供给的多样化上。在这个变革的过程中，课堂教学工具经历了巨大的变化，实现了扩充和多元化，标志着传统教学模式向数字化、智能化转变。

在传统的小学语文教学场景中，教师以课本、教案、课件及课后练习等为主要教学资源。在"互联网+"的背景下，教学资源的更新与变革已经成为可能。人工智能、增强现实等新兴技术的应用，使得课堂教学正向着富媒体化与智能化方向快速发展，教材和课件的形式更加多样化，教学内容和方法也因此突破了传统的局限。

教材内容的创新使得语文教学不再局限于"听说读写"的传统教学模式，而是变得更具有互动性和趣味性，为教与学的过程带来了更多可能性。这种互动性不仅增强了学生的学习兴趣，也为学生提供了更多实践和探索的机会，使得语文学习变得更加生动和具有吸引力。此外，这种教学模式还有助于教育理念从以教师为中心向以学生为中心转变，促进教学模式的优化和教学质量的提升。

技术赋能下的教学规律探索和实践应用也展现了更多的理性化和人性化特质。智慧课堂模式作为基于大数据技术和人工智能等"互联网+"技术的新型教学模式，有效地解决了传统教学中存在的问题，如师生互动不足、教学形式单一等，同时满足了学生个性化发展的需求。这种教学模式通过多样化的实践，培养了学生的数字意识、计算思维、终身学习能力和社会责任感，为培养新时代的数字公民奠定了基础。

视障学校小学语文教学的数字化转型是这一变革的重要组成部分，特别体现在为视障学生提供更加个性化和高质量的教学资源上。利用语音识别软件、触觉反馈设备和可视化音频资源等先进技术，可以为视障

学生创造一个更加直观、互动和包容的学习环境。这不仅能使视障学生更好地接触和理解语文知识，也为他们提供了平等参与教育的机会。

　　未来，随着技术的不断进步和教育理念的不断创新，视障学校小学语文教学的数字化转型将进一步深化，特别是在提供个性化学习方案、实现教学内容和方法的创新、加强师生互动以及评估和反馈机制的建立等方面。通过技术探索和应用，以学生为中心的教学模式将更加深入人心，为视障学生的全面发展和终身学习奠定坚实的基础，真正实现个性化、多元化的教育，让每一位视障学生都能在数字时代背景下获得成功和成长。

二、创建智能化教学环境，优化师生之间的互动体验

　　在视障学校小学语文教学领域中，科技的融入与应用开启了教学模式的革新之路，核心目的在于优化教学环境，通过科技手段提供卓越的学习支持，全面推动数字化课程赋能教学过程，以促进教学质量的提升和资源分配的均衡。借助于国家中小学智慧教育平台等支持，教育的数字化发展新环境得以构建，科学技术和智慧设备的应用让真实场景得以在课堂中呈现，这不仅增强了视障学生的多感官综合应用能力，还为他们提供了沉浸式的学习体验，让课堂变得更加有趣，有效激发了视障学生的学习动力和活力，提升了视障学生的参与度。

　　同时，通过创造良好的审美效果，视障学生的审美意识、审美能力以及审美趣味得到了显著提升。在师生互动和与环境互动的过程中，课堂教学氛围变得更加积极，从而直接提高了课堂质量。举例来说，在教授《竹石》这首诗时，教师利用多媒体技术展现竹子在寒风中坚韧不拔的形象，并辅以恰当的背景音乐，可以让视障学生在视觉和听觉的双重感受中深入理解诗歌的意境和精神，感受作者托物言志的心理活动，体会作者对竹子坚韧不拔精神的赞美。

　　此外，通过"三个课堂"资源的利用，教师和视障学生可以合作，

在短时间内寻找多个同类型的诗歌案例进行辅助教学。这不仅满足了视障学生对个性化发展和高质量教育的需求，也让视障学生在文字、画面、音乐及情感的全面体验中提高对特定类型诗歌的阅读和鉴赏能力，用独特方式来学习语文，彰显语文学科的特质和精神。

面向未来，视障学校小学语文教学的数字化发展将进一步拓展和深化，以更加创新和个性化的教学内容及方法，加强师生之间的互动，从而提升教学的效果和效率。这包括开发更适合视障学生使用的数字化教学资源和工具。例如，结合语音识别软件、触觉反馈设备和可视化音频资源，为视障学生创造更加直观和互动的学习体验。应用大数据和人工智能技术，不仅能够实时跟踪和分析视障学生的学习进度，还能为教师提供基于数据的个性化教学策略，使教师优化教学方法。

同时，借助虚拟现实和增强现实技术，可构建更加丰富和多样化的学习环境，突破传统教学的时空限制，提供更广泛的学习资源和交流机会。通过这些技术的综合应用，视障学校小学语文教学能够实现更加个性化、互动化和智能化的教学模式，为视障学生的全面发展和终身学习奠定坚实的基础。这种教学模式不仅促进了视障学生学习能力的提升，也为他们的社会融入和个性发展提供了有力支撑，实现了教育的真正普及和平等。

三、改进教育评价体系，提供有效的教学反馈

随着信息技术的不断进步，教学模式的革新成为教育领域发展的重要驱动力。这一进步不仅推动了教学方法的更新，同时对教育评价体系提出了优化和变革的要求。2020年10月，中共中央和国务院发布的《深化新时代教育评价改革总体方案》中明确提出，要借助信息技术提升教育评价的科学性、专业性和客观性，旨在实现结果评价的改进、过程评价的强化、增值评价的探索以及综合评价的健全。

在这样的背景下，小学语文教学评价和反馈环节的数字化转型变得

尤为重要。这种转型不仅是从单一的评价方式向综合的数字化评价的过渡，也是实现教学评价方式现代化的重要途径。数字化平台的运用，使得课堂前后的多元化数据转化为师生交流互动的重要桥梁，开启了智能评价和全面评价的新篇章。

此外，教育的中心也正在从单向的教学与评价，转向以"学生自主、教师引导、互相反馈"为核心的平衡教育结构。这一转变不仅促进了学生、教师与数字化平台之间的有机融合，也为探索数字化教育中的教育更新与迭代路径提供了新的视角，推动了教育教学向着更加智能、精准和全面的方向发展。

在视障学校小学语文教学的数字化转型中，这些原则和方法体现了成才理念的深刻内涵。通过构建科学系统的教学评价与反馈机制，不仅提高了师生之间的沟通效率，更重要的是，为视障学生提供了一个更加包容、互动和个性化的学习环境。这种环境支持视障学生根据自己的学习进度和特点，接受个性化的教学和评价，从而实现他们能力的最大化发展。

在视障学校小学语文教学的实践中，利用信息技术对教学内容、教学方法及评价方式进行创新，意味着能够为视障学生创造更多感知和体验语文美的机会。例如，利用音频软件和触觉反馈设备，可以使视障学生在听觉和触觉上深入体验诗歌的韵律美、意境美，从而使他们在多感官的交互中深化对语文知识的理解和感悟。

同时，数字化转型也为视障学生提供了展现自我、实现自主学习的平台。通过信息技术，视障学生可以更加主动地探索知识，与教师进行有效沟通，实现个性化学习路径的定制。这种以学生为中心的教学模式，不仅体现了对每一名视障学生成长潜能的重视，也为他们今后的社会融入和终身学习奠定了坚实的基础。

四、提高教师的信息素养，形成数字化教育的共同理念

随着信息技术的飞速发展，小学语文教育教学方法也在不断革新。在这一过程中，教师的信息素养提升显得尤为重要。特别是在"互联网+教育"的大背景下，教师不仅是教学内容与学生之间的桥梁，更扮演着将学科教育与先进技术深度融合的关键角色。面对数字化转型的时代要求，提升教师团队的信息素养，为教学模式和教学内容的创新及成功实施提供了可持续的解决策略。

教学数字化转型的核心在于教育生态中每一位参与者的转型。这一转型要求社会、学校和教师三方面的共识与合作。社会各界应支持学校对教师进行信息技术培训，通过多元化的学习方式，如跨领域访学、创新性讲座、工作坊以及研讨共学等，连接社会资源与教学团队，帮助教师深刻理解技术创新的方向和应用途径，从而在教师群体中营造一种数字化教学创新的氛围。

针对视障学校小学语文教学数字化的未来发展，教师不仅需要掌握传统教学技能，还需要了解如何有效利用数字化工具和平台来优化教学过程和提升教学质量。这包括对在线教学平台、智能设备以及学科特定的数字工具的深入理解，以及如何将这些工具和技术应用到视障学生的语文学习中，使教学更加个性化和高效率。

虽然互联网技术本身不能直接改变教育，但其可以为教育改革提供服务。随着人工智能等前沿技术的发展，新技术的应用为人们的生活带来了更多可能性，也对教育领域提出了新的挑战。在这样的背景下，语文教师需要抛弃固有的教学模式和观念，积极学习新技术，探索新的教学方法，以更好地适应环境变化，引导学生探索和学习。

特别是在视障学校小学语文教学的数字化转型中，教师的角色变得更加重要。他们需要通过数字化手段，为视障学生创造更加丰富的学习资源和环境，利用可视化音频、触觉反馈等技术，使视障学生能够在多

感官体验中更好地学习语文，激发他们的学习兴趣和潜能。

第二节　以服务理念重构教学模式新生态

信息技术的快速发展正在加速推动传统教学模式的创新，包括教学空间的改造、教学方法的更新以及教学成果的验证等，从而形成一个以服务为中心的全新教育生态。^①对于视障学校小学语文教学而言，这一趋势意味着更多的机遇和挑战。

在教学空间的改造方面，传统以物理空间为主的课堂环境正在向融合式、混合式、体验式智慧教学空间转变。尤其是元宇宙等前沿技术的应用，为教育教学的真实场景与虚拟场景的有机融合提供了可能。这对于视障学生来说意味着，其能够通过听觉、触觉等多感官体验，参与到更加丰富和生动的学习活动中，从而极大地激发学习动机和兴趣，获得更深入的沉浸感和参与感。

在教学方法的更新方面，这使课堂更加灵活多样，自主学习成为视障学校小学语文教学中得到更广泛应用和认可的一部分。引入灵活的课程结构，模糊了课前、课中、课后的界限，实现了"随时随地，适合每个人"的学习理念。对视障学生而言，这一教学模式能够提供更加个性化和定制化的学习计划，以满足他们特定的学习需求。

在教学成果的验证方面，数字化转型引入的微证书、学位、学分的共享及互认制度为特殊教育学习成绩证明开辟了新途径。这种制度不仅促进了学习成果的有效认证和转化，而且激发了视障学生自主学习动力，帮助视障学生为社会竞争、积累劳动技能及就业机会做好了充分的准备。

---

① 夏立新，杨宗凯，黄荣怀，等.教育数字化与新时代教育变革（笔谈）[J].华中师范大学学报（人文社会科学版），2023，62（5）：1-22.

创新在教学服务中要求促进"产、学、研、用"融合的进一步深化，探索教学与科研结合的新模式，并加快管理服务平台应用的整合。对视障学校小学语文教学来说，这代表着学校必须更深层次地整合人工智能与教学的科研创新及应用服务，增强对社会的服务能力，优化合作创新体系。通过实施这些策略，学校能够向视障学生提供更优质的教育服务，助力他们更顺利地融入社会并实现个人价值。

2022 年 1 月，国务院发布的《"十四五"数字经济发展规划》中提出了把握数字化发展新机遇的重要指导思想，强调了在文化教育、医疗健康、会展旅游以及体育健身等公共服务领域加速资源数字化供给和网络化服务的必要性。此举旨在促进优质资源的共享，提高服务效率与质量。其中特别提到了深入推进智慧教育，倡议加强教育新型基础设施的建设，以构建一个高质量的教育支撑体系，确保教育服务的现代化和信息化。

特殊教育作为基础教育的一个重要分支，在数字化转型的进程中扮演着不可或缺的角色。随着数字化的发展，视障学校也应紧跟发展步伐，实现技术与教育的深度融合。这不仅能够确保特殊教育领域能够共享社会文明建设的成果，还能通过教育技术的转型升级，展现社会主义制度的优越性。[①]

一、搭建专业平台，特殊教育教师专业成长得到保障

（一）提供专业网络平台

在教育信息化的进程中，专业网络平台的建设和应用发挥着不可替代的作用。国家教育资源公共服务平台与地方教育管理公共服务平台构成了教育信息化的基础架构，对于提升特殊教育的管理水平和教学质量

---

① 常建文.新时代特殊教育教育技术作用研究与展望[J].绥化学院学报,2023,43(7):129-132.

具有重大的意义。随着全国特殊教育信息资源管理系统的开发，特殊教育的科学管理和质量提升得到了显著加强。中国特殊教育资源网、中国特殊教育信息网、中国特殊教育网、中国特殊需要在线和全国特殊教育资讯网等平台的建立，为特殊教育提供了丰富的资源和强有力的支持。[①]

此外，全国中小学管理服务平台的升级建设，集学校管理、学生管理及专项管理等多功能于一体，为学校、教师、学生、家长以及教育行政部门提供全方位服务，有效促进了管理效能和服务水平的提升。这一平台的建设，不仅推动了基础教育治理体系和治理能力的现代化，也为信息技术在助学、助教、助研及助管方面的应用提供了广阔的空间。[②]

对于视障学校而言，这些专业网络平台提供了宝贵的机会，使得学校能够更有效地进行内部管理和科学规划。通过这些平台，视障学校可以更容易地接触到最新的教学资源和管理工具，实现教学内容的丰富化和教学方法的创新化。同时，这些平台还为视障学生提供了更多学习资源和互动机会，有助于他们提升学习动力和学习效果。

（二）丰富特殊教育网络资源

国家中小学智慧教育平台和教师研修网的建设和完善，为特殊教育资源的丰富和共享提供了重要平台。2014年，教育部发布通知，启动了"一师一优课、一课一名师"活动，旨在引导教师在国家教育资源公共服务平台上展示课程，通过大规模的展示活动，从中精选优秀课程纳入国家层面的优质教育资源库中。这一活动也包括了特殊教育优秀课程，特殊教育资源得到了进一步的扩展和提升，为教师提供了宝贵的学习和借鉴资源。

这些微课视频推动特殊教育学校积极探索信息技术与学科教学的深

---

①　马建强.共和国教育学70年：特殊教育学卷[M].北京：北京师范大学出版社，2020：312.

②　余慧娟.2022中国基础教育年度报告[J].人民教育，2023（3/4）：12.

度融合，旨在提升教育教学的整体质量。2022 年，教育部组织开展全国特殊教育教师教学基本功展示和融合教育优秀教育教学案例遴选活动。这一活动不仅强调了数字化战略在特殊教育教学改革中的应用，也着重于推动特殊教育的高质量发展。①遴选和推广特殊教育优秀教学案例和微课视频，大大丰富了特殊教育的教学资源，为特殊教育教师提供了丰富的学习和借鉴材料。

实施这些活动和措施表现出特殊教育资源的共享与应用迈向了新阶段。整合优秀的教学案例及资源至国家中小学智慧教育平台，不仅向特殊教育教师提供了极有价值的学习资料，还为接受特殊教育的学生带来了更为丰富多样和定制化的学习内容。此外，教育管理部门也要结合线上与线下资源，积极开展交流展示活动，加大推广和应用的力度，以此提升这些教学成果的使用价值，推动教育品质的整体进步。

二、运用专业软件，视障学校小学语文教学质量得到提升

特殊教育的高质量发展是未来进步的关键方向。2015 年 8 月 21 日，教育部正式发布《特殊教育教师专业标准（试行）》，强调特殊教育学校教师需掌握现代化的教学内容、教学手段与方法，尤其是信息技术知识，以适应教育现代化需求。特殊教育界还着手研发并采用了与新教材相匹配的学科教学软件，并引入虚拟现实技术等先进手段，用于视障学校小学语文教学活动。通过采用专门的评估系统进行细致的阶段性和终期评估，实现了对教学全过程的全面监控，显著提升了视障学校的教育质量。这一系列措施不仅提升了教育教学的效果，也为视障学校的高质量发展提供了强有力的支撑。

视障学校应积极适应这一变革，主动采取行动，利用现代教育技术

---

① 常建文.新时代特殊教育教育技术作用研究与展望［J］.绥化学院学报，2023，43（7）：129–132.

不断提升学校的教育质量和办学水平。这不仅包括引入先进的教育技术和教学方法，还包括通过持续的教育创新，提高教师的专业能力和教学方法的现代化水平，从而进一步提升学校的办学品质。

同时，为了实现特殊教育的现代化和信息化，政府需要加大在教育技术方面的投入力度。这一过程不仅涉及特殊教育的现代化和信息化建设，而且涵盖整个教育体系的现代化和信息化发展。政府应当采取主导或提供补助的方式，组织相关企业、科研人员以及一线教师共同参与，开发和研制各类与特殊教育相关的教学软件和平台。此外，政府还要为特殊教育学校和指导中心等机构配备现代化的教学设备，确保特殊教育在技术资源上能与整个教育体系保持均衡发展。在推动教育新基建的过程中，应确保特殊教育新基建工作能够同步进行，促进整体的均衡发展。[①]

特殊教育信息技术课程建设应受到高度重视。要根据有特殊教育需求学生的身心特征，开发适用于视力障碍、智力障碍等有特殊教育需求学生的信息技术课程，通过国家或地区的课程体系来补足特殊教育在信息技术方面的不足。同时，应加大力度培养有特殊教育需求的学生的信息素养，这是推进中国特殊教育现代化的一个关键任务。要重视培育有特殊教育需求学生的信息技术应用能力，使他们能够掌握计算机、手机等电子产品的基本操作技能，享有社会发展成就，从而过上充实的生活。

提高特殊教育教师在教育技术方面的能力也应得到充分的重视。特殊教育教师应被纳入信息技术的培训计划中，扩充高质量特殊教育资源的可用性，促进"一师一优课、一课一名师"在特殊教育领域的发展，旨在孕育更丰富的优质教育资源。通过组织特殊教育领域的微视频、微课等竞赛活动，激发教师利用教育技术提高教学品质的积极性和创新性。

与普通教育相比，特殊教育对教育技术的依赖性更强。必须深刻理

---

① 常建文.新时代特殊教育教育技术作用研究与展望[J].绥化学院学报,2023,43(7):129-132.

解数字化在推动基础教育高质量发展中的重要作用和价值，全方位提升师生的信息素养，推进信息技术与教学的深度融合。开发数据互联、融合的个性化教学支持服务体系，运用新技术增强现代教育的管理能力，努力打造一个令人民满意的特殊教育环境，进而全面提高特殊教育的质量，实现教育管理体系的现代化。

三、加强线上教学，融合教育的全面覆盖得到保证

加强融合教育的核心在于加大对随班就读的有特殊教育需求学生的教育支持力度。为此，建设一个涵盖对这一部分学生评估及个别化教育研究的大数据平台显得尤为重要。通过开发适合特殊教育需求的数字化课程与教学资源，匹配融合教育的课题研究，可以有效地推动融合教育的实施和发展。

在线上教学方面，特殊教育学校的线上教学模式要满足居住在较远地区的重度残疾学生的学习需要，通过"送教上门"的活动，利用视频连线实现"一对一"的线上教学和答疑，确保这部分学生的教育教学任务得到有效完成。

此外，区域融合教育的实施也非常关键。通过充分利用区域特殊教育指导中心的功能，建立评估中心、课程教学研究中心、儿童康复中心、融合教育管理中心、发展中心及师资培训中心，形成一个全方位支持融合教育的体系。引入专家资源，加强与其他地区在融合教育方面的合作，选用多种形式的专家服务，如录制培训课程、推介评估工具等，可为融合教育实践提供有效的支持。

区县级指导中心在现代教育技术的提升上也应给予足够的重视，利用专业的师资、设备和评估资源，积极开展"空中课堂"和"线上集体备课"，并通过网络平台，支持区域内的中小学和幼儿园共享优质的特殊教育资源，不断提升资源教室的功能应用和业务水平，可以提高区域特殊教育的整体水平，促进区域特殊教育高质量发展。

针对视障学校小学语文教学而言，这些策略和措施的实施，可以为视障学生提供更加丰富、个性化和高效的学习资源和教学支持。通过数字化教学资源的开发和应用，以及融合教育模式的深化，可以有效地提升视障学生的学习动机和学习成效，为他们的全面发展和未来的社会融入奠定坚实的基础。

第三节　以数据理念建立教育治理新机制

数据，作为新时代的生产要素，已成为推动特殊教育数字化创新及教育全面升级的关键动力。

一、推动数据治理

在新时代的背景下，数据的作用在教育领域日益显现，尤其在特殊教育领域，如在视障学校小学语文教学的数字化转型中，数据不仅是推动创新和全面提升教育质量的关键因素，更是构建高效、个性化教学模式的核心基础。教育数据治理的复杂性体现在其全面性和系统性上，从数据的收集到最终的应用和评估，每一个环节都对教育实践产生深远的影响。

在视障学校小学语文教学的数字化转型过程中，数据的收集不仅仅是对视障学生学习成绩的记录，更包括对视障学生学习行为、学习习惯、课堂互动情况等多维度信息的捕捉。这些数据通过高效的整合和分析，可以帮助教师深入了解每一名视障学生的学习需求和学习特点，使教师为视障学生提供更加个性化的教学支持。

通过对视障学生在数字化学习环境下的行为数据进行综合分析和处理，教师能够识别出视障学生在学习过程中可能存在的问题，如学习资源的可访问性、学习内容的适宜性等，从而及时调整教学策略和教学资源，确保教学活动更加贴合视障学生的实际需求。

数据的应用还体现在对教学内容和方法的不断创新上。通过分析收集到的数据，教师可以发现哪些教学方法对视障学生更为有效，哪些数字化教学工具能够更好地促进视障学生的学习，进而在教学实践中不断探索和应用新的教学模式和工具。

共享和保护也是教育数据治理的重要环节。在保护数据安全和视障学生隐私的前提下，通过建立数据共享机制，视障学校可以与其他教育机构共享有效的教学资源和经验，促进资源的优化配置和利用。同时，完善的数据保护措施也是维护视障学生权益、保证教育公平的基础。

数据的评估作用同样不可忽视。通过定期对数据进行评估和反馈，教师不仅可以及时了解教学效果，还能根据评估结果调整教学计划和策略，实现教学质量的持续提升。

在视障学校小学语文教学的数字化实践中，教育数据治理不仅仅是技术问题的解决，更是对教育理念和教育公平的深度思考。通过高效的数据治理，可以建立一个更加开放、互联、共享的教育环境，为视障学生提供更加丰富、高效、个性化的学习资源和支持，促进视障学生全面发展和终身学习，确保每一名视障学生都能享受到高质量的教育服务，发挥学习和生活的最大潜能。

二、深化数据开放共享

在当今时代，数据已经成为推动教育领域，特别是特殊教育领域数字化创新和全面升级的关键资源。对于视障学校小学语文教学的数字化转型而言，深化教育数据的开放共享不仅能最大化地挖掘和释放教育数据的内在潜力与价值，还能显著提升教学质量和效率。这一过程涉及对数据的收集、整合、分析、处理、应用、共享、保护及评估的全面管理，旨在实现教育数据治理的全周期精细化管理，从而促进特殊教育领域的持续发展和创新。

在视障学校小学语文教学中，开放共享的教育数据包括但不限于视障学生的学习成绩、学习行为、互动记录以及个性化学习需求等多维度信息。对这些数据进行深入分析和应用使教师能够精确掌握视障学生的学习状态，制定更加个性化和有效的教学策略，如采用适合视障学生的音频教材或开发交互性强的教学软件。

同时，确保数据的准确性、时效性和安全性是数据开放共享的基础。视障学校需要建立严格的数据管理体制，采取措施保护视障学生隐私，并防止数据泄露和滥用。此外，从数据收集到最终应用的每个环节都需进行精细化管理，建立起一个持续优化的教学改进循环。通过这种循环，学校能够及时发现并解决教学中的问题，不断提高教学质量。

三、完善教育数据标准制度

在视障学校小学语文教学的数字化发展中，完善教育数据标准制度是提高教学质量和效率的关键。为此，建立一个动态更新的数据资源目录、规范化数据收集与使用流程、完善教育数据共享审核制度，以及建立健全的数据共享交换机制，成为确保数据质量和安全的重要措施。

（一）建立动态更新的数据资源目录

创建一个包含所有可用教育资源的目录，这个目录要反映最新的教育资源信息，包括但不限于文本、音频、视频等多种格式的教学材料。为了满足视障学生的特殊需求，这些资源应包含适配视障学生学习的特殊教育工具和材料。目录的动态更新机制确保教师和视障学生随时都能访问到最新、最有效的教育资源，从而提升教学和学习的效果。

（二）规范化数据收集与使用流程

制定明确的数据收集和使用规范是非常必要的。这包括确定哪些数据需要被收集、如何安全地收集数据、数据如何存储以及谁有权限访问这些数据等规则。在视障学校小学语文教学中，这可能涉及视障学生的学习进度、成绩、互动反馈等敏感信息。规范化的流程不仅保障了数据的准确性和有效性，也确保了数据的安全性，防止未经授权的数据访问或泄露。

（三）完善教育数据共享审核制度

完善教育数据共享审核制度是确保数据安全共享的关键。这意味着所有希望共享数据的请求都需要经过严格的审核过程，以确定数据共享的必要性和安全性。对于视障学校小学语文教学的数字化转型而言，这一制度有助于确保只有获得授权的教师和视障学生才能访问特定的教育资源和数据，从而保护视障学生隐私和数据安全。

（四）建立健全的数据共享交换机制

建立一个健全的数据共享交换机制对于促进教育资源的有效利用至关重要。这一机制应支持不同平台、不同学校之间的数据和资源共享，允许教育资源在符合安全和隐私保护标准的前提下自由流动。对于视障学校来说，这可以大大丰富学校的教育资源，使视障学生能够接触到更多的学习材料，同时促进了教育资源的均衡分配。

通过上述措施，视障学校小学语文教学的数字化发展可以实现教育数据标准制度的有效执行。这不仅能够保障数据的质量和安全，也为教师和视障学生提供了一个更加丰富、高效、安全的教学和学习环境。随着教育数据治理体系的不断完善和优化，特殊教育的数字化教学会更好地满足视障学生的学习需求，促进其全面发展。

四、强化教育数据深度开发

在视障学校小学语文教学的数字化转型过程中，强化教育数据的深度开发是实现教育创新和提升教育质量的关键。通过促进教育数据在多方之间的协同改造，并建立有效的数据"二次开发"机制，可以极大地提升数据的应用价值，从而为教育领域带来更大的创新可能。

（一）教育数据协同改造

在视障学校小学语文教学中，教育数据的协同改造意味着人们需要跨学科、跨部门和跨机构合作，共同分析和处理教育数据，以发掘数据中蕴含的信息和知识。例如，可以将语文教学数据与心理学、认知科学等领域的研究成果相结合，深入探索视障学生的学习特点和需求，从而开发出更加适合视障学生的教学方法和教学资源。

（二）建立数据"二次开发"机制

数据的"二次开发"机制是指，在原有数据基础上，通过再加工和再利用，开发出新的应用或服务。在视障学校小学语文教学数字化发展中，数据"二次开发"可以通过以下几种方式实现。

1. 开发个性化学习工具

利用视障学生学习行为数据，开发个性化推荐系统，为每一名视障学生推荐最适合其学习风格和能力水平的学习资源和学习路径。

2. 创建互动学习平台

基于视障学生的互动数据，开发适用于视障学生的互动学习平台，提供语音互动、触觉反馈等功能，增强视障学生的学习体验。

3. 分析学习成效

对学习成绩和反馈数据进行深入分析，识别学习方法和学习资源的优势和不足，以持续改进学习策略和学习内容。

（三）促进教育数据深度利用

教育数据的深度利用需要依托先进的数据分析技术，如人工智能、大数据分析等，这些技术可以帮助教师从大量的教育数据中提取有价值的信息，支持教学过程和教学决策的优化。例如，通过分析视障学生在数字化学习平台上的行为模式，教师可以更准确地把握视障学生的学习进度和难点，及时调整教学内容和方法。

（四）推动教育领域创新

强化教育数据的深度开发不仅可以提升数据的应用价值，也为教育领域带来了更大的创新可能。例如，通过深度分析视障学生的学习数据，教师可以设计出新型的教学模式，如基于游戏化学习的语文教学方法，或者利用虚拟现实技术提供沉浸式的语文学习体验，从而丰富视障学生的学习方式，提高他们的学习效率和兴趣。

五、确保数据质量和安全

在视障学校小学语文教学数字化发展中，确保数据质量和安全不仅是提升教学效果的必要条件，也是保障视障学生信息安全和促进教育公平的基石。建立数据质量管理机制和完善数据安全评估体系成为实现这一目标的关键环节，这涵盖了管理、技术和运营等多个维度的保障措施。

（一）确保数据质量的内涵与方式

数据质量的管理关乎数据的准确性、完整性和可靠性，直接影响到教学决策的有效性和教学资源的合理分配。在视障学校小学语文教学数字化发展中，确保数据质量意味着保证收集到的教育数据能真实反映视障学生的学习状况，包括学习进度、理解程度和学习习惯等。

为实现这一目标，学校需要从以下几个方面入手。

1. 制定严格的数据收集标准

明确哪些数据需要被收集，以及如何收集数据，确保数据的收集过程科学化、系统化和标准化。

2. 定期进行数据清洗和验证

通过定期清洗和验证数据，去除错误、重复或无关数据，保证数据的准确性和完整性。

3. 采用高质量的数据分析工具

利用先进的数据分析工具和算法对收集到的数据进行分析，确保数据分析的准确性和可靠性。

（二）确保数据安全的内涵与方式

数据安全管理涉及保护教育数据不被未经授权访问、使用或泄露，确保学生个人信息隐私得到保护。在视障学校小学语文教学数字化发展中，这意味着需要保护好每一名视障学生的学习数据和个人信息，防止数据被滥用或泄露。

实现数据安全的措施包括以下几个方面。

1. 加强数据访问控制

对教育数据的访问进行严格控制，确保只有授权的教师和工作人员才能访问相关数据。

2. 建立数据备份和恢复系统

定期备份教育数据，并建立有效的数据恢复机制，以防数据丢失或损坏。

3. 实施数据加密技术

对敏感数据进行加密处理，增强数据在传输和存储过程中的安全性。

4. 开展数据安全培训

定期对教师和工作人员进行数据安全培训，增强他们的数据安全意识和能力。

通过这些措施，可以有效促进教育数据的最大化利用，为教育教学的数字化升级提供强有力的支持，从而增强高等教育系统在创新发展中的生产力、解释力、诊断力、预测力、决策力和管控力。

第四节　以价值理念注入人文关怀新功能

在特殊教育领域，信息技术的应用和发展日益成为推动教育创新和提升教育质量的关键力量。随着信息技术在教育领域的深入应用，特殊教育正在经历一场前所未有的变革，这要求教师不仅要充分利用技术的固有优势，还要深化对技术应用的哲学理解，将价值理念和人文关怀融入数字化教学的各个方面。

一、融合人文关怀与技术应用

在特殊教育领域，尤其是在视障学校小学语文教学的数字化发展中，技术的应用已经超越了传统教学工具的范畴，成为连接教师与视障学生心灵、促进师生情感交流的重要桥梁。通过将人文关怀与技术融合，教师能够为视障学生创造一个更加包容、理解和支持的学习环境，这不仅有助于视障学生学习知识，更能够促进视障学生的情感交流和社交能力发展。

（一）应用语音识别和合成技术

语音识别和合成技术的应用是视障学校小学语文教学数字化转型过程中的一个亮点。通过这些技术，教材和学习内容可以转换成语音格式，使视障学生能够通过听觉来接收和理解信息。这种个性化的学习材料不仅使学习过程更加直观和易于理解，而且能够极大地提高视障学生的学习兴趣和动力。例如，通过语音识别和合成技术，诗歌朗读可以变得栩栩如生，故事讲述可以更加生动有趣，从而激发视障学生对语文学习的热情。

（二）创建身心一体化的学习环境

为了让视障学生感受到教育的温暖和关怀，特殊教育教师可以利用信息技术创造一个身心一体化的学习环境。这意味着教学设计不仅要考虑视障学生的学习需求，还要关注视障学生的情感和心理状态。通过建立在线学习社区、实时反馈系统和个性化学习路径，视障学生可以在学习的同时获得来自教师和同学的支持和鼓励，感受到学习社群的温暖和包容。

（三）促进情感交流和社交能力发展

信息技术还可以作为促进视障学生情感交流和社交能力发展的工具。通过视频会议、社交媒体和在线协作平台，视障学生不仅能够与教师进行更深入的交流，还能够与同龄人建立联系，分享学习经验和生活感受。这种交流和互动不仅有助于培养视障学生的社交技能，还能增强他们的归属感和自信心。

（四）强化师生之间的互动性和亲密性

在视障学校小学语文教学的数字化过程中，强化师生之间的互动性和亲密性是实现人文关怀的重要途径。教师可以利用数字日记、在线反馈和个性化评价系统等技术手段，密切关注每一名视障学生的学习进展和情感状态，及时给予个性化的指导和鼓励。这样的互动不仅能够加深师生之间的理解和信任，还能够为视障学生提供一个充满关怀和支持的学习环境。

二、强化技术与教育的深度融合

在视障学校小学语文教学的数字化发展中，深化技术与教育的融合成为实现教学创新和提升教学质量的关键途径。这要求教师不仅要掌握先进的技术工具，更重要的是，要能够理解和把握技术如何更有效地服务于教育目标和满足视障学生的个性化需求。以下是实现这一目标的几种方式和方法。

（一）开发适合视障学生使用的数字化教学资源

为了让视障学生能够平等参与学习，教师需要开发和提供适合他们使用的数字化教学资源。这包括将传统的文本资料转化为可以通过听觉接收的音频资料，利用语音合成技术将书本内容转换成有声读物，以及创建触觉反馈设备来辅助学习。例如，可以开发一个配备有声文字和触觉图像的数字化学习平台，使视障学生能够通过听觉和触觉双重感官体验来学习语文知识。

（二）设计互动性强的学习活动

互动性强的学习活动对于激发视障学生的学习兴趣和提高视障学生参与度至关重要。在视障学校小学语文教学的数字化转型过程中，教师可以利用各种互动技术，如触摸屏幕、语音交互系统和虚拟现实设备，设计一系列富有创意的学习活动。这些活动不仅能够提供丰富多样的学习体验，还能够促进视障学生之间以及视障学生与教师之间的互动交流，促进学习的社会化过程。

（三）提供个性化的学习反馈

个性化学习反馈是提升学习效果的重要环节。通过分析视障学生在数字化学习平台上的学习行为和表现，教师可以获得关于视障学生学习进度、理解程度和兴趣倾向的详细信息。基于这些信息，教师可以为每一名视障学生提供针对性的指导和反馈，帮助他们在学习过程中及时调整和改进。例如，对于学习进展较慢的视障学生，教师可以提供更多的辅导和支持，对于表现出色的视障学生，教师则可以提供更高层次的挑战和探索机会。

（四）强化师生之间以及师生与技术之间的互动性和亲密性

在视障学校小学语文教学的数字化转型过程中，强化师生之间以及师生与技术之间的互动性和亲密性是实现教学目标的重要途径。这可以通过建立在线学习社区、开展虚拟班会和组织小组讨论等方式来实现。通过这些平台，视障学生不仅可以与教师进行更深入的沟通和交流，还可以与同学分享学习经验和心得，形成一个紧密联系的学习网络。此外，定期组织线上家长会，让家长了解孩子的学习情况和需要，也是加强学校、家庭与社会之间联系的有效方式。

三、关注伦理规范与技术治理

随着新兴技术如 Chat GPT 的出现，教育领域的伦理规范和技术治理显得尤为重要。教师需要成为技术与教育融合的"守门人"，积极探索如何在保护学生隐私、防止技术异化、遵守伦理规范的前提下，有效利用技术支持教育。这要求建立一套完善的技术治理机制，确保技术的应用既符合教育目标，又尊重学生的权益。

四、加强国际对话与合作

面对经济全球化的挑战和机遇，特殊教育的数字化转型需要加强国际对话和合作。通过共同探讨和制定面向数字化转型的政策建议和行动计划，分享优秀的教学实践和成果，以及共建高质量的数字化教学资源库，可以形成一个基于共商、共享、共建原则的国际合作框架。这样的国际合作不仅能够应对数字化转型的挑战，还能够利用信息技术促进特殊教育的高质量发展，为视障学生提供更加丰富和多元的学习资源。

参考文献

[1] 刘丽波.盲校学科教学与教法 [M].北京：求真出版社，2012.

[2] 盛永进.特殊教育学基础 [M].北京：教育科学出版社，2011.

[3] 董洪亮.新课程教学组织策略与技术 [M].北京：教育科学出版社，2004.

[4] 孙启美.现代教育技术与学习模式：走向信息化 [M].北京：科学出版社，2010.

[5] 王青逯.教育信息化理论研究与实践探索 [M].长春：吉林人民出版社，2007.

[6] 吴柏林.信息技术及其应用 [M].上海：复旦大学出版社，2004.

[7] 刘军，黄威荣.现代教育技术 [M].北京：北京师范大学出版社，2010.

[8] 钱志亮.视力残疾儿童心理与教育 [M].大连：辽宁师范大学出版社，2002.

[9] 刘全礼.特殊教育导论 [M].北京：教育科学出版社，2003.

[10] 申继亮，谷生华，严敏.中学语文教学心理学 [M].北京：北京教育出版社，2001.

[11] 福格蒂，斯托尔.多元智能与课程整合 [M].郅庭瑾，主译.北京：教育科学出版社，2004.

[12] 陈云英.中国特殊教育学基础 [M].北京：教育科学出版社，2004.

[13] 马建强.共和国教育学 70 年：特殊教育学卷 [M].北京：北京师范大学出版社，2020.

[14] 巴班斯基.教学教育过程最优化 [M].吴文侃，译.北京：教育科学出版社，1986.

[15] 巴班斯基.论教学过程最优化 [M].吴文侃，俞翔辉，冯克难，等译.北京：教育科学出版社，1982.

[16] 巴班斯基.教学过程最优化：一般教学论方面 [M].张定璋，等译.北京：人民教育出版社，1984.

[17] 巴班斯基.教育学[M].李子卓,杜殿坤,吴文侃,等译.北京:人民教育出版社,1986.

[18] 巴班斯基.教育过程最优化问答:修订本[M].李玉兰,译.2版.北京:北京师范大学出版社,1988.

[19] 阎承利.教学最优化通论[M].北京:教育科学出版社,1992.

[20] 闫承利.教学最优化实施通论:上[M].北京:光明日报出版社,1998.

[21] 阎承利.教学最优化艺术[M].北京:教育科学出版社,1995.

[22] 李克东.数字化学习:上 信息技术与课程整合的核心[J].电化教育研究,2001(8):46-49.

[23] 何克抗.信息技术与课程深层次整合的理论与方法:上[J].中小学信息技术教育,2005(2):10-14.

[24] 余胜泉,马宁,何克抗.信息技术与语文教学整合[J].中学语文教学,2002(11):4-5.

[25] 余胜泉,马宁,何克抗.信息技术与语文教学整合的具体方式[J].语文建设,2002(11):44-45.

[26] 陈至立.抓住机遇,加快发展,在中小学大力普及信息技术教育:在全国中小学信息技术教育工作会议上的报告[N].中国教育报,2000-11-06(1).

[27] 黄甫全.试论信息技术与课程整合的基本策略[J].电化教育研究,2002(7):24-29.

[28] 路荣喜.盲校教育信息化的应对策略[J].现代特殊教育,2003(11):7-9.

[29] 汪海萍.美国特教印象及其思考[J].中国特殊教育,2004(1):79-83.

[30] 钟经华.美国盲人融合高等教育的技术支持及启示[J].中国特殊教育,2006(11):49-53.

[31] 陈云英,刘洪沛,叶青沅.互联网与特殊教育结合的前景[J].教育研究,2001(10):52-56.

[32] 梁智敏.谈谈盲校教育信息化建设[J].广东教育,2005(21):41-42.

[33] 昝飞,刘春玲.中日特殊教育比较与思考[J].中国特殊教育,2001(1):5-7,10.

[34] 谌启标.新加坡特殊教育改革新进展[J].中国特殊教育,2004(11):94-97.

[35] 康凤. 对信息技术与课程整合实施现状之反思 [J]. 吉林广播电视大学学报，2006（1）：72-74.

[36] 冯淑红. 信息技术与语文教学的整合及反思 [J]. 天津教育，2006（3）：54-55.

[37] 蒋晓华. 现代信息技术内涵及其发展的新趋势 [J]. 工会论坛，2003（3）：106-107.

[38] 申仁洪. 建构新型教学模式：计算机特殊教育应用的必由之路 [J]. 中国特殊教育，2002（2）：70-74.

[39] 乔贵春，李娜，彭文辉. 特殊教育中信息技术的应用初探 [J]. 现代远程教育研究，2005（6）：23-25.

[40] 张婧. 信息化教育时代与特殊教育课程改革关系初探 [J]. 中国特殊教育，2005（2）：73-76.

[41] 史晓宇. 试论信息素养及其培养 [J]. 电化教育研究，2003（1）：21-23.

[42] 方俊明. 视障教育理论初探 [J]. 中国特殊教育，2002（1）：9-13.

[43] 陈玉梅. 网络环境下盲校语文教学模式初探 [J]. 现代特殊教育，2003（7）：75-76.

[44] 杨民. 当代日本的特殊教育及其对我们的启示 [J]. 中国特殊教育，2000（4）：29-32.

[45] 张家年，朱晓菊，程君青. 教育技术应用和研究的盲区：残疾人群的教育 [J]. 现代教育技术，2006（4）：13-15，41.

[46] 袁宏伟，焦继红. 多媒体计算机在特殊教育中的应用 [J]. 广东电脑与电讯，1999（3）：40-41.

[47] 怀静蓉. 浅谈多媒体在聋校小学语文教学中的运用优势 [J]. 南京特教学院学报，2006（3）：65-66.

[48] 陈丛耘. 语文教学中多媒体技术运用的利弊及对策 [J]. 中国职业技术教育，2007（10）：39-41.

[49] 郭戈. 信息技术与视障教学整合的探索 [J]. 中国特殊教育，2003（4）：32-36.

[50] 袁宏伟. 特殊教育的信息化 [J]. 软件工程师，2002（4）：32-34.

[51] 陈琳，周惠颖，徐华平，等．基于实践的聋教育数字化资源建设的思考 [J]．中国电化教育，2009（3）：60-63．

[52] 查晶晶，王清．中英特殊教育信息化人文关怀特色比较及启示 [J]．中小学电教，2010（4）：35-37．

[53] 胡红华．特殊教育学校"数字化校园"内涵建设与应用创新 [J]．中国电化研究，2009（11）：51-53．

[54] 张胜利，贾君．吉林省特殊教育发展现状与思考 [J]．中国特殊教育，2009（4）：19-23．

[55] 李卫东．特殊教育信息化之我见 [J]．考试周刊，2007（34）：129．

[56] 苏立．特殊教育学校学生的信息化教学 [J]．沈阳教育学院学报，2009，11（6）：105-107．

[57] 李天顺．特殊教育信息化的机遇与挑战 [J]．现代特殊教育，2007（7/8）：1．

[58] 周惠颖，陈琳．国外特殊教育信息化现状与启示 [J]．中小学信息技术教育，2008（7/8）：130-132．

[59] 赵巧云．我国特教教师专业化发展标准刍议 [J]．中国特殊教育，2009（4）：14-18．

[60] 雷江华，姚洪亮．全纳教育教师资格认定制度探微 [J]．中国特殊教育，2005（7）：42-46．

[61] 周惠颖，陈琳．应用促进公平：特殊教育中的信息技术研究进展 [J]．中国电化教育，2009（4）：13-17．

[62] 钟绍春．特殊教育资源及软件开发 [J]．现代特殊教育，2004（2）：9-12．

[63] 茹宏丽．论教育信息化与教师教育技术素养 [J]．电化教育研究，2007（3）：44-46．

[64] 刘洪沛，肖玉贤，白锋亮．以中国式现代化推动特殊教育信息化治理体系构建 [J]．中国特殊教育，2022（10）：9-14，24．

[65] 邓猛，张玲，张瑶．高质量教育发展背景下我国特殊教育信息化建设的内涵、特征与方向 [J]．中国特殊教育，2022（8）：3-10．

[66] 沈剑辉，王培峰．特殊教育高质量发展的政策执行环境因素分析及优化建议 [J]．教育理论与实践，2023，43（8）：16-20．

[67] 刘朵朵.关于教育信息化相关政策的文献综述 [J].教育教学论坛，2016（6）：70–72.

[68] 张倩苇.教育信息化政策创新及其现代意义 [J].教育导刊，2016（3）：15–18.

[69] 郭炯，钟文婷.特殊教育信息化环境建设与应用现状调查研究 [J].电化教育研究，2016，37（4）：26–35.

[70] 李雅君，吕文华，于晓霞.俄罗斯基础教育信息化最新进展述评 [J].中国电化教育，2006（12）：92–95.

[71] 钱松岭，解月光，孙艳.美国基础教育信息化最新进展述评 [J].中国电化教育，2006（9）：84–88.

[72] 刘振民.优化课堂教学因素　提高课堂教学质量 [J].苏州教育学院学报，1998（2）：111–112.

[73] 曾丽.优化课堂教学是提高教学质量的有效途径 [J].中国西部科技，2003（6）：45–46.

[74] 何朗生，曾晓梅，任雪琴.优化课堂教学减轻学生负担 [J].四川师范学院学报（哲学社会科学版），1995（6）：109–110.

[75] 陈焕科.优化课堂教学，培养学生创新意识 [J].河南科技学院学报，2011（8）：131.

[76] 许蕾.信息技术与语文课程整合的研究 [D].上海：上海师范大学，2008.

[77] 石志霞.现代教育理念下高中聋生写作能力的培养 [D].济南：山东师范大学，2007.

[78] 王艳.现代信息技术与盲校语文教学整合的研究与实践 [D].济宁：曲阜师范大学，2008.

[79] 俞涛.现代信息技术与中小学语文课程整合的研究 [D].长春：东北师范大学，2004.

[80] 门国杰.现代信息技术与聋校语文教学整合研究 [D].长春：东北师范大学，2004.

[81] 谌静.盲校视力残疾学生评价之研究 [D].北京：北京师范大学，2005.